BIBLIOTHECA
SCRIPTORVM GRAECORVM ET ROMANORVM
TEVBNERIANA

BT 2009

PAVLVS SILENTIARIVS

DESCRIPTIO SANCTAE SOPHIAE DESCRIPTIO AMBONIS

EDIDIT
CLAVDIO DE STEFANI

DE GRUYTER

ISBN 978-3-11-022126-8
e-ISBN 978-3-11-023907-2
ISSN 1864-399X

Library of Congress Cataloging-in-Publication Data

Paul, the Silentiary, 6th cent.
  [Ekphrasis tou naou tes Hagias Sophias]
  Descriptio Sanctae Sophiae ; Descriptio ambonis / Paulus Silentiarius ;
edidit Claudio De Stefani.
       p. cm. -- (Bibliotheca scriptorum Graecorum et Romanorum Teub-
neriana, ISSN 1864-399X)
  Ancient Greek text edition with introduction in Latin.
  Critical edition.
  Includes bibliographical references.
  ISBN 978-3-11-022126-8 (hardcover : alk. paper)
  I. De Stefani, Claudio. II. Paul, the Silentiary, 6th cent. Ekphrasis tou
ambonos. III. Title. IV. Title: Descriptio ambonis.
  PA4263.P7E37 2011
  881'.02--dc22

                                                  2010037619

Bibliografische Information der Deutschen Nationalbibliothek

Die Deutsche Nationalbibliothek verzeichnet diese Publikation in der Deutschen
Nationalbibliografie; detaillierte bibliografische Daten sind im Internet
über http://dnb.d-nb.de abrufbar.

Druck: Hubert & Co. GmbH & Co. KG, Göttingen
∞ Gedruckt auf säurefreiem Papier

Printed in Germany

www.degruyter.com

HOC VOLVMINE CONTINENTVR

PRAEFATIO

Cum inlustris S. Sophiae ecclesia, a Constantino Magno vel ab eius filio Constantio instituta, a Theodosio II denuo aedificata (415), in seditione quae Nika appellatur incendio deleta esset (532), novum ecclesiae aedificium Justinianus princeps a fundamentis excitari iussit. cum etiam haec nova splendidaque aedes terrae motibus mensium Octobris et Decembris anno 557 infirmata esset, pars orientalis tholi concidit unaque sacram mensam, ciborium et ambonem contrivit (die 7 mensis Maii anno 558). quattuor fere annis post aedes restituta novoque elatiore tholo ornata sollemniter consecrata est (die 24 mensis Decembris anno 562).

tunc et Paulus Silentiarius carmen suum ad templum restitutum concelebrandum coram imperatore patriarca aulicis perlegit; quod non ipsis encaeniis, verum die Epiphaniorum factum esse veri simile videtur (die 6 mensis Januarii anno 563)[1]. ut ex lemmatibus codicis P constat, versus 80 priores in principis sede recitati sunt; qui secuntur versus 81–1029 in aedibus patriarchae Eutychii perlegit poeta intermissa paulisper declamatione (inter versus 410 et 411). quod ad Ambonis Descriptionem attinet, alterum carmen Silentiarii dico, paulo post recitatum esse videtur quam novus ambo confectus est.

DE CODICE P ET SCRIBAE J MARGINALIBVS
DE VERSIBVS SILENTIARII ΕΚΦΡΑΣΕΩΝ APVD
SVIDAM LAVDATIS

Pauli Silentiarii descriptiones ecclesiae Sophianae **Heidelbergensi Palatino Graeco 23** (X saec. med.)[2], celeberrimo codice, traditae

---

[1] P. Friedländer, Johannes von Gaza und Paulus Silentiarius. Kunstbeschreibungen Justinianischer Zeit, Leipzig-Berlin 1912, 110.

[2] cf. Maria Luisa Agati, Note paleografiche all'*Antologia Palatina*, «BollClass» 5, 1984, 43–59.

sunt. Silentiarii autem poemata exaravit scriba ille J, quem, ut inter omnes constat, Alanus Cameron in luculento libro de Anthologia Graeca Constantinum Rhodium fuisse coniectat[3].

cuius autem opinioni nuper Paschalis Orsini paleographicis argumentis nisus adversatus est[4]; ego in re incerta firmum iudicium proferre quidem nequeo, dixerim tamen argumenta, quae Cameron congessit, mihi maximi ponderis esse videri. unum tantum ex Alani Cameron argumentis afferre et pertractare libet: ex Byzantinis poetis qui procul dubio Silentiarii ἐκφράσεις imitati sunt tantum Pisidam et Constantinum Rhodium commemorare possumus: Pisidam, quia tunc etiam, cum scribebat, Nonnianae, quam vocant, scholae scribendi genus et placebat et in exemplum sumebatur; Constantinum autem Rhodium, quia Descriptione ecclesiae Sanctorum Apostolorum confecta idem fere genus poematis edidit atque Silentiarius eumque haud raro iuncturis verbis imaginibus imitatus est[5]. haec, ut vides, magno argumento sunt eundem fuisse qui, unus inter poetas Byzantinos serioris aetatis, in suo carmine Silentiarii descriptiones imitatus sit, et qui eius poemata in codice P exaraverit.

Ex indice antiquissimo codicis Palatini comperimus, eum quondam ex Nonni Paraphrasi Evangelii Johannei initium sumpsisse; secutam esse Descriptionem Ecclesiae Sophianae, quae

---

[3] A, Cameron, *The Greek Anthology from Meleager to Planudes*, Oxford 1993, 306.

[4] P. Orsini, «Lo scriba J dell'Antologia Palatina e Costantino Rodio», *Boll. Grott*. LIV (2000), 425–435.

[5] Nicetas Eugenianus Silentiarii epigrammata imitatus est quidem, non autem eius ἐκφράσεις. Constantini Manassis carmina nonnullis locis Silentiarium redolere videntur: nullum autem versum Manassis legi, qui satis ostendat eum a Silentiario certe pendere. iis scriptoribus inspectis qui prosa oratione utuntur, suspicari possumus Philagathum Cerameum bina Silentiarii poemata cognovisse; quae quidem poemata in homilia vicesima tertia quodammodo expressisse. verisimile namque est Siculum auctorem S. Soph. versus 785 memoriam tenuisse cum scriberet νήματα ... σηρῶν (vide ad loc.). alia quidem in eadem homilia invenire potes quae cum poeta nostro similitudinem quandam prae se ferant, sed haec locis communibus potius quam Silentiarii certa imitatione inniti videntur.

nunc, postquam in P Nonni Paraphrasis deperdita est, agmen ducit carminum quae in codice continentur.

quod in omnibus libris fieri solet, ut folia, quibus incipiant, cuiusvis generis damnis afficiantur, id in codice P factum est: folia 1–2, quae exordium descriptionis ecclesiae Sophianae continent, nonnusquam perterebrata sunt; propter madorem folia 13–17 alia aliis saeculorum decursu conglutinata sunt. quo factum est ut, cum deinde alia ab aliis seiuncta essent, atramentum partis adversae, quae pagina dextera est, tergo praecedentis paginae adhaereret (quae codicem legentibus laeva est). itemque factum est ut atramentum tergi, videlicet paginae laevae seu praecedentis, paginae dexterae adhaereret, parti dico adversae subsequentis paginae. nil igitur mirum si, cum lacunae nunc extent multaque vix legi possint, collatio per speculum efficienda est. huic rei iam dudum operam egregie navavit Friedländer; operae tamen pretium fuit codicem denuo inspicere: animadverti enim interpretationes nonnullorum locorum in melius mutari posse[6].

versibus J saepenumero asteriscum una cum lineola (✳) vel lineolis (✳) praemisit, ea videlicet ratione, ut versus, qui sibi tamquam capitulorum initia esse viderentur, notaret; interdum tantummodo signum paragraphi appinxit; partes metro solutas simili ratione asterisco cum lineolis ✳ notavit (e. g. post S. Soph. 80). initia et exitus carminum asterisco lineola transfixo designavit (✳). correctiones in margine exaravit, plerumque praemisso γρ, interdum signo ÷, raro nullo signo addito. saepe autem correxit et in versu et supra lineam. Ambonis autem iambos 1–29 binos singulis lineis scripsit, quod non fecerat in altero carmine. illic quoque ductus litterarum differt: iis enim litteris, quibus scriba titulos carminum scripsit, in Ambonis iambis exarandis etiam usus est[7].

pluris vero refert, quo modo scribae J correctiones existimandae sint, quodnam eis pondus tribuendum. haec autem marginalia in tres fere partes dividuntur: quaedam textum mendosum corrigunt vel versus addunt quorum ipse in textu conscribendo oblitus est; alia correctiones in margine iterant, quae iam in versu ipso vel supra lineam factae

---

[6] cf. S. Soph. 472.
[7] nonnumquam etiam extrema linea folii grandibus litteris exaratur.

sunt; alia sunt denique prorsus falsa. duo priora correctionum genera facile intelleguntur: probabile est enim scribam J exacto opere textum suum cum antigrapho denuo contulisse, ut menda tolleret. quod autem ad marginalia tertiae notae attinet, quorum exempla habes:

302 ἵλαος εἴη; 333 πέλων, τελῶν; S. Soph. 348 ἐσεβόησε; 617 σελίδεσσιν Ὁμήρου; 740 πέζαν ἐφ' ἑρπύζει; 770 διπλοῗς; 1000 κατ' ἠπιόωντι; Amb. 118 κατ' αἱρινοῖο; 128 ἐρείδει; 196 πάρος ἄνθος

temperare mihi non possum quin ea pro falsis emendationibus scribae J habeam: negaverim varias lectiones fuisse alterius codicis (vel aliorum codicum) qui eadem carmina contineret. haec enim marginalia intuentibus hoc, puto, satis patet: nusquam disquirere licet, utrum vera sint, an falsa. omnia enim vel falsa vel inutilia esse videntur. considera enim: S. Soph. 348 ἐσεβόη-σε contra rem metricam peccat – J videlicet conatus est formam, quae sibi magis familiaris erat, in versu interpolare; S. Soph. 740 πέζαν ἐφ' ἑρπύζει et S. Soph. 1000 κατ' ἠπιόωντι soloecismos efficiunt; S. Soph. 770 διπλοῗς et Amb. 118 κατ' αἱρινοῖο vocabula infrequentia corrumpunt; Amb. 196 πάρος ἄνθος iuncturam raram et elegantem pessum dat; S. Soph. 302 ἵλαος εἴη, quod Arthuro Ludwich placuit, ex 738 interpolatum esse censeo, neque probandum videtur, quia sententiam ineleganter, ut puto, concidit; S. Soph. 617 σελίδεσσιν Ὁμήρου primo obtutu speciosum videtur, at si animo magis attento consideraveris, aeque ac priora, deterius quam altera lectio esse videbitur: inlustris enim locus Homericus, quem Silentiarius imitatus est, στόματεσσιν tueri videtur. Amb. 128 ἐγείρει propter effictum expressumque Callimachi locum servandus est, ἐρείδει autem reiciendus. S. Soph. 333 corruptum λαων in χέων mutandum esse et sensus flagitat et loci ad loc. allati demonstrant: lectionibus autem γρ πέλων | γρ τελῶν κελάδημα in margine appositis, nihil, mea quidem sententia, J spectavit nisi ut quemlibet sensum vel fallacem e corrupto λαων erueret[8].

---

[8] vide quae scripsi *RFIC* CXXXVI (2008), 399–404. apud S. Soph. 757 γρ λάων correctio mendosae vocis λάαν, quam J perperam scripsit, potius quam varia lectio est.

Desunt itaque omnino lectiones quae, quamquam falsae sunt, sententiae tamen aeque aptae, quod ad sensum, videntur, quales in variis lectionibus codicum una cum mendis offendere consuevimus.

quod autem J tam temere coniecturas facit mirari nequeo: erat enim eruditus librarius, ut omnibus constat, nitebaturque versus, quantum poterat, intellegere. quod quidem comprobat adnotatio ad S. Soph. 933 ζτ τὴν ἔννοιαν τοῦ στίχου, ubi insolens verborum ordo ei negotium facessivit – divini nempe ingenii expers erat.

Itaque mihi satis verisimile videtur scribae J non plus quam unum exemplar praesto fuisse, quod carmen Silentiarii contineret[9]; nam poemata quae huic generi, panegyrico scilicet poetico, adscribebantur[10], paulo post elapsam laudandi occasionem oblivioni dabantur neque a lectoribus legi neque a librariis exscribi solebant, orientali saltem in parte imperii[11]. ideo asseverare licet Silentiarii ἐκφράσεις nullam ob aliam causam ad nos pervenisse, nisi quia pulcherrimam descriptionem ecclesiae Sophianae continerent: alioquin et ipsas sane interituras fuisse non a probabilitate absonum est.

priusquam autem ad aliam rem transeamus, de computationibus versuum quae in codice P leguntur breviter dicendum est. in marginibus enim codicis versus carminum, centesimo fere quoque versu, dinumerati sunt; qua autem ratione numeri versibus additi sint, iam Paulus Friedländer in nota editionis explanavit[12]. post enim prooemiorum iambos novus numerorum ordo incipit, qui usque ad finem carminis maioris continuatur[13] et iambos quoque 411–416 complectitur. hoc est cur, ut exempli loco ponam, in margine versus 232 numerus p̄(= 100) inveniatur, cum prologorum 134 iambi a computatione exclusi sint; et rursus,

---

[9] erat autem, ut paulo infra videbimus, exemplar Cephalae Anthologiae.

[10] cf. T. Viljamaa, *Studies in Greek Encomiastic Poetry of the Early Byzantine Period*, Helsinki-Helsingfors 1968, 60–2.

[11] A. Cameron, «Wandering Poets: A Literary Movement in Byzantine Egypt», *Historia* XIV (1965), 483–4.

[12] op. laud., 109 n. 1.

[13] vel potius usque ad finem Ambonis, etiamsi in hoc carmine numeri paulo rarius inveniuntur.

cur in margine v. 531 numerus ū (= 400) exaratus sit: 531 (525 hexametr. + 6 iamb.) – 134 (proemiorum iamb.) = 397; et ita cetera – quibus exemplis patet computationem parum subtilem esse, immo summatim factam[14]. neque tamen dubitare licet quin scriba J numeros in exemplari suo, a quo carmen descripsit, invenerit eosque interdum huc et illuc neglegenter addiderit: quod satis comprobat, exempli gratia, numerus ρ̄, quo versus 98 perperam denotatus est – oportebat enim versui 100 apponeretur. quod explicare videtur qua re iuxta Amb. 97 numerus ā (i. e. ͵α = 1000) inveniatur, licet versus sint hucusque 992, et iuxta 194 ρ̄ (i. e. ‹αρ› = 1100), licet sint reapse 1089.

nunc de Silentiarii ἐκφράσεων versibus apud Suidam commemoratis breviter dicendum est[15]. duobus enim lemmatibus Suidas Silentiarii versus sine nomine auctoris affert:

κ 2578 Adl. Κυαμοτρώξ· ὁ δικαστής, τρεφόμενος ὑπὸ κυάμων· πρὸ γὰρ τῆς εὑρέσεως τῶν ψήφων κυάμοις ἐχρῶντο ἐν ταῖς χειροτονίαις τῶν ἀρχόντων καὶ ἐν ταῖς ἐκκλησίαις. ὡς οὖν τῶν ψηφιζόντων ἀργύριον λαμβανόντων καὶ χειροτονούντων, τοὺς διδόντας πλέον. καὶ αὖθις· κρινεῖ δὲ τούτους οὐ κυαμοτρὼξ Ἀττικός [Ἀττικῶς V] (= S. Soph. 125).

ο 950 Οὐρίαχος. πλήξας ῥομβωτῷ δούρατος οὐριάχῳ. ἐν Ἐπιγράμμασι (Antip. Sid. A.P. 6, 111, 4 = HE 479). καὶ αὖθις· ὄφρα κεν ἐξ ὑάλοιο πυρικμήτοιο ταθέντας οὐριάχους δέξαιντο (= S. Soph. 824 sq.). τὰ οὐραῖα τῶν κανδηλῶν.

---

[14] vix aliter explicari posse puto notam marg. v. 304 Ambonis: στίχ(οι) ὁμοῦ ᾱς (= 1200) ἡρωικ(οὶ) καὶ ἰαμβικοὶ ρ̄ν (= 150), cum re vera summa hexametrorum carminum 1164 efficiat, summa autem iamborum 169.

[15] lemmata ex Pauli carminibus deprompta in aliis Byzantinis lexicis passim inveniri verisimile est, quod quidem coniectari potest ex lemmate ad S. Soph. 254 laudato; cui exemplo addi potest Synag. α 134 Cunn. ἀδόνη-τον· ἀσάλευτον, quia nempe adiectivus ἀδόνητος apud Silentiarium casu accusativo occurrit (S. Soph. 275); at hoc lemma e Cyrillo (Os.-Mal. 1, 478, 11 Pusey) pendere verisimilius puto (Cunningham autem Nonnum in exemplum adducit, quod mihi quidem longe minus probabile videtur).

quo autem fonte Suidas heic usus sit, veri similiter conici potest.
cum enim apud Suidae alterum lemma optativus in versu S.
Soph. 825 recte traditus sit, in P autem codice indicativus δέξαντο, nisi forte quis putet Suidam optativum ingenio restituisse,
quod quidem haud impossibile, parum autem veri simile esse
videatur, necessario colligendum est hunc versum lexici auctores
in alio fonte atque ipso Palatino invenisse, id est, ni fallimur, in
exemplari Constantini Cephalae Anthologiae, ex qua Palatinum
quoque pendere omnibus notum est; haec enim fere iam Adae
Adler opinio fuit[16]. quin immo Alanus quoque Cameron Suidam
epigrammata quae laudanda essent non ex Palatino deprompsisse
verum ex alio exemplari eius fontis, i.e. Cephalae, optimo iure
contendit[17].

ex quo coniectari potest Silentiarii ἐκφράσεις iam in Cephalae
Anthologia traditas et in Agathiae Κύκλῳ una cum epigrammatibus poetarum qui ad id corpus pertinerent coniunctas fuisse. Nam
descriptiones Pauli habentur ab Agathia in Historiis Justiniani
aetatis litterarum opus potissimum, ut mox videbimus[18]; inde ex
Κύκλου exemplaribus descriptas et in serioris aetatis anthologias
receptas esse satis probabile videtur. haec autem cum certis
argumentis probare nequeam, manum de tabula!

---

[16] R.E. s.v. Suidas (Lexikograph), coll. 713–14: «Die Bücher V–VII [scil.
Cephalae Anthologiae] werden überaus häufig zitiert; von den Büchern
I und IX finden sich nur zwölf Zitate, wovon jedenfalls fünf aus
lexikalischen und ähnlichen Quellen stammen; die anderen Bücher sind
nicht benutzt. Dies ist eine starke Stütze für die Annahme, nur V–VII
und IX gehören der Sammlung des Konstantinos an [...]. Ein Paar Zitate
aus der Ekphrasis des Paulus Silentiarius stammen wohl auch derselben
Epigrammensammlung, worin das Gedicht uns überliefert worden ist».
quocirca cum Ada Adler fontem Suidae Anthologiam Cephalae fuisse,
non ipsum Palatinum recte coniecerit, (namque tantummodo libros V–
VII et IX laudatos esse docuit, quos solos in Cephalae Anthologiam
receptos esse inde conclusit), dubitari non potest quin etiam in Silentiarii
descriptionibus Suida a Cephala, non autem a Palatino codice, pendeat.

[17] «it must surely be presumed an independent copy of Cephalas» (op. laud.,
281).

[18] infra, XXV.

DE APOGRAPHIS CODICIS P, EDITIONIBVS, CRITICIS

Cum Claudius Salmasius iuvenis mirae eruditionis Heidelbergae versaretur (1606–1609)[19] ibique libros manu scriptos Bibliothecae Palatinae admonitu Jani Gruteri, qui tunc temporis bibliothecae praeerat, inspiceret, etiam codicem P examinare et inde Silentiarii ἐκφράσεις lectitare coepit. hoc loco argumenta viri doctissimi Roberti Aubreton, qui de his rebus luculenter scripsit[20], breviter commemoranda sunt.

Salmasium Silentiarii carminibus studuisse testimonio sunt potissimum duo codices et non ignota epistula Josephi Scaligeri: **Par. gr. 1777** (ff. 1–32) et **Par. Suppl. gr. 565** (ff. 240r–274v) Descriptionem Ecclesiae Sophianae continent; uterque Ambonis Descriptionem omittit. in hoc codice et aliorum auctorum opuscula continentur; ille Silentiarii carmen tantum praebet. utrique eadem dies adscripta, uterque a Salmasio exaratus esse videtur: «Claudius Salmasius descripsi Kalendis Junii 1607» (Par. gr. 1777, f. 32v; Par. Suppl. gr. 565, f. 274v). at in colophone quidem Parisini gr. 1777 Salmasii manus agnoscitur; in Parisino autem Suppl. gr. 565 prorsus diversa esse videtur[21].

quae autem cognatio inter hos duo libros intersit, facile deprehenditur. in codice enim Par. Suppl. gr. 565 lacunae interdum inveniuntur, pro quibus in codicis Par. gr. 1777 respondentibus partibus folia adrosa offendimus, velut: in versu S. Soph. 52 trunca dictio … ὧν δὲ δρῶμεν quae in Par. Suppl. gr. 565 f. 241v invenitur, respondet in Par. gr. 1777 f. 2r dictioni]ὧν δὲ δρῶμεν, utpote folii margine adroso; praeterea S. Soph. 117 in Par. Suppl. gr. 565 f. 243v δημιούργει, cui respondet in Par. gr. 1777 f. 4r]δη-μιούργει, folii margine adroso. nec desunt in Par. Suppl. gr. 565 corrupti loci, quorum originem a codicis Par. gr. 1777 scribendi

---

[19] cf. *Cl. Salmasii viri maximi Epistolarum liber primus*, Lugduni Batavorum 1656, XXII; Aubreton 1980, op. laud. infra n. 20, 39.

[20] R. Aubreton, «La tradition de l'Anthologie Palatine du XVI au XVIII siècle», *RHT* X (1980), 1–53 (I. La tradition germano-néerlandaise); 11, 1981, 1–46 (II. La tradition française).

[21] Aubreton 1980, op. laud., n. 7 (p. 42).

ratione repetere licet[22]. itaque Par. Suppl. gr. 565 pro apographo codicis Par. gr. 1777 habendus est[23].

aliud quoque documentum exstat Salmasium Silentiarii carmina non solum perlegisse, sed etiam divulgavisse. Scaliger enim in epistula scripta Lugduni Bat. XII Kalend. decembr. (= 20 novembr.) 1607 testatur se a Salmasio, quo ob officia ab Jano Grutero collata familiariter utebatur, Descriptionem Ecclesiae Sophianae accepisse:

«Auli [sic] Silentiarii ἔκφρασιν, καὶ στέφανον Meleagri, accepi […]. huius Musaei aut aequalis aut non multo posterior Silentiarius, vitio saeculi sui, quae tum virtus erat, usus est. strepitus verborum, ambitus sententiarum, compositio Dithyrambis audacior. eiusmodi est ἔκφρασις ista. quod uno verbo exponere poterat, maluit binis, trinis versiculis producere […] iuvat tamen nos, quod templi illius augustissimi adyta omnia reseravit; ut illi gratias, non tamquam poetae, sed tamquam historico agamus. iambus autem, quem operi praeposuit, adeo infans, jeiunus, hiulcus, ἀσύστατος est, ut tyronem potius, quam maturum poëtam agnoscas»[24].

Scaliger autem ex epigrammatibus aliisque operibus, quae ei Salmasius e codice P descripta miserat, codicem confecit **Leidensem B. P. G. 34 B.**, qui Descriptionem Ecclesiae Sophianae etiam continet (ff. 59v–74r)[25]; huius codicis ad carmen Silentiarii

---

22 velut Par. Suppl. gr. 565 f. 242r ὁράσαι mg. φράσαι (S. Soph. 69) a male exarato Par. gr. 1777 f. 2r φράσαι; Suppl. gr. 565 f. 267v δίσκοις (S. Soph. 829) a parum perspicue scripto Par. gr. 1777 f. 26v δίσκοιο ortum; Suppl. gr. f. 269v ἄλλῳ propter male scriptum ἄλλος (S. Soph. 893) in Par. gr. 1777 f. 28v (Scaliger quoque in apographo suo, de quo mox dicturus sum, ἄλλο falso scripsit); Suppl. gr. 565 f. 274r ἀποσκιῆξαι ab ἀποσμῆξαι Par. gr. 1777 f. 32v littera μ ambigue exarata (S. Soph. 1024), etc.

23 cf. ceterum Aubreton 1980, op. laud., 24 n. 4 «le *Parisinus gr. 1777* et sa copie le *Parisinus Suppl. gr. 565*».

24 *Illustriss. viri Iosephi Scaligeri […] Epistolae omnes quae reperiri potuerunt*, nunc primum collectae ac editae, Lugduni Batavorum 1627, 530–31.

25 Aubreton 1980, op. laud., 22.

describendum Par. gr. 1777 exemplar fuisse, non Par. Suppl. gr. 565, clare, ut mihi quidem videtur, apparet[26]. Leidensis autem codex testis est luculentus Scaligerum se accurate ad Silentiarii carmen examinandum et emendandum contulisse. multa enim menda apographi Salmasiani vir magnus sustulit ingenio, cum tacite textum corrigeret vel margines coniecturis suis adnotaret[27]; neque tantum ea, quae Ducangius in editione principe correcturus erat, sed etiam difficiliora quaedam, quae Fridericus Graefe atque etiam Paulus Friedländer multo post emendaverunt. quin etiam in versu S. Soph. 333, quem in hac editione emendavi, eam

---

[26] etiam enim in Scaligeri codice, sicut in Suppl. gr. 565, in versu S. Soph. 52 praepositio ἐξ deest: ...... ὧν δὲ δρῶμεν κτλ. (f. 60r); quod mendum eo ortum esse, quia in Par. gr. 1777 margo folii adrosus esset, supra dixi (XIV) – in versu autem S. Soph. 117 Scaliger ἐ]δημιούργει ingenio supplevit (cf. supra, XIV). quominus autem arbitremur, eum ad Leidensem conficiendum Parisino Suppl. gr. 565 usum esse, aliquot menda huius libri, quibus Leidensis caret, vel dissimiles lectiones obstant, velut: S. Soph. 144 ἔργου Leidensis] ἔργον Suppl. gr. 565 (in Par. gr. 1777 duplex lectio, sicut in Palatino, invenitur); S. Soph. 210 σίζεν Leid.] σίξεν Suppl. gr. 565 (in Par. gr. 1777, ut videtur, σίζεν e σίξεν ita correctus est, quasi scriba festinabundus neglegenter correxisse videatur); S. Soph. 300 τοῖος ἀειφρούρητος Leid.: Suppl. gr. 565 τοῖος ἀειφρουρητὸν (in Par. gr. 1777 τοῖος ἀειφρουρητοςⁿ invenitur; de Palatini lectione vide app.); S. Soph. 589 ταῖς ἑτέρῃσιν Leid.] τοῖς ἑτέροισιν Suppl. gr. 565; S. Soph. 647 ψηφίδος Leid.] ψιφίδος Suppl. gr. 565; S. Soph. 717 ἀπαγγέλλουσα Leid.] ἀπεγγέλλουσα Suppl. gr. 565; S. Soph. 829 δίσκοιο Leid.] δίσκοις Suppl. gr. 565; S. Soph. 888 ἔκχυτον Leid.] εκχυθεν Suppl. gr. 565; S. Soph. 892 ἄλλος Leid.] ἄλλα Suppl. gr. 565; S. Soph. 951 θεράποντος Leid.] θεράποντες Suppl. gr. 565; S. Soph. 1024 ἀποσμῆξαι Leid.] ἀποσκιῆξαι Suppl. gr. 565 (quamvis non infitias eam, Scaligerum aliqua ex parte ista menda corrigere potuisse). ut par est, Scaliger ipse nonnumquam scribendo peccavit, velut S. Soph. 4 ἐσμέν; 208 ἐκκεχυμένη; 245 ᾤξεν (nisi forte falsa coniectura sit); 295 ἁλιβρέκτησιν; 399 omissus est; 410 φαιὸν (vel potius mira coniectura est, quae eius fortasse animum subiit propter caeli tempestates quibus Europa septentrionalis saepe vexatur); 510 θυρέτρον; 514 εὐτέχνοισι; 630 Ἰασίδος; 681 ἀνῳίχθαν; 685 ἐθρίγγωσεν; 700 ἥλκησε; 805 αἴγλη; 893 μονάμπηκα (quas autem falsas coniecturas potius quam menda esse putabam, non commemoravi).

[27] marginalia carminis Silentiarii mihi eadem manu exarata esse videntur qua et textus ipse: hoc dico quia interdum notae alius correctoris Leidensi appictae sunt, quas Aubreton dubitanter Danieli Heinsio tribuere maluit.

coniecturam Scaliger protulit, quae, quamvis falsa sit, ceterorum
philologorum coniecturis longe praestare videtur.

a Leidensi autem descripti sunt aliquot codices, quos Aubreton
recognovit quique ἔκφρασιν Silentiarii continent: **Lipsiensis Rep.
I. 4. 55** (XVII s.) (ff. 63r–80r), **Petropolitanus 148** (6 decemb. 1637),
Bodleianus Auct. F. 3.22 (**8817**, olim Misc. 96) (ff. 57r-73v)[28]. alii
denique codices recentiores Silentiarii descriptiones continent et
partim e Scaligeri Leidensi pendere videntur («codices mixtes»:
Aubreton): **Traiectinus 20** (XVIII s.) (ff. 193–242), **Leidensis
B. P. G. 88., Hagensis 76 H 14**. horum autem omnium recentiorum
codicum collatione supersedi.

Anno 1626 Lucas Holstenius ecclesiae et ambonis ἐκφράσεις
apographo Salmasiano usus Lutetiae descripsit[29]. is autem cum
Romae vitam degeret apographum suum cum codice ipso P,
qui ab anno 1622 ibi asservabatur, contulit et aliquot menda
ope archetypi Palatini anno 1629 correxit: est autem Holstenii
apographum **Vat. Barb. gr. 185** (Descriptio Ecclesiae: 1r–26v;
Descriptio Ambonis: 27r–34v). tum primum utramque ἔκφρασιν
codice descriptam invenimus, nec tantum longiorem. Holstenius
videlicet apographum Descriptionis Ambonis a Salmasio exara-
tum haurire potuit, quod ad Scaligerum numquam pervenisse
colligitur[30]. Nunc demum ad Salmasii codicem Par. gr. 1777
reverti licet[31].

Carolus Du Fresne Du Cange anno 1670 Pauli Silentiarii
Descriptionem Aedis Sophianae in lucem protulit, quam editioni

---

[28] a quo cod. **Gottingensis phil. 5** descriptus est: Aubreton 1980, 32.

[29] «eam [scil. Ecphrasin ecclesiae S. Sophiae] ... ex Palatino codice
transcripserat Cl. Salmasius unde ego mihi Lutetiae descripsi» (epistula
ad Peirescium, Romae 11 febr. 1628), *Lucae Holstenii epistolae ad
diversos, quas ex editis et ineditis codicibus* collegit atque illustravit J.F.
Boissonade, Parisiis 1817, 72. cf. Aubreton 1981, op. laud., 2–3; *Codices
Barberiniani Graeci*. Tomus II. *Codices 164–281*. recensuit I. Mogenet, in
Bibliotheca Vaticana 1989, 23–5.

[30] Holstenius quidem in epistula de qua supra diximus tantummodo
Descriptionem Ecclesiae Lutetiae se descripsisse docet: de Ambonis
autem descriptione aliud lemma epistulae agit. qua re haud veri simile
videtur, ni fallor, eum brevius carmen Romae a Palatino descripsisse.

[31] vd. supra, XIV.

Johannis Cinnami Historiarum et commentationibus in alios
auctores Byzantinos uno volumine adiunxit. scribit in praefatione
se a de la Mare apographum Salmasianum (scilicet Par. gr. 1777)
accepisse, eoque ad editionem conficiendam usum esse[32]. post
mortem enim Salmasii (1653) Par. gr. 1777 una cum aliis eius
manu scriptis in bibliotheca Philiberti de la Mare asservabatur;
anno autem 1719 libri, quos de la Mare possederat, a rege Galliae
empti sunt: quo factum est ut hic codex Salmasii in bibliothecam
Regiam perveniret.

hic autem codex, Par. gr. 1777 dico, aliquam utilitatem affert:
clare enim inde intelligi potest, quae coniecturae Salmasio, quae
autem editori principi tribuendae sint; priores enim editores
emendationes vel coniecturas omnes, quas in editione Ducangii
invenissent, ei protinus tribuere solebant. coniectare possumus
ex codice Salmasium textum correxisse cum exscriberet[33]; haud
autem raro notae eius in margine inveniuntur. Salmasii marginalia
a Ducangio in editionem recepta sunt, non vero omnia: quaedam
repudiata sunt, interdum non recte[34].

quaerebatur porro, cur Ducangius prius tantum carmen
edidisset, Ambonem autem ineditum reliquisset[35]. cum vero nunc
sciamus, codicem, qui ei ad editionem conficiendam praesto esset,
solam Descriptionem Ecclesiae continuisse, intellegi potest, cur
Descriptionem Ambonis non ediderit. unde autem versus 50–56
Ambonis, quos in commentario laudat, deprompsit? fugit viros
doctos eos iam a Salmasio, Plinian. Exercit. 704c laudatos esse:

---

[32] Ch. Du Fresne Du Cange, *Johannis Cinnami imperatorii grammatici
Historiarum libri sex* [...] *adiungitur Pauli Silentiarii Descriptio Sanctae
Sophiae*, Parisiis 1670, 497.

[33] velut S. Soph. 7 νομοθετῶν, κτίζων πόλεις, quam coniecturam Ducangio
tribuerunt.

[34] ut S. Soph. 104 εὐσθενεῖ; S. Soph. 111 τούτου, quod deinceps Wilamowitzio
in mentem venit.

[35] «tres vv. 21. 22. 23 [scil. Descriptionis Ambonis] affert [scil. Ducangius],
ne verbo quidem addito, cur Ambonem Silentiarii non ediderit totum»
(F. Graefe, *Pauli Silentiarii Descriptio Magnae Ecclesiae et Ambonis et
Johannis Gazaei Descriptio Tabulae Mundi*. Ex apographo Anthologiae
Graecae Gothano, Lipsiae 1822, ad Amb. 51).

PRAEFATIO XIX

«eum [scil. ambonem] ita describit Paulus Silentiarius: ἔστι τις
εὐρυπόροιο – περιηγέϊ κύκλῳ. poemati illi titulus est, Ἔκφρασις
τοῦ Ἄμβωνος. sed de hoc Ambone alibi».

ubi etiam coniectura ὀρθάδιος v. 53 invenitur, quam omnes
Ducangio tribuere, nunc autem Salmasio tribuendam esse
comperimus. adde quod Ducangius in praefatione editionis
haec duo opera Salmasii, Plinianas Exercitationes et editionem
Scriptorum Historiae Augustae, commemorat, quae igitur procul
dubio et noverat et legerat.

Editioni carminis Ducangius commentarium subnexit, ea
ratione confectum, ut aedem Sophianam versibus Silentiarii
aliorumque locis fretus describeret, potius quam ipsum carmen
enuclearet: haec autem pars operis interdum nimia eruditione
laborat lectuque difficilis est. Ducangii commentarium et
translatio carminis una cum Bekkeri editione Descriptionis
Ambonis, de qua mox dicturus sum, in Corpore Scriptorum
Historiae Byzantinae denuo typis excusa fuit (Bonnae 1837), nec
non et in Patrologiae Graecae volumine 86, 2113–2263.

Silentiarii ἐκφράσεις subsequenti tempore haud multum
enotuerunt, cum raro a criticis commemorarentur, excepto magno
illo Johanne Jacobo Reiske, qui in commentario ad Constantini
Porphyrogeniti librum de cerimoniis aulae Byzantinae versus
eius interdum laudavit et interpretatus est[36].

Anno 1815 Berolini Immanuel Bekker Descriptionem Ambonis
e codice Palatino edidit[37]. hic autem libellus, nulla praefatione
instructus, carmen continet cum notis perpaucis, ubi plerumque
variae lectiones codicis afferuntur; raro vir doctissimus textum
emendavit[38]; itacismi tacite correcti sunt.

---

[36] *Constantini Porphyrogenneti imperatoris Constantinopolitani libri duo
de Cerimoniis Aulae Byzantinae*, II, Lipsiae 1754, 25; 34; 59.
[37] quando autem Bekker Silentiarii carmen descripserit, priore (1810–1814),
an altero (1815) Parisiensi itinere, cum ei Academia Borussica mandaverit,
ut codices, quos Galli e Germania praedati essent, inspiceret, suspicari
nequeo.
[38] mendum sustulit Amb. 235.

Anno 1822 Fridericus Graefe Silentiarii carmina una cum Johannis Gazaei Descriptione Tabulae Mundi collatione nisus apographi codicis P Gothani (**Forschungsbibliothek Gotha, Chart. A. 779**) Lipsiae edidit[39]. nemo in Silentiarii carminibus castigandis tantum profecit quantum Graefe: quod vix miraberis, cum consideraveris quam bene ille de Nonni Dionysiacis meritus sit. Salmasius enim, Ducangius, Bekker ac vel etiam Scaliger menda plerumque leviora, orthographica vel syntactica, sine magno negotio sustulerunt; Friedländer ipse rem interdum male gessit[40]; Graefe autem ad nodos et aenigmata solvenda se feliciter contulit. quin etiam quaedam ex eius coniecturis, quae usque adhuc in apparatu editionis Lipsiensis neglecta iacebant, dignae sunt quae in textum recipiantur, cum locos emendatione egentes pulchre expediant[41].

Anno 1854 Berolini Carolus Guilelmus Christianus Kortüm translationem hexametris Germanicis aliquot versuum descriptionum S. Sophiae et Ambonis publici iuris fecit; ea autem translatio, adnotationibus exegeticis praedita, sumptuoso operi quod architectus Salzemberg de monumentis Constantinopolis composuit, addita est. Caroli Kortüm translatio heic commemoranda est, quia notae aliquot, ab Augusto Meineke confectae, coniecturas in textum carminum continent[42].

---

[39] hoc Palatini apographum abbas Josephus Spalletti Romae 1776 confecerat; cum vero anno 1796 ab Ernesto Saxoniae-Gothae Altemburg emptum esset, in huius principis bibliothecam pervenit. hoc autem codice etiam Fridericum Jacobs in altera Anthologiae Graecae editione usum esse (*Anthologia Graeca ad fidem codicis olim Palatini nunc Parisini ex apographo Gothano edita*, I–IV, Lipsiae 1813–1817), inter omnes constat. Jacobs ipse I, p. LII n. 52 nuntiavit Fridericum Graefe carmina Silentiarii et Johannis Gazaei ex apographo Gothano editurum esse.

[40] vd. adnotationem criticam ad S. Soph. 258; et S. Soph. 333 coniectura Πλάτων, quam omnes receperunt, Pauli stilo parum consentanea est.

[41] cf. S. Soph. 657; Amb. 53 et quae scripsi *RFIC* CXXXVI (2008), 406–411.

[42] verisimile est Carolum Kortüm, praenomine omisso, Augustum Meineke illum significasse qui has coniecturas excogitasset. oblivisci enim non possumus a Kortüm in praefatione eum praesidem appellatum esse («Herrn Director Dr. Meineke»). attamen hae coniecturae Augusti solita ingenii felicitate carere videntur.

multum in carminibus emendandis et enarrandis profecit Paulus
Friedländer, qui Silentiarii et Johannis Gazaei carmina anno 1912
Lipsiae et Berolini edidit. primus enim post Holstenium in S.
Sophiae descriptione fontem ipsum, id est codicem P, haurire,
quam rivulos apographorum consectari maluit: ita et multa
verba multaque hemistichia, quae in Ducangii et Frederici Graefi
editionibus, cum lacunosis apographis penderent, omissa erant,
vestigia codicis P scrutatus restituere potuit[43]. commentarii eius
adnotationes perutiles sunt; non dubitandum est quin si locos
quoque similes congessisset (quod in solo Gazaeo fecit), munere
suo optime perfuncturus fuerit: heic autem lectores ad modicam
dissertationem, quam Merian-Genast confecerat, reicere maluit[44].

quamquam hoc loco de editionibus agitur, Arthuri Ludwich
praestantem dissertationem praeterire nolo, qua critici deinceps
numquam fere usi sunt, quamvis silvam coniecturarum et utilium
commentationum contineat[45].

omnes denique, qui a saeculo XX ineunte usque ad hanc
aetatem Silentiarii carmina vertere studuerunt, editionem a Paulo
Friedländer confectam pro uno fundamento habuerunt.

DE PAVLI SILENTIARII AETATE

Poetam nostrum commemorat Agathias in Historiarum loco, qui
praecipuum testimonium de vita et fama Silentiarii est:

εἰ δέ τις ἐθέλοι πόρρω που τυχὸν τῆς πόλεως ἀπῳκισμένος ἔπει-
τα γιγνώσκειν σαφῶς ἅπαντα, καθάπερ παρὼν καὶ θεώμενος,
ἀναλεγέσθω τὰ Παύλῳ τῷ Κύρου τοῦ Φλώρου ἐν ἑξαμέτροις
πεπονημένα, ὃς δὴ τὰ πρῶτα τελῶν ἐν τοῖς τῆς ἀμφὶ τὸν βασιλέα σιγῆς ἐπιστάταις γένους τε κοσμούμενος δόξῃ καὶ πλοῦτον
ἄφθονον ἐκ προγόνων διαδεξάμενος, ὅμως παιδεία γε αὐτῷ καὶ

---

[43] cf. supra, IX.
[44] J. Merian-Genast, *De Paulo Silentiario Byzantino Nonni sectatore*, diss.
Lipsiae 1889.
[45] *Textkritische Noten zu Paulus Silentiarius*, Königsberg 1913.

λόγων ἄσκησις διεσπούδαστο, καὶ ἐπὶ τοῖσδε μᾶλλον ηὔχει καὶ ἐσεμνύνετο. καὶ τοίνυν πεποίηταί οἱ καὶ ἄλλα ὡς πλεῖστα ποιήματα μνήμης τε ἄξια καὶ ἐπαίνου, δοκεῖ δέ μοι τὰ ἐπὶ τῷ νεῷ εἰρημένα μείζονός τε πόνου καὶ ἐπιστήμης ἀνάπλεα καθεστάναι, ὅσῳ καὶ ἡ ὑπόθεσις θαυμασιωτέρα. εὑρήσεις γὰρ ἂν ἐν αὐτοῖς τὴν ὅλην τῆς θέσεως εὐκοσμίαν καὶ τὰς τῶν μετάλλων φύσεις λεπτότατα κατεξητασμένας τῶν τε προτεμενισμάτων τὸ εὐπρεπὲς ἅμα καὶ ἀναγκαῖον μεγέθη τε καὶ ὑψώματα καὶ ὅσα ἰθύγραμμα σχήματα καὶ ὅσα κυκλικὰ καὶ ὅσα ἐκκρεμῆ καὶ προτεταμένα. γνοίης δὲ ἂν ἐκ τῶν ἐπῶν καὶ ὅπως ἀργύρῳ τε καὶ χρυσῷ τὸ ἱερώτερον χωρίον καὶ τοῖς ἀπορρήτοις ἀποκεκριμένον πολυτελέστατα καταπεποίκιλται, καὶ εἴ τι ἄλλο πρόσεστι μέγα ἢ ἐλάχιστον γνώρισμα, οὐ μεῖον ἢ οἱ θαμὰ ἐν αὐτῷ περιπάτους ποιούμενοι καὶ ἅπαντα διασκοποῦντες (Hist. 5, 9, 7–8).

ceterae Silentiarii mentiones non tam valent quam Agathiae commemoratio. quaedam enim parum accuratae[46], aliae autem diversimode accipi possunt[47].

---

[46] Suid. α 112 Adl. (Ἀγαθίας) συνήκμασε δὲ Παύλῳ τῷ Σελεντιαρίῳ καὶ Μακεδονίῳ τῷ ὑπάτῳ καὶ Τριβουνιανῷ ἐπὶ τῶν Ἰουστινιανοῦ χρόνων. hoc testimonium ante decem fere annos a Johanne Madden (*Macedonius Consul. The Epigrams.* Edited with Introduction, Translation and Commentary by J. A. M., Hildesheim-Zürich-New York 1995, 8) accurate excussum est: e viri doctissimi disputatione colligitur Suidae συνήκμασε non ad verbum intelligendum esse, cum hoc lemma Agathiam regnante Justiniano floruisse doceat – eum autem satis constat anno 565, cum Justinianus mortuus sit, non maiorem fuisse quam triginta annos natum.

[47] Lemma scribae C ad Paul. Sil. Ant. Pal. 7, 604, quod quidem opus obitum puellae cuiusdam Μακηδονίης (v. 5) luget, certiores nos facit Macedoniam filiam auctoris fuisse: ἦν δὲ θυγάτηρ τοῦ αὐτοῦ Παύλου ἡ Μακηδονία. si res ita se habet, quod quidem comprobari nequit, verisimile est Silentiarium filiam suam ab amico poeta Macedonio nuncupavisse. sin autem lemma falsum est, puellam a patre Macedonio nomen suum accepisse eamque Paulum Macedonii amicum deflevisse satis probabile videtur, ut Averilia et Alanus Cameron, «The *Cycle* of Agathias», *JHS* LXXXVI (1966), 17, rati sunt. utcumque se res habet, epigramma quod mortem Macedoniae maeret nihil ad Macedonium poetam pertinere parum veri simile videtur, quandoquidem et aliis de causis eum Silentiario familiariter uti conicere possumus (Madden, op. laud., 9 n. 19; et vide infra).

e verbis Agathiae Silentiarium tunc temporis iam mortuum esse conclusit McCail[48], cuius sententiam ego quoque complector. cum autem Historiae probabiliter inde ab anno 570 condi coeptae sint[49], facile colligere possumus poetam nostrum vix diu post hunc annum vixisse, immo vero fortasse paulo ante mortuum esse.

sub initio enim regni Justini II Paulus Silentiarius etiamtunc vivebat, ut ex eius epigrammate A.P. 9, 658 patet, quod scripsit ut Domnini cuiusdam opera refectas aedes Praetorii laudibus extolleret. hoc enim epigramma Justino II regnante conscriptum esse dilucide Averilia et Alanus Cameron demonstraverunt, ut omnibus notum[50]. cum enim pateat Domninum hoc munus suscepturum vix fuisse, nisi prius praefectus urbi evasisset, et cum constet hoc honore usque ad annum 566 Julianum perfunctum esse[51], verisimile est Domninum non ante annum 567 Praetorium sartum tectum tradidisse. itaque conicere possumus A.P. 9, 658 sub fine vitae Silentiarii compositum esse.

quod autem Averilia et Alanus Cameron opinati sunt, Paulum Silentiarium vel aequalem Agathiae vel etiam minorem natu fuisse, probare nequeo. primum enim fatendum est eorum argumentum dubia coniectura fulciri: auctorem nempe epigrammatis statuam augustae Sophiae uxoris Justini II ante Praetorii aedes positam concelebrantis (A.P. 9, 813) quod codex Palatinus sine nomine tradit, Planudes autem cuidam Cyro tribuit, eundem esse ac Cyrum patrem Pauli Silentiarii contenderunt (quem Agathias in loco Historiarum supra laudato commemorat) – patrem igitur Silentiarii adhuc initio regni Justini II vivum fuisse putaverunt[52]. deinde, quod fortasse maioris ponderis est, Macedonius poeta,

---

[48] R.C. McCail, «The Cycle of Agathias: New Identifications Scrutinised», *JHS* LXXXIX (1969), 94.

[49] Averil Cameron, *Agathias*, Oxford 1970, 9.

[50] Cameron-Cameron, op. laud., 21.

[51] Cameron-Cameron, op. laud., 22.

[52] Cameron-Cameron, op. laud., 18–9. vide McCail, op. laud., 94; Madden, op. laud., 7 n. 12. cum praeterea constet A.P. 9, 658, quod aedes Praetorii laudibus prosequitur, a Paulo conditum esse, parum verisimile ducimus A.P. 9, 813, quod idem aedificium illustrat, patri eius tribuendum.

quem Madden circiter 490–565 vixisse e testimoniis collegit[53], interdum Silentiarium imitari videtur. fateor: res est haec incerta, et quae magis in animi opinione quam in rationis acie consistat; at quid philologis committitur, nisi ut textus ipsos excutiant et inde interpretationi fundamenta aliquatenus firma subdant? nam Johannes Madden argumentis nisus firmis demonstravit satis probabile esse Macedonium in epigrammatibus A. P. 5, 223 = 1 Madden et A. P. 5, 225 = 3 M. Pauli epigrammata A. P. 5, 283 et A. P. 5, 291 imitatum esse: econtra Silentiarii epigramma A. P. 11, 60 imagines Macedonii poematis A. P. 11, 59 = 33 Madden divulgare et quodam modo uberius evolvere videtur, cum manifestum sit Macedonium heic e duobus Nonni locis in imaginibus et iuncturis totum pendere[54].

Johannis Madden subtili investigationi et alium locum addere possumus, Silentiarii A. P. 5, 255, 16 ὑγρὰ περιπλέγδην ἄψεα δησαμένους, qui versus similitudinem loci Macedonii prae se fert, scilicet A. P. 5, 227, 4 = 4 Madden ὑγρὸν ἐνιπλέξας ἄμματι δεσμὸν ἔχω: cum autem Silentiarius Opp. Hal. 2, 376 ὑγρὸς ὄφις χαλεποῖσι περιπλέγδην ὑπὸ δεσμοῖς / ἴσχει imitari satis perspicue videatur, probabile puto eum versum suum ante Macedonium panxisse. heic igitur Macedonius collegae vestigiis insistere videtur[55], quamquam concedo haud absurdum esse eum quoque ex Oppiano potius quam ex Silentiario iuncturam suam deprompsisse.

his omnibus rebus perpensis Macedonium aequalem Silentiario fuisse probabile duco – si non aequalem, at non multo maiorem; Agathiam autem aetate proxime subsequenti vixisse.

---

[53] Madden, op. laud., p. 9.
[54] Paul. Sil. A. P. 11, 60, 8 οἷς Ἀΐδης φίλτερος ἠελίου et Amb. 41 sq. οἷς πλέον ἠελίοιο μόρον ζείδωρος ἀνάγκη / ... ἐφήνδανεν inter se coniuncta esse nemo, puto, infitias ibit: sed quod a quo pendeat, dicere nequeo.
[55] vide C. De Stefani, «ἀλώφητος ἔρως: Anatomy of a Late Greek Poem», *Papers on Ancient Literatures: Greece, Rome and the Near East*. Proceedings of the «Advanced Seminar in the Humanities» Venice International University 2004–2005. edited by E. Cingano and L. Milano, Padova 2008, 209–210.

Neque praetermittendum quod iure McCail animadvertit: ab Agathia ἔκφρασιν Silentiarii potissimum poetae opus haberi, minimeque idem McCail assentitur Averiliae et Alano Cameron contendentibus, Silentiarium nondum tricesimum aetatis annum egressum tam exculta carmina composuisse. an princeps Justinianus tirunculum ad aedem concelebrandam deligeret?[56]

His et alia animadversio adnectitur. interdum vocabula, queis Silentiarius in suis ἐκφράσεσιν utitur, praeter haec duo carmina tantummodo in epigrammatibus (a Meleagri Corona usque ad Cyclum Agathiae) occurrunt, quantum ad poetas attinet: ut, puta, S. Soph. 518 εὔοροφος, quod praeter hunc locum in versibus solum apud Antip. Thess. GPh 321 invenitur (quod procul dubio exemplo Silentiario fuit); Amb. 90 ἠελιῶτις, quae forma heic solum et apud Jul. Aeg. A.P. 7, 601, 3 occurrit, et cetera. at maioris momenti haec fortasse res est: interdum fit ut haec perrara vocabula etiam in Pauli epigrammatibus inveniantur. huius rei exemplum habes compositum ἀλιανθής, quod praeter Orph. Arg. 586[57] tantum in S. Soph. 771 et Amb. 215 ἀλιανθέϊ κόχλῳ, (Silentiarii) A.P. 5, 228, 3 ἀλιανθέϊ ... κόχλῳ et Antip. Thess. GPh 347 occurrit. an temeritate peccare videbimur, si existimabimus poetam nostrum vocabulum insolens in Antipatro invenisse, eoque primum in epigrammate usum esse, deinde in ἐκφράσεσιν adhibuisse? minime, inquam, peccabimus. quod si quis secum reputabit, Silentiarium in epigrammatibus epigrammatistas imitatum esse, tum deinde (vel si mavis eodem fere tempore) in descriptione ecclesiae et ambonis rursus eorum vocabulis usum esse, sat facile rem totam explicabit. neque aliter res se habet de adiectivo εὔγραφος, quod, nisi fallor, tantum apud S. Soph. 605 et Amb. 97 occurrit: huius exemplar habes, puto, Paul. Sil. A.P. 6, 65, 10 et A.P. 6, 66, 6 εὐγραφής, quod e Leon. HE 2299 pendere videtur; et similia.

patet quo tendam: eiusmodi exemplis mihi persuasum habeo Silentiarium primum epigrammatis pangendis Nonnum praecipue et

---

[56] McCail, op. laud., 94.

[57] ubi ἀλιανθέα est Toupii verissima emendatio (aliter quidem sentiunt Gow-Page ad Antip. Thess. GPh 347).

auctores epigrammatum, sicut mos erat, versavisse et paulatim stilum suum mirifice excoluisse; deinde, cum eum ἐκφράσεις componere Justinianus iusserit (vel poposcerit), eodem fere dicendi genere usum esse – adiectis scilicet didacticorum quos vocant auctorum et vocabulis et iuncturis. itaque mihi satis probabile videtur poetam nostrum, prius quam duo descriptiones componeret, iam clarum auctorem epigrammatum evasisse: ex quo facile intellegitur, qua re eum princeps ad aedem celebrandam delegerit. quibus argumentis coniectare possumus eum anno 562 aetate provectiorem fuisse quam Averilia et Alanus Cameron contendunt. his omnibus rebus perpensis censeo Silentiarium vel aequalem Macedonio vel fortasse paulo minorem natu fuisse; ante quam Agathias quintum librum Historiarum composuerit iam mortuum esse.

DE SILENTIARII IN ΕΚΦΡΑΣΕΣΙΝ ENARRANDI RATIONE

Iampridem commentarium in Silentiarii carmina conscribere incubui; quem librum mox me editurum spero. quapropter mitto hoc loco singillatim de poetae stilo edisserere: quae verba elocutionesque de quibus auctoribus deprompserit; quo modo iuncturas ab Homero vel Alexandrinis vel Nonno receptas immutaverit, et similia. liceat mihi heic tantum eius rationem enarrandi et auctores, quos imitatus sit, breviter perstringere.

ut ex apparatu fontium patet, Silentiarii dicendi genus potissimum imitatione Nonni duorum carminum, Dionysiacorum et Paraphraseos Evangelii Johannaei, innititur; interdum tamen Nonnum non exprimit[58]. praeter Nonnum (et eos qui a Nonno profecti sunt, Musaeum dico, Pamprepium, etc.), praecipue poetas didacticos, Dionysium Periegetam, Oppianum, Ps.-Oppianum, imitatur; saepe ex epigrammatibus verba et iuncturas acceptas versibus inserit, ut supra vidimus; nec desunt loci ubi Gregorii Nazianzeni Carminum imagines elocutionesque exprimat; poetas

---

[58] ut S. Soph. 552 (hic quidem ex coniectura), Amb. 33, 75, ubi coniunctionem ἠδέ, qua Nonnus numquam utitur, versibus suis inseruit.

Alexandrinos eum studiose lectitavisse manifestum est, praesertim
Apollonium Rhodium – uno tantum versu Nicandrum, qui
Nonno tantum placuit, Silentiarius luculenter imitari videtur⁵⁹.
si in universum Silentiarii doctrinam cum Nonni comparamus,
Panopolitanus plusculum doctior esse videtur: desunt enim, ni
fallor, aliquot auctores quos Nonnus imitatur, velut Theocritus⁶⁰,
Lycophron, Euphorion, sed hoc fortuito accidisse puto. porro,
sicut Nonnus ad Paraphrasin Evangelii conficiendam commentario
Cyrilli Alexandrini sedule studuerat, ita Silentiarius Procopii
descriptione ecclesiae Sophianae (Aed. 1, 1, 23–38) naviter usus
est; quin immo alias partes illius operis ut suos versus pangeret et
legit et imitatus est, mea quidem sententia.

qua indole et quo ingenio Silentiarius in ecclesia describenda usus
esset pulchre Friedländer disseruit, cum eius imaginum copiam
facultatemque dicendi laudaret⁶¹; poetae enim versibus ecclesia,
tamquam arbor animata, sua mole agitatur movetur crescit;
conchas minores tamquam brachia vel ramos tendit, humeris
tholum sustinet; sub eius pedibus labuntur marmorum undae.

oratio autem mea didacticorum quos vocant poetarum artificiis
definietur, ut pateat has ἐκφράσεις inter encomia numerandas
quidem⁶², iisdem tamen quaedam inesse quae ad poesin didacticam
pertineant. Amb. 57 sqq. ambonis descriptionem orditur:

> ἐνθάδε γὰρ κύκλῳ μὲν ἐοικότα χῶρον ἑλίσσει
> λᾶας ἔεις· οὐ μὴν περιηγέϊ πάντοσε τόρνῳ
> ἶσος ἔφυ, βαιὸν δὲ συνέρχεται, εἰσόκε πέτρου
> ἄντυγα μηκύνειε.

hoc loco poeta quae a se parum recte ante dicta esse videbantur,
corrigit et magis aptam definitionem profert. ceterum haud
dissimilem correctionem offendimus et apud S. Soph. 371 sq.

---

⁵⁹ vd. ad Amb. 153.
⁶⁰ si v. ft. S. Soph. 875 excipias.
⁶¹ Friedländer, op. laud., 124–126.
⁶² vide supra, XI.

σχήμασιν οὐ σφαίρης ἐναλίγκιος, ἀλλὰ κυλίνδρου
ἄνδιχα τεμνομένοιο

et potissimum apud S. Soph. 725 sq.

ὑψόθι δ' ἁψίδων ἀνατείνεται οἷά τε κώνου
εἴκελον, ἀλλ' οὐ πάμπαν ὁμοΐϊον· οὐ γάρ ἑλίσσει κτλ.

apud Amb. 259 sqq.

περιηγέσιν οὔτι κυλίνδροις
εἰδόμενος· φαίη τις ἀνὴρ γραμμῇσι μεμηλώς
σχῆμα κύβου μεθέπειν περιμήκεος οὐκ ἰσοπλεύρου

nec non et apud Amb. 50 sq.

κατ' ἔνδια μέσσα μελάθρου
... καὶ μᾶλλον ἐς ἀντολίην τι νενευκώς

haec omnia, ni fallor, didacticorum sermonem sapiunt, ut ex
talibus exemplis intelligere datur:

Eratosth. 16, 10 sqq. Powell

αἰεὶ κρυμαλέαι, αἰεὶ δ' ὕδατι νοτέουσαι·
οὐ μὲν ὕδωρ, ἀλλ' αὐτὸς ἀπ' οὐρανόθεν κρύσταλλος
κεῖτο

Dion. Per. 5 sqq.

οὐ μὴν πᾶσα διαπρὸ περίδρομος, ἀλλὰ διαμφὶς
ὀξυτέρη βεβαυῖα πρὸς ἠελίοιο κελεύθους
σφενδόνῃ εἰοικυῖα

[Opp.] Cyn. 3, 314 sqq.

ἔστι δέ τις ...
οὐ λύκος, ἀλλὰ λύκου προφερέστερος αἰπύτατος θήρ

et ex ceteris huiuscemodi[63]. sunt denique etiam alia signa didactici sermonis adhibiti, velut secunda persona verbi δήω eo consilio a poeta usurpata, ut ecclesiae observatori vel potius carminis lectori aliquam partem aedis describat: quod a didacticis poetis usurpari solet[64]; et aeque sermo ναὶ μήν (S. Soph. 862; Amb. 76; 232), quo didactici usitantur[65].

Itaque Paulus Silentiarius in descriptione S. Sophiae duo genera scriptionis coniunxisse videtur, didacticum scilicet carmen et laudationem: hac carmen incipit et desinit; illud medium locum tenet. quod ad Ambonem attinet, quodam modo hymnum cleticum (versus 30–49) cum poemate didactico coniungere videtur.

DE PAVLI SILENTIARII ARTE METRICA

In Pauli Silentiarii descriptionibus duo genera metrorum usurpantur, hexametri et trimetri iambici. pars magna versuum ex hexametris constat; iambis ob eam causam utitur poeta, ut prooemiorum vice fungantur.

iambi. primae igitur carminis parti[66] duo prooemia iambis confecta praemittuntur (1–80; 81–134); alteram sex iambi praecedunt (411–416); Ambonis Descriptioni eodem modo iambicum prooemium praemittitur (1–29).

saeculis IV–VI p. Chr. morem prorsus invaluisse, ut hexametricis carminibus iambica prooemia praemitterentur, iam dudum probaverunt Toivo Viljamaa et Alanus Cameron, qui haud pauca exempla huius consuetudinis protulerunt, velut Pamprepii, Johannis Gazaei, Agathiae, Dioscori aliorumque

---

[63] vd. D.P. 154 sq.; 174 sq.; Orph. Lith. 296 sqq., etc.

[64] Arat. 191; Nic. Ther. 211; 661; 714; 786; D.P. 782; 1017; Orph. Lith. 593; 613. significanter schol. Nic. Ther. 100 a 1 (71, 6 Crugnola) δήεις· μάθε. εὑρήσεις.

[65] vide Jacques ad Nic. 51 (*Nicandre. Œuvres*. Tome II. *Les Thériaques. Fragments iologiques antérieurs à Nicandre*, Paris 2002, 6), cuius exemplis addas Maneth. 6, 160; 276; 638.

[66] vd. supra, VII.

auctorum versus iambicos, quorum aliqui a III saeculo exeunte repetuntur[67]; exempla insuper addidit Johannes Lucas Fournet[68]. hanc enim consuetudinem iam III saeculo exeunte etiam apud Latinos exstitisse fidem faciunt duo carmina Prudentii, Hamartigenia et Psychomachia, quibus iambicae praefationes ab auctore praemissae sunt[69]. neque a serioris Byzantinae aetatis poetis mos omnino omissus esse videtur[70].

quod ad stilum eiusmodi prooemiorum attinet, rem optime definierunt Viljamaa et Cameron: V–VI saeculorum poetas ut iambica prooemia conficerent eo dicendi genere atque arte metrica usos esse, quibus Atticorum comoediae auctores saeculorum V– IV a. Chr. poetati esse viderentur[71]; quo factum esse ut versibus vocabula a prisca Attica comoedia deprompta aspergerentur; ut pronomina in iota δεικτικόν haud raro caderent[72]; ut denique Porsoni lex neglegeretur, atque anapaesti vel paribus sedibus admitterentur.

---

[67] Viljamaa, op. laud. 68, A. Cameron, «*Pap. Ant.* III. 115 and the Iambic Prologue in Late Greek Poetry», *CQ* XX (1970), 119–129 (et iam Friedländer, op. laud., 119–120). adde epigramma SGO 16/03/03 (Akmonia, I–II p. Chr. [?]), in quo duo trimetri hexametros et pentametros secuntur; SGO 20/05/06 (Apamea, I–II saec. in. p. Chr.) quod a trimetro iambico incipit, quem decem excipiunt hexametri, de quo cf. potissimum D. Feissel, «Deux épigrammes d'Apamène et l'éloge de l'endogamie dans une famille syrienne du VIᵉ siècle», in: ΑΕΤΟΣ. *Studies in honour of Cyril Mango presented on April 14, 1998*. Edited by Ihor Ševčenko and Irmgard Hutter, Stuttgart-Leipzig 1998, 116–136. hoc schema etiam alibi invenitur, neque quidem apud Graecos tantum: CIL IX 60 = CLE 1533 (Brundisii, I–II p. Chr.).

[68] J.-L. Fournet, *Hellénisme dans l'Égypte du VIᵉ siècle. La bibliothèque et l'œuvre de Dioscore d'Aphrodité*, Le Caire 1999, 278 n. 231.

[69] Friedländer, op. laud., 120.

[70] confer exempli gratia versus a Tzetze (quantum nobis conicere datur) compositos qui in libris ante [Opp.] Cynegeticorum paraphrasin leguntur (171 Papathomopoulos).

[71] Viljamaa, op. laud., 84–97 (passim); Cameron, op. laud., 122: «Perhaps the most noteworthy common feature of these iambic prefaces is that they were written in what their authors at least believed to be the style, metre, and idiom of Attic comedy».

[72] Cameron, op. laud., 123–124. iota δεικτικῷ (una cum aliis flosculis) utitur rhetor Lucill. A. P. 9, 142, 3, ut oratio sua Atticam sapiat.

ordiamur igitur a Porsoni lege, quam Silentiarius haud raro violat. huius enim rei affatim sunt exempla, velut S. Soph. 17, 36, 79, 80, 82, 92, 125, 411, Amb. 11, 13[73].

anapaestos sedibus paribus, 25 versibus, poeta admisit, quod numerum 14,7 % fere efficit. paulo frequentius inveniuntur in prooemio Κύκλου Agathiae (A. P. 4, 3a): 14,8 %[74]. Johannes autem Gazaeus in duobus prooemiis (29 versibus) uno tantum versu peccavit (v. 19), quamquam et ipse quidem suum θέατρον ... ἡττικισμένον hortatus est (v. 20). cum praeterea apud Silentiarium eiusmodi anapaesti aliquanto plures sint, quam qui in imparibus sedibus inveniuntur, affirmari potest poetam non aliam ob causam ita scripsisse, quam quia versus suos comicorum Atticorum sonoribus fucare vellet.

interdum anapaestus duobus verbis dividitur, sicut in v. 72 τοσοῦτος ἔρως vel v. 63 ἐπεὶ δὲ μετῆλθε, παρέσχε τοῖς ὑπηκόοις ubi brevium divisio et male continuati anapaesti insuave perquam sonant[75]; haec autem licentia in eiusmodi prooemiis et alibi plus minusve usitata est[76]. pessimus autem omnium iamborum est v. 97 τὸν ἥλιον μὲν ἀνατέλλειν ἐν ἡμέρᾳ, ubi octavam syllabam produxit, quasi quandam comicorum licentiam inepte imitaretur.

Atticam quam vocant correptionem inconstanter admisit poeta: saepe enim epicam prosodiam imitatus est, more aequalium poetarum[77].

hucusque Silentiarius veteres comoediae Atticae poetas, inscite nonnumquam, imitatus esse videtur. insunt tamen in eius iambis haud pauca, quae seriorem aetatem sapiunt.

versum enim proparoxytono verbo desinere non frequenter passus est (19 vv. = 11,2 %). oxytono desinunt 13 versus (= 7,6 %)[78].

---

[73] et plura fortasse sunt, siquidem S. Soph. 8 κινῶν εἰ δέοι, 74 ἑορτὴν ὡς ἔδει, 83 ποιητοῦ τῶν ὅλων (at cf. M. L. West, *Greek Metre*, Oxford 1982, 85), 91 ὦ τᾶν, ὡς πάνυ, 99 εἶναι τὸν τρόπον huc cadere possunt (at eadem de causa aliter censendus exitus S. Soph. 1 τῆς νῦν ἡμέρας, et similia).

[74] qui tamen eo processit ut eodem versu duo anapaestos paribus sedibus admitteret: οὗτος παρέθηκεν τὴν ὑπ᾽ ἐμοῦ μεμαγμένην.

[75] Friedländer, op. laud., 119.

[76] Cameron, op. laud., 123.

[77] Cameron, ibid. cf. exempli gratia v. 11 οὐχὶ πρὸς, 15 τόδε π᾽ροσλαμβάνεις, 17 διαδιδράσκεις.

[78] voculas quales sunt μέν et δέ nec non encliticam ποτε non neglego.

quod si Silentiarii artem metricam in iambis faciendis cum Pisidae in carminibus historicis condendis contuleris, haud longe dissimiles numeros invenies. quin immo Pisida heic paulo plures versus, qui in proparoxytonis desinunt, quam Silentiarius admisit (= 17,2 %)[79]. quantum autem ad caesuras pertinet, haud multum inter Silentiarium et serioris aetatis Byzantinae poetas interesse videtur. excepto enim S. Soph. 102, qui, cum caesura prorsus careat, Atticorum comoediae trimetrum imitari videtur, ceteri versus plus minusve Byzantinorum consuetudinem secuntur. ante enim B7 nonnisi proparoxytona vel (paucioribus quidem locis) paroxytona admittuntur: excipias S. Soph. 6, qui proparoxytono in exitu versus posito excusatur[80]. ante B5 proparoxytona quinquies vicies admittuntur, quod numerum 14,7 % efficit: Pisida in universum strictior (6 %)[81], in carminibus autem historicis paulo minus poeta nostro distare videtur (8,1 %)[82].

itaque in Silentiarii iambis non secus ac in eius aequalium iambis quaedam insunt, quae Byzantinorum versus, qui ex duodecim syllabis constat, propria sunt, quaeque in Pisidae carminibus subinde plenius exhibita sunt; siquidem locis quibusdam eae licentiae inveniuntur, quae a vetustioribus poetis admitti solebant, veluti crebrae solutiones[83] vel anapaesti, non dubitandum est quin iisdem locis eo consilio poeta ductus sit, ut versus iambicos comoediam redolentes conderet.

---

[79] P. Maas, «Der byzantinische Zwölfsilber», *BZ* XII (1903), 289 (= *Kleine Schriften*. Herausgegeben von W. Buchwald, München 1973, 253) ⟨in universum cf. West, op. cit., 184⟩; vd. numeros ab I. Hilberg allatos, «Über die Accentuation der Versausgänge in den iambischen Trimetern des Georgios Pisides», *Festschrift Johannes Vahlen zum siebenzigsten Geburtstag gewidmet von seinen Schülern*, Berlin 1900, 157, nec non et R. Romano, «Teoria e prassi della versificazione: il dodecasillabo nei *Pangirici Epici* di Giorgio di Pisidia», *BZ* LXXVIII (1985), 6. ut omnibus notum, Pisida in sero carmine, quod Hexameron inscribitur, longe severior est: versus in proparoxytonis exitum habentes numerum 4 %, in oxytonis 0,1 % efficiunt.

[80] Maas, op. laud., 292–293 (= 256–257 hic autem v. etiam caesura B5 inciditur).

[81] Maas, op. laud., 293–294 (= 258).

[82] Romano, op. laud., 3.

[83] cf. Viljamaa, op. laud., 85.

hexametri. de Silentiarii hexametris iam dudum Merian-Genast distincte dixit[84]; rem recens nulla satis certa ratione retractavit Carola Caiazzo[85]. heic quaestionem breviter perstringam, ea fere ratione, qua Rudolphus Keydell ad rem metricam Nonni pertractandam egregie usus est[86]. **1.** hexameter nullus caesura caret: omnes enim versus aut penthemimere aut caesura κατὰ τρίτον τροχαῖον inciduntur. penthemimeres longe rarior quam caesura trochaica est atque numerum efficit 13,6%[87]. **2.** numquam penthemimeres cum alia caesura coniuncta non est, vel post longum quartum vel post biceps quartum vel (quod quidem rarius fit) post utrumque. **3.** incisiones post quartum simul et quintum longum cum caesura trochaica non coniunguntur, exceptis S. Soph. 791[88], Amb. 111 et 161[89]. **4.** numquam post primam brevem quarti bicipitis finitur vocabulum[90]. **5.** post quartum biceps, si syllaba longa efficitur, non finitur vocabulum, excepto S. Soph. 402[91]. **6.** post secundum biceps, si syllaba longa efficitur, non finitur vocabulum, excepto Amb. 210[92]. **7.** vocabulum ab altera brevi primi bicipitis incipiens

---

[84] Merian-Genast, op. laud., 41–86.

[85] «L'esametro di Paolo Silenziario», *JÖB* XXXII/XXXIII (1982), 335–343.

[86] Keydell, *Nonni Panopolitani* Dionysiaca, I–II, Berolini 1959, 35*–42*.

[87] S. Soph. 13,8%; Amb. 13%. versus, qui penthemimere incisi sunt, nonnumquam quodam modo congregari videntur, velut S. Soph. 339–340–343–344; 387–388–389–392–393; 467–469–471–473; 654–656–658–660–661; Amb. 92–93–94; 245–247–248–250–251–253.

[88] nisi χρυσέης ἐπὶ ῥάβδῳ unius verbi instar sit (quod quidem parum probabile videtur); in versibus S. Soph. 560 et 701 haereo.

[89] ubi autem verbum post caesuram femininam positum cum sequentibus, quod ad sensum, congruit.

[90] ii versus qui legi non parerent S. Soph. 729 ὀξὺ κόρυμβον ἀνέρπει et 854 ὀψὲ δύοντα Βοώτην (ita enim et P et Ducangius) a Godofredo Hermann (729: *Orphica*, Lipsiae 1805, XXVI) et Graefe (854, qui quidem locus ratione habita Homericae imitationis etiam excusari potest: cf. Merian-Genast, op. laud., 46) correcti sunt. cetera huiusmodi non inveniuntur (versus velut Amb. 110 etc. ad hoc non pertinent).

[91] cf. Friedländer, op. laud., 118.

[92] τόνδ᾽ οὕτω γὰρ χῶρον (I. Hilberg, *Das Prinzip der Silbenwaegung und die daraus entspringenden Gesetze der Endsilben in der griechischen Poesie*, Wien 1879, 162) propter illicitam elisionem probari nequit.

non finitur post primam vel alteram brevem secundi bicipitis, excepto S. Soph. 846[93]. vocabula, quae post primam brevem secundi bicipitis finiuntur, omnino respuit poeta[94].   **8.** vocabulum a prima brevi primi bicipitis incipiens ad penthemimeren vel caesuram trochaicam usque pertinens non invenitur, excepto Amb. 101[95].   **9.** raro vocabulum iambicum ante penthemimeren collocatur, his exceptis: S. Soph. 256, 339, 563, 778, 956[96].   **10.** tertium et quintum biceps numquam syllaba longa efficiuntur.   **11.** nullo versu plus quam duo spondaei in quinque prioribus pedibus admittuntur, qui praeterea nusquam continuantur[97].   **12.** bisyllaba spondiaca statim post penthemimeren non ponuntur (cf. ceterum **10.**).   **13.** bisyllaba spondiaca, quorum prima syllaba in thesi ponitur, praeter primum pedem ita in versu collocantur, ut ea semper vel interpuncta verborum vel praepositivae particulae praecedant[98].   **14.** vocabula una ex syllaba longa constantia tantummodo in longis secundo et quinto admittuntur; in longo primo tolerantur quidem, si ante vel post longum secundum incisio sit; in exitu autem versus, si diaeresis bucolica praecedat (cf. **15.**)[99].   **15.** monosyllaba, aeque brevia ac longa, in exitu versus semper praecedit diaeresis bucolica: sunt autem haec δέ, γάρ, μέν et nomina quae anteit epitheton coriambicum.   **16.** oxytona ante caesuram trochaicam non collocantur nisi praecedente trithemimere. exceptiones inveniuntur quattuor[100].   **17.** oxytona et perispomena ante penthemimeren

---

[93] quae exceptio, Homerica imitatione prae mentis oculis habita, excusatur: cf. W. Meyer, «Zur Geschichte des griechischen und des lateinischen Hexameters», *SBBA*, phil.-hist. Klasse (1884), 1006.

[94] praeter ipsum S. Soph. 846 (cf. etiam Amb. 121 ὀκριόεν δὲ μέτωπον). cf. A. Ludwich, «Hexametrische Untersuchungen III», *Jahrb. f. class. Philol.* (1874), 456.

[95] P. Maas, «Zur Verskunst des Nonnos», *BZ* 27 (1927), 17 (= *Kl. Schr.* 169).

[96] Meyer, op. laud., 1006.

[97] vd. numeros ap. Caiazzo, op. laud., 335.

[98] vd. A. Scheindler, «Zu Nonnos von Panopolis», *WSt* III (1881), 77–78, qui locos Silentiarii laudavit, cui addas S. Soph. 500 φαίης.

[99] Silentiarii exceptiones congessit A. Wifstrand, *Von Kallimachos zu Nonnos. Metrisch-stilistische Untersuchungen zur späteren griechischen Epik und zu verwandten Gedichtgattungen*, Lund 1933, 63, quibus addendus est versus Amb. 101 πῇ δ' ὑπολεπτυνθεῖσα (de quo vd. supra, **8.**) qui contra hanc legem facit.

[100] Wifstrand, op. laud., 20.

admittuntur, contra Nonni usum. **18.** proparoxytona ante penthemimeren nonnumquam inveniuntur, contra Nonni artem metricam[101].properispomenaantepenthemimerenraroponuntur. **19.** proparoxytona ante hephthemimeren non ponuntur nisi sequente diaeresi bucolica. exceptiones nonnullae inveniuntur[102]. **20.** in exitu hexametri proparoxytona non collocantur[103]. **21.** bisyllaba oxytona trochaica in exitu versus raro ponuntur[104]. **22.** ante vocabulum duobus consonantibus incipiens syllaba brevis vocali terminata in bicipite posita ter producitur (S. Soph. 269; 386; 599), quibus locis Silentiarius a Nonni consuetudine discessit[105]. in longo posita, si biceps quod praecedit una syllaba efficiatur, nusquam producitur. sin autem biceps duobus brevibus efficiatur, in vocabulis trium syllabarum haec productio haud tam raro offenditur quam in Nonni carminibus[106]. bisyllaba pyrrhichia producuntur et in secundo et in quarto longo[107]. monosyllaborum brevi vocali terminatorum quae producuntur,

---

[101] H. Tiedke, «Quaestionum Nonnianarum specimen alterum», *Hermes* XIII (1878), 274–275 exempla Silentiarii congessit.

[102] Wifstrand, op. laud., 24–25.

[103] A. Ludwich, «Hexametrische Untersuchungen II», cf. n. 94, 451–452. exceptiones de quibus Ludwich ibid. disseruit iam in editione Pauli Friedländer sublatae sunt.

[104] omnino frequentius quam apud Nonnum inveniuntur: praeter ter admissum αὐτός offendimus S. Soph. 490 φαιδρός, 598 λαός, Amb. 109 νυκτός, 245 ἀνδρός.

[105] remedia, quibus Hilberg (op. laud. n. 92, 38) vitium sanare sibi videbatur, non placent: apud S. Soph. 386 γλυπτά, χρυσεότευκτα, παραπλάζοντα μερίμνας post γλυπτά addendum esse ⟨τε⟩ censuit, quae quidem particula non apte adiungitur: adde quod enclitica τε interiecta tricolum minus elegans efficitur; apud S. Soph. 598 ὁππότε λαός / μηνί χρυσοχίτωνι verba sic transposuit: μηνί / λαὸς χρυσοχίτωνι, quam medelam propter illepidum verborum ordinem probare nequeo. praeterea, coniectura quam Ludwich, op. laud. (n. 45) 21, protulit apud S. Soph. 887: ἄλλα [δὲ] πρὸς inutilis est (vd. ad loc.). parum accurate de eiusmodi productionibus Caiazzo, op. laud., 338: «Paolo evita l'allungamento per posizione nei tempi deboli».

[106] producuntur autem in secundo vel quarto longo: S. Soph. 478 στυφελά, 661 ἀκίδα, 688 ἔβαλε.

[107] S. Soph. 173 ἐπί; 177 ἀνά; 276 ἐπί; 317 παρά; 365 ἐπί; 406 μία; 417 ἐπί; 428 ὅδε; 440 ἐπί; 441 ἐπί; 459 ἐπί; 461 ἐπί; 573 ποτί; 603 ἐπί; 612 περί; 638 πολύ; 649 μετά; 717 διά; 746 ἐπί; 753 κατά; 761 ἐπί; 774 διά; 779 ὅσα; 780 ἐπί; 816 κατά; 855 βαθύ; 952 πολύ; 973 ὅτε; 980 ὑπό; Amb. 63 ἐπί; 109

particulas τε, δέ, pronomen ὁ deprehendimus: omnia autem vel in secundo vel in quarto longo producuntur, excepto S. Soph. 945 ὁ, quod quinto longo producitur. quod ad syllabas breves consonanti terminatas attinet, si in bicipite positae sint, nonnisi in primo bicipite producuntur, sicut in Nonni carminibus (Amb. 93). monosyllaba autem brevia consonanti terminata in bicipite, ni fallor, numquam producuntur. syllaba brevis consonanti terminata praecedente bicipite una syllaba expresso nonnisi in vocabulis quae sub initio versus collocantur (S. Soph. 376 καὶ τὰς μέν; 572 ἀρκτῷον; 704 οἷς κύρτος; S. Soph 834, Amb. 163 et 221 οὕτω μέν) producitur; excipiuntur S. Soph. 195 Τελχῖνας, Amb. 59 βαιόν et 290 ὄλβον ἐπανθίζον[108]. trisyllaba tribrachyn explentia consonanti terminata ante penthemimeren nusquam ponuntur; in longo quarto reperiuntur quidem, ea autem ratione, ut plerumque post biceps quartum diaeresis sit, sicut Nonni usus praecipit. exceptiones autem inveniuntur haud paucae: S. Soph. 450, 542, 740[109], 794, Amb. 168. monosyllaba brevia consonanti terminata eisdem legum vinculis adstringuntur quibus monosyllaba longa (14): quater tamen in quarto longo deprehenduntur: S. Soph. 614, 918 et Amb. 108 et 204.   23. ante mutam cum liquida in initio verbi coniunctam ultimam syllabam praecedentis verbi non produxit Silentiarius in prima brevi primi, tertii et quinti bicipitis, Nonni usum secutus[110]; in altera brevi quarti bicipitis liberius quam Nonnus se gessit[111]; nonnumquam post alteram brevem primi et secundi bicipitis contra Nonni usum non produxit[112]; in verbis ipsis omnino correptionem Atticam vitavit, bis admisit: Amb. 261 ἰσοπλεύρου[113], 274

δύο; 138 ἀνά; 145 μίγα; ibid. διά; 148 ὑπό; 153 περί; 154 ὑπό; 189 ἴσα; 264 ἀπό; 286 περί.

[108] quae quidem productio coniectura Rudolfi Keydell efficitur: hanc autem emendationem verissimam duco. cf. ceterum Hilberg, op. laud. n. 92, 127–128.

[109] nam in versu πέζα διερπύζει νέατον περὶ πυθμένα κώνου diaeresin post περί cave ponas.

[110] Silentiarius correptionem Atticam adeo non effugit, ut in S. Soph. 227 bis in eodem versu non produceret.

[111] in Nonno nonnisi ante nomina propria productio neglecta est, in Silentiario etiam ante nomina communia correptio admittitur.

[112] S. Soph. 164; 424; 653; 805; 878; 887; 1004; Amb. 108; 109; 284.

[113] quod, ratione habita verbi pedestris ad artem pertinentis, excusatur.

ἀλλοπρόσαλλα[114]. **24.** diphthongi vel longae vocales multo rarius in prima brevi dactyli quam in ultima ante vocales corripiuntur, ea scilicet ratione, ut in prima brevi correptiones inveniantur in primo pede, quod quidem legitimum est; in ultima brevi dactyli corripiuntur diphthongi vel longae vocales in pedibus primo, quarto, quinto. correptionem autem admittunt pronominum formae μοι et σοι, verborum -μαι, -εαι et -ται (hoc saepissime), nominativi -οι, raro adverbia. tantum semel corripitur -ει (S. Soph. 662 περιστέφει) quod in Nonni re metrica raro fit, et ter nominativi pluralis primae declinationis -αι (S. Soph. 467 ἀπονεύμεναι; 816 ἀθρόαι, Amb. 55 ἐναντίαι)[115], cuius rei exemplum apud Nonnum unum tantum invenias[116]. quod ad coniunctionem καί attinet, frequenter corripitur in altera brevi bicipitis primi, tertii, quinti; paulo rarius in prima brevi secundi bicipitis. formula ἔνθα καὶ ἔνθα, qua Silentiarius crebro utitur, tam in secundo pede invenitur (quam sedem Nonnus ei adscripsit) quam in quinto, immo heic vel frequentius: quod apud Nonnum fit quidem, at raro[117]. ἤ in altera brevi tertii bicipitis corripitur, sicut apud Nonnum mos est. **25.** hiatus in longo nisi in iuncturis, quibus et Nonnus utitur, quales sunt ᾧ ὕπο[118], ᾧ ἔνι, admissus est. Amb. 160 εὐξέστῳ ἐπὶ βωμῷ imitatione Christod. 1 excusatur[119]. hiatus in brevi semel tantum invenitur, Amb. 299, ubi imitatione loci Nonniani excusari videtur – accedit quod haec licentia caesura trochaica attenuatur[120]. **26.** nomina pronomina

---

[114] cf. A. Scheindler, *Quaestionum Nonnianarum pars I*, Brunae 1878, 66.
[115] falso Caiazzo, ut solet: «l'abbreviamento in iato ... è evitato dopo la desinenza -αι- [sic] dei sostantivi appartenenti alla prima declinazione» (op. laud., 338–9).
[116] K. Lehrs, *Quaestiones epicae*, Regimontii Prussorum 1837, 266. diphthongus ου cum rarissime corripiatur, ⟨οὖ⟩, quod a Ludwichio illatum est (S. Soph. 222), a nostrorum poetarum arte metrica alienum esse videtur.
[117] Lehrs, op. laud., 284.
[118] ᾧ ὕπο ipsum in Nonno non reperitur quidem, at eius similia ᾧ ἔπι, ᾧ ἔνι, etc.
[119] Friedländer, op. laud., 118.
[120] cf. e.g. (de antiquioribus quidem poetis) H.L. Ahrens, *De hiatu apud elegiacos Graecorum poetas antquiores, Kleine Schriften*. Erster Band. *Zur Sprachwissenschaft*. Besorgt von C. Haeberlin mit einem Vorwort von O. Crusius, Hannover 1891, 147.

verba numquam eliduntur. praepositionum et particularum formae
pyrrhichiae saepe eliduntur: post caesuram trochaicam plerumque
ponuntur, interdum post primam brevem primi bicipitis (apud Amb.
159 κατά post quartum longum eliditur). praepositionum autem et
particularum formae trochaicae post primum, secundum et quintum
longum collocantur. monosyllaba elisa magis libere, ut videntur, in
versu ponuntur, praesertim δέ[121]. duae particulae in Silentiario elisae
inveniuntur, quae in Nonni carminibus aut omnino desunt aut, si
inveniantur, non eliduntur: ἠδέ (Amb. 33, 75), ῥά (Amb. 252)[122]. **27.**
sententiae saepissime post caesuram trochaicam vel post biceps
quartum distinguuntur; interdum post longum secundum vel post
longum quartum interpungitur, ibique ita ut more Nonniano versus
trithemimere et caesura trochaica simul incisus sit[123]. rarissime post
biceps una syllaba effectum interpungitur; quindecies post primam
brevem primi bicipitis, quod Nonnus vitare studet; haud raro post
primum biceps. minime assentior iis qui contendunt Silentiarium bis
post quintum biceps interpunxisse (S. Soph. 152, 350): quapropter
distinctionem, quae in Friderici Graefe et Pauli Friedländer editionibus
invenitur (non autem in Ducangii), tollere malui. apud S. Soph. 472
interpunctionem post longum primum, quae coniectura mea efficitur,
duriusculam esse non infitias eo: alia autem ratione lacunam suppleri
parum probabile puto.

DE HAC EDITIONE

Ne adnotatio critica nugis oneraretur nimiis, exemplum potissimum Martini L. West Carminum Anacreonteorum editionis secutus, codicis P accentuum et spirituum menda paene omnia se-

---

[121] cf. A. Ludwich, *Beitraege zur Kritik des Nonnos von Panopolis*,
Programm des Königlichen Friedrichs-Collegiums zu Königsberg in
Pr., Königsberg 1873, 31.

[122] S. Soph. 640 τε post primam brevem bicipitis eliditur, quod Nonnus
nusquam fere ponere solitus est; Amb. 126 post alteram brevem quinti
bicipitis, praeter Nonni usum.

[123] haud raro tamen trithemimeres abest, atque interdum vel caesura
trochaica desideratur (cf. S. Soph. 450).

orsum in appendice collegi; itacismos vero in apparatu enotavi. in lectionibus codicis proponendis nonnumquam fusius latiusque, quam plerumque hodie editores solent, disserui: si quem locum auctorum ad codicis lectionem vel coniecturam intelligendas utilem duxi, eum in adnotatione critica laudavi.

ad locos similes enotandos hac fere methodo usus sum: ut quotienscumque locum invenissem, quo Silentiarium tamquam exemplo usum esse mihi persuasissem, eum sic nullo verbo praeposito laudarem; ut, cum locum, qui exemplo fuisse videretur, me invenisse putarem, neque tamen pro certo haberem, Silentiarium eum imitatum esse, «cf.» praemitterem; ut, si demum locum deprehendissem, qui ad poetae sermonem illustrandum utile videretur, eum praemisso «conferre possis» vel «cf. etiam» vel similibus adiectis verbis laudarem[124]. difficultas autem mihi obveniebat quotiens Agathiae Κύκλου epigrammata commemoranda erant: cum enim Averilia et Alanus Cameron certissimis argumentis docuissent vix affirmari posse Agathiae Κύκλον vulgatum fuisse, antequam Justinus II ad regnum pervenisset, si quem Agathiae versum inveneram, qui similitudinem cum Silentiarii prae se ferret, hunc illi fuisse exemplo duxi: at sane negari nequit quin quaedam ex epigrammatibus, quae subinde in Κύκλῳ collecta sunt, iam Justiniani temporibus in coetibus poetarum lectitata sint. res est igitur valde dubia, neque semper probari potest, quis quem imitatus sit. locos denique, qui Silentiarium imitati esse videntur, praemisso «imit(atus est)» vel «huc fort(asse) resp(icit)» laudavi.

in exitu hexametrorum si quae vocabula oxytona collocantur, accentum acutum posui, Martini L. West monitibus obtemperans[125]. in anastrophe autem praepositionum praecepta Caroli Lehrs[126],

---

[124] ita, ut exemplo utar, rem fere gessit etiam Averilia Cameron in pulcherrima editione Corippi Laudium Justini Minoris.

[125] vide libri existimationem a Gisela Chrétien conscripti, *Nonnos de Panopolis. Les Dionysiaques*, tome IV: *Chants IX–X*, Paris 1985, *CR* n. s. XXXVI (1986), 211. vide sis etiam quae scripsit in praefatione editionis Aeschyli Tragoediarum, Stutgardiae 1990, XXXI.

[126] Lehrs, op. laud., 75 «ubi praepositio simpliciter nomini suo vel pronomini vel verbo postponatur, doctae antiquitatis regula est accentum retrahi ... sed ubi ... inter praepositionem atque vocabulum, quod inde pendet,

quae Arthurus Ludwich iteravit[127], non neglegenda duxi. quamvis porro P αἴθουσσα, αἰθούσσης etc. praebeat, solitam rationem scribendi secutus αἴθουσα, αἰθούσης cum Ducangio et Paulo Friedländer scripsi[128]. vocabula vero ὁμίχλη, ὁμιχλήεις ubique cum codice P aspiratione scripsi[129]. in S. Soph. 627 demum et 900 cum prioribus codicis scripturam ἄστρασι in ἀστράσι dubitanter correxi[130].

cum autem Ludwich praecepisset, ut in Silentiarii hexametris ubique ἐς scriberetur, in iambis vero εἰς, quotienscumque praepositionem consonans sequeretur (hanc enim legem codicis P scribendi ratio plerumque servat)[131], viri doctissimi praecepta sequi nolui neque omnia ad certam rationis normam direxi.

codicis P collationem Heidelbergae autumno anni 1999 ipse feci. apographa autem codicis P imaginibus phototypicis contuli. aedem demum, quam Silentiarius verbis effinxit, quo melius cognoscerem, textumque quem editurus essem accuratius intellegerem, bis Constantinopolim usque itinere facto ecclesiam inspexi eamque cum Silentiarii descriptionibus contuli (August. 2006 et 2007).

nunc demum amicos, qui auxilio allato me devinxerunt, nominare libet: sodalem carissimum Jacobum Dalla Pietà, qui strenue Latinitatem huius libelli vitiis expurgavit; Marium Geymonat, qui praefationem perlegit; Henricum Magnelli et Camillum Neri amicissimos, qui editionem meam acriter inspexerunt; Franciscum Valerio «unum instar milium», qui me mira eruditione adiuvit et plagulas pervigili perlegit cura; Aldam Skalli, quae mihi imagines duorum codicum comiter

---

vocula una vel plures interpositae sint, tum nihil debere in accentu ponendo a solita ratione discedi». itaque Amb. 81 τοῦ μὲν ἐπί, non ἔπι, scribendum.

[127] Ludwich, op. laud. n. 45, 27.
[128] cf. Ludwich, op. laud. n. 45, 22. Graefe αἰθουσσ- maluit.
[129] cf. Ludwich, op. laud. n. 45, 24.
[130] cf. Ludwich, op. laud. n. 45, 26.
[131] Ludwich, op. laud., 23–24. ut par est, ante vocalem metro postulante εἰς in hexametris ponitur, cf. S. Soph. 673 ὅλης χθονὸς εἰς ἓν ἰούσης; Amb. 177 εἰς Ἀριμασπὸν ἀήτην.

misit; Mariam Cronier, quae et ipsa codicum imagines benigne misit; Corneliam Hopf, quae me multa de manuscripto Gothano docuit; Andream Tessier, qui me valde adiuvit et cohortatus est ut hunc librum ad finem perducerem. iis quoque, qui Bibliothecae Divi Marci Venetiis et Bibliothecae Universitatis Heidelbergensis tuendis operam dant, gratias habeo.

Joachin autem Strano amicitiae quantum debeam, ipse tantum scit: «sanz'essa non fermai peso di dramma». ille mihi amicitiae foedere iunctus artissimo semper semperque opitulatus est, idemque mihi multos locos carminum, quos perperam interpretatus eram, recte explanavit: Ei igitur et Aviae meae Gerdae Koch, quae me plus quam se ipsam dilexit et diligit, tantillum hoc opus sacrum esse volo.

Venetiis, mense Iulio anni bismillesimi decimi

CONSPECTVS SIGLORVM

CODICES ET VIRORVM DOCTORVM NOMINA BREVIATA

P   Heid. Pal. gr. 23 (s. X)

inclinatis litteris, ex more Pauli Friedländer, in adnotatione critica ea excudi iussi quae, propter madorem extrinsecus allapsum, ex sua ipsorum pagina in subsequentem vel antecedentem effluxisse videntur (cf. praefatio, IX)

Bekk	Bekker
Duc	Du Cange
Friedl	Friedländer
Gr	Graefe
Herm	Hermann
Holst	Holsteinii coniecturae quae in Vat. Barb. gr. 185 (anno 1629) inveniuntur
Ludw	Ludwich
Magnelli	Henrici Magnelli emendationes (per litteras)
Mein	Meineke
Salm	Salmasii coniecturae quae in Par. gr. 1777 (Kal. Jun. 1607) inveniuntur
Scal	Josephi Scaligeri coniecturae quae in Leid. B.P.G. 34 B (s. XVII) inveniuntur
Valerio	Francisci Valerio emendationes (per litteras)
Wil	Wilamowitz

NOTAE

a. c.	ante correctionem
ad loc.	ad locum
adn.	adnotatio
agnov.	agnovit
appos.	apposuit
cens.	censuit
cf.	confer
coll.	collato
coni.	coniecit
coniung.	coniungendum, coniungendus
corr.	correxit
crit.	critica
def., deff.	defendit, defenderunt
del.	delevit
delet.	deleto, deletis
dissens.	dissensit
distinct.	distinctio
dub.	dubitanter
edd.	editores
e. g.	exempli gratia
ft.	fortasse
f. v.	in fine versus
h. e.	hoc est
hiat.	hiatus
i. e.	id est
imit.	imitatus est
inv.	invenitur
iter.	iteravit
laud.	laudavit, laudatum
leg.	legit
mg., mgg.	margine, marginibus
mut.	mutandus, mutandum
negl.	neglexit
perf.	perficit, perfecit
p. c.	post correctionem

potiss.	potissimum
prob.	probavit
punct.	puncto, punctis
q. sim.	quid simile
ras.	rasura
rat. metric.	ratio metrica
resp.	respexit
rest.	restituit
scr.	scripsit
s. l.	supra lineam
signif.	significavit
sub.	subaudiendus, subaudiendum
suppl.	supplevit
susp.	suspicatus est
sust.	sustulit
transp.	transposuit
vd.	vide
v., vv.	versus
vid.	videtur
v. l.	varia lectio

CONSPECTVS LIBRORVM

QVI AD PAVLI SILENTIARII CARMINA ECPHRASTICA ATTINENT VEL DE IIS ALIQVA EX PARTE TRACTANT

I. Editiones

1670   *Joannis Cinnami imperatorii grammatici Historiarum libri sex, ... Accedunt Caroli Du Fresne, D. Du Cange ... in Nicephori Bryennii Caesaris, Annae Comnenae Caesarissae, et eiusdem Joannis Cinnami Historiam Comnenicam Notae Historicae et Philologicae. His adiungitur Pauli Silentiarii Descriptio Sanctae Sophiae, quae nunc primum prodit Graece & Latine, cum uberiori Commentario,* Parisiis 1670.

1815   *Pauli Silentiarii Ambo.* Ex codice Anthologiae descripsit I. Bekkerus, Berolini 1815.

1822   *Pauli Silentiarii Descriptio Magnae Ecclesiae et Ambonis et Joannis Gazaei Descriptio Tabulae Mundi.* ex apographo Anthologiae Graecae Gothano recensuit F. Graefe, Lipsiae 1822.

1837   *Pauli Silentiarii Descriptio S. Sophiae et Ambonis* ex recognitione I. Bekkeri, Bonnae 1837 (Corpus Scriptorum Historiae Byzantinae. Paulus Silentiarius, Georgius Pisida et Sanctus Nicephorus Cpolitanus)

1860   J.-P. Migne, Pauli Silentiarii Descriptio Ecclesiae Sanctae Sophiae, Ducangio interprete, Patrologiae Graecae tomus LXXXVI (pars posterior), coll. Parisiis 1865, 2113–2267 (iterum imprimitur Du Cangii textus et commentarium, praemissa Fabricii notitia de Paulo Silentiario; excuditur etiam Immanuelis Bekker Ambonis textus et Paulo perperam tributum carmen *In thermas Pythicas*).

1912   *Johannes von Gaza und Paulus Silentiarius, Kunstbeschreibungen justinianischer Zeit*, herausgegeben und erklärt von P. Friedländer, Leipz. u. Berlin 1912.

II. Dissertationes, commentationes, translationes

Agosti G., existimatio libri a Fobelli conscripti (quam vd.), *MEG* VI (2006) 259–268.

Baldwin B., *An Anthology of Byzantine Poetry*, Amsterdam 1985, 74–77.

Bell P. N., *Three Political Voices from the Age of Justinian. Agapetus, Advice to the Emperor; Dialogue on Political Science; Paul the Silentiary, Description of Hagia Sophia*. Translated Texts for Historians 52, Liverpool 2009.

Caiazzo Carla, «L'esametro in Paolo Silenziario», *JÖB* XXXII/ XXXIII (1982), 335–343.

Cantarella R., *Poeti bizantini*. A cura di F. Conca, I, Milano 1992, 334–337.

De Stefani C., «Per un'edizione critica dei poemi ecfrastici di Paolo Silenziario», *RFIC* CXXXVI (2008), 396–411.

De Stefani C., «Una nota a Paolo Silenziario, *S. Soph.* 605», *Eikasmos* XX (2009), 303–307.

Egea J. M., *Paulo el Silenciario. Un poeta de la corte de Justiniano*. Estudios preliminares, textos griegos, traducciones y notas, Granada 2007.

Fayant Marie-Christine, «Le poète, l'empereur et le patriarche. L'éloge de Justinien dans la *Description de Sainte-Sophie* de Paul le Silentiaire» in *Le discours d'éloge entre Antiquité et Moyen Age*. Textes réunis par L. Mary et M. Sot, Paris 2001, 69–78.

Fayant Marie-Christine, «Paul le Silentiaire héritier de Nonnos», in *De Géants à Dionysos. Mélanges de mythologie et de poésie grecques offerts à Francis Vian*, édités par D. Accorinti et P. Chuvin, Alessandria 2003, 583–592.

Fayant Marie-Christine–Chuvin P., *Paul le Silentiaire. Description de Sainte-Sophie de Constantinople*. Traduction de Marie-Christine F. et P. C., Clermont–Ferrand 1997.

Fletcher I.–Carne-Ross D. S., «Ekphrasis: Lights in Santa Sophia, from Paul the Silentiary», *Arion* IV (1965), 563–581.

Fobelli Maria Luigia, *Un tempio per Giustiniano. Santa Sofia di Costantinopoli e la Descrizione di Paolo Silenziario*. Presentazione di Maria Andaloro, Roma 2005.

Hermann G., *Orphica*, Lipsiae 1805.

Isar Nicoletta, «'Χορός of Light': Vision of the Sacred in Paulus the Silentiary's Poem *Descriptio S. Sophiae*», *BF* XXVIII (2004), 215–242.

Keydell R., «Die griechische Poesie der Kaiserzeit (bis 1929)», *JAW* 230 (1931), pp. 138–140 (= *Kleine Schriften zur hellenistischen und spätgriechischen Dichtung (1911–1976)*. Zusammengestellt v. W. Peek, Leipzig 1982, 170–172).

Keydell R., «Die griechische Dichtung der Kaiserzeit. Bericht über das Schrifttum der Jahre 1930–1939», *JAW* 272 (1941), p. 48 (= *Kleine Schriften*, 242).

Kreidl-Papadopoulos Karoline, «Bemerkungen zum Justinianischen Templon der Sophienkirche in Konstantinopel. Mit einem Anhang von Johannes Koder», *JÖB* XVII (1968), 279–289.

Kreutzer J.J., *Pauls des Silentiarius Beschreibung der Hagia Sophia oder des Tempels der göttlichen Weisheit*, Leipzig 1875.

Lethaby W.R.–Swainson H., *The Church of Sancta Sophia, Constantinople. A Study of Byzantine Building*, London-New York 1894, 36–60.

Ludwich A., *Textkritische Noten zu Paulus Silentiarius*, Königsberg 1913.

Macrides Ruth-Magdalino P., «The Architecture of Ekphrasis: Construction and Context of Paul the Silentiary's Poem on Hagia Sophia», *BMGS* XII (1988), 47–82.

Mango C., *The Art of the Byzantine Empire 312–1453. Sources and Documents*, Toronto-Buffalo-London 1972 (denuo impr. 1985), 80–96.

McCail R.C., «Κυαμοτρῶξ Ἀττικός in Paulus Silentiarius, Descriptio 125: No Allusion to Simplicius», *PCPS* CXCVI (1970), 79–82.

Merian-Genast I., *De Paulo Silentiario Byzantino Nonni sectatore*, Lipsiae 1889.

Pülhorn W., *Paulos Silentiarios, Beschreibung der Kirche der Heiligen Weisheit und Beschreibung des Ambon. Archeologischer Kommentar zur «Ekphrasis der Hagia Sophia» und zum «Ambon» des Paulos Silentiarios*, in O. Veh, Prokopios, Bauten, V, München 1977, 306–510.

Richter J. P., *Quellen der byzantinischen Kunstgeschichte. Ausge-wählte Texte über die Kirchen, Klöster, Paläste, Staatsgebäu-de und andere Bauten von Konstantinopel*, Wien 1897, 66–79; 84–90.

Salzenberg W., *Alt-christliche Baudenkmale von Constantinopel vom V. bis XII. Jahrhundert*. Im Anhange des Silentiarius Pau-lus Beschreibung der heiligen Sophia und des Ambon, metrisch übersetzt und mit Anmerkungen versehen von C. W. Kortüm, Berlin 1854.

Schneider A. M., *Die Hagia Sophia zu Konstantinopel*, Berlin 1939.

Thiel R., «Κυαμοτρῶξ in Aristoph. *Eq.* 41 und ein falsches Frag-ment aus der attischen Komödie», *QUCC* XCII (1999), 67–69.

Veniero A., *Paolo Silenziario. Studio sulla letteratura bizantina del VI sec.*, Catania 1916.

Viljamaa T., *Studies in Greek Encomiastic Poetry of the Early By-zantine Period*, Helsinki-Helsingfors 1968.

Whitby Mary, «The Occasion of Paul the Silentiary's *Ekphrasis* of S. Sophia», *CQ* XXXV n. s. (1985), 215–228

Whitby Mary, «Paul the Silentiary and Claudian», *CQ* XXXV n. s. (1985), 507–516.

Whitby Mary, «On the Omission of a Ceremony in Mid-Sixth Century Constantinople: Candidati, Curopalatus, Silentiarii, Excubitores and Others», *Historia* XXXVI (1987), 462–488.

Whitby Mary, «The Vocabulary of Praise in Verse Celebration of 6th-Century Building Achievements: *AP* 2.398–406, *AP* 9.656, *AP* 1.10 and Paul the Silentiary's *Description of St Sophia*», in *De Géants à Dionysos. Mélanges de mythologie et de poésie grecques offerts à Francis Vian*, édités par D. Accorinti et P. Chuvin, Alessandria 2003, 593–606.

Wifstrand A., *Von Kallimachos zu Nonnos. Metrisch-stilistische Untersuchungen zur späteren griechischen Epik und zu ver-wandten Gedichtgattungen*, Lund 1933.

Xydis S. G., «The Chancel Barrier, Solea, and Ambo of Hagia Sophia», *The Art Bulletin* XXIX (1947), 1–24.

ΠΑΥΛΟΥ ΣΙΛΕΝΤΙΑΡΙΟΥ ΕΚΦΡΑΣΙΣ ΤΟΥ ΝΑΟΥ ΤΗΣ ΑΓΙΑΣ ΣΟΦΙΑΣ

ἆρ᾽ ἔστιν εὑρεῖν μείζονα τῆ[ς] νῦν ἡμέρας,
ἐν ᾗ θεός τε καὶ βασιλε[ὺς σ]εμνύνεται;
οὐκ ἔστιν εἰπεῖν. Χρι[στὸ]ν ἴσμεν δεσπότην,
ἴσμεν δὲ πάντως· τοῦτο γὰρ τοῖς σοῖς λόγοις
5 ποιεῖς, κράτιστε, [γν]ώριμον καὶ βαρβάροις·
ὅθεν συνεργὸν αὐτὸν ἐν ταῖς πράξεσιν
ἔχεις παρόντα, νομοθετῶν, κτίζων πόλεις,
νεὼς ἐγείρων, ὅπλα κινῶν εἰ δέοι,
σπονδάς τε τάττων καὶ καταστέλλων μάχας,
10 ὅθεν τὸ νικᾶν σ[υ]μφυὲς τοῖς σοῖς πόνοις
ὥσπερ ἐπίσημον· ([ο]ὐχὶ πρὸς τὴν ἑσπέραν
ὅρος μὲν ἡμῖν ὠκεανὸς τοῦ σοῦ κράτους
τὴν γῆν διεκδραμοῦσι; πρὸς δὲ τὴν ἔω
οὐ πάντας ἤδη τοὺς μὲν ἔτρεψω μάχαις,
15 τοὺς δὲ πρὶν ἐλθεῖν ἐς τόδε προσλαμβάνεις;
Λίβυν δὲ πάντα δοῦλον οὐκ ἔχεις πάλαι;)
ὅθεν νόσους μὲν διαδιδράσκεις εὐκόλως,
οὐκ ἐλπίσαντος οὐδενός· ὅθεν εἰκότως
τοὺς ἐν ἀφανεῖ, κράτιστε, κινδύνους ἀεὶ

1 sq. huc ft. resp. Georg. Pis. exp. Pers. 1, 132 sq. τὴν μεγίστην ἡμέραν / ἐν ᾗ
τὸ κοινὸν ἐξανέστη τοῦ γένους ‖ 3 cf. Greg. Naz. carm. 2, 1, 11, 366 οὐκ ἔστιν
εἰπεῖν; ft. imit. Georg. Pis. Alyp. 96 οὐκ ἔστιν εἰπεῖν· ‖ 8 cf. ad S. Soph. 150 ‖
10 cf. S. Soph. 84 et vd. ad loc. ‖ 11 sqq. cf. e. g. [Opp.] Cyn. 1, 43 ἀντολίηθεν
ἐπ᾽ Ὠκεανὸν βασιλεύων (scil. Caracalla)

mg. ἀρχὴ τῆς ὑποθέσεως P | ἴαμβοι | πρὸς τὸν βα[σιλέα] | ιουστινιανόν P ‖
1 ἆρ᾽ P: corr. Gr | τῆ[.]νῦν P: suppl. Salm ‖ 2 βασιλε[...]ε μνύνεται P: suppl.
Salm ‖ 3 εἰπεῖν χρι[...]ν P: suppl. Salm ‖ 4 πάντως, τοῦτο P ‖ 5 κράτιστε[..]
ώριμον P: suppl. Salm mg. ‖ 7 νομοθεῶν, κτίζω P: corr. Salm ‖ 8 ναοὺς P, mg.
νεὼς | ἐγείρων P ‖ 10 νικᾶν σ[.]μφυὲς P: suppl. Salm mg. ‖ 11 ἐπίσημον [ο]ὐχὶ
P (iam Holst ex P, Gr ex apogr. Goth.): ἐπὶ σ .... Salm, Duc

20 μαθὼν παρῆλθες, οὐ δόρασιν, οὐκ ἀσπίσιν,
αὐτῇ δὲ χειρὶ τοῦ θεοῦ φρουρούμενος.
ἄγαμαί σε, παγκράτιστε, τῆς εὐψυχίας,
ἄγαμαί σε τῆς γνώμης τε καὶ τῆς πίστεως.
ὁ λόχος συνέστη, καὶ παρεσκευασμένον
25 τὸ ξίφος ὑπῆρχε, καὶ παρῆν ἡ κυρία,
καὶ τῶν βασιλείων ἐντὸς οἱ ξυνωμόται
ἤδη παρῆλθον, τῆς πύλης τε τῆς ἔσω,
μεθ᾽ ἣν ἔμελλον προσβαλεῖν τοῖς σοῖς θρόνοις,
ἥπτοντο. ταῦτα γνοὺς δὲ καὶ μαθὼν πάλαι
30 ἐκαρτέρησας καὶ πεπίστευκας μόνῳ
τῷ σου προασπίζοντι, τὸν θεὸν λέγω,
ᾧ πάντα νικᾷς· τοῦ σκοποῦ δ᾽ οὐκ ἐσφάλης.
τί γὰρ ἐπὶ τούτοις; ἔπεσεν αὐτοχειρίᾳ
ὁ τὸν λόχον ἄγων· οὐ γὰρ ἤθελεν ἡ Δίκη
35 αὐτὸν διασῴζειν. ἐμ[φα]νῶς δ᾽ ἠπίστατο
ἐκ τῶν τυράννων τῶ[ν ἁλ]όντων πολλάκις
ὡς, εἴπερ αὐτοῦ ζῶντος [ἐ]γκρατὴς ἔσῃ,
εἰς οἶκτον εὐθύς, εἰς ἔλεον π[άν]τως τρέπῃ
κἀνταῦθα νικῶν πᾶσαν ἀνθ[ρώ]που φύσιν.
40 ταῖς τοῦ βίου γὰρ συμπαθὼν ἁμαρτάσιν
ἐπεστέναξας πολλάκις τοῖς πταίσμασιν
ἡμῶν, ἄριστε, πολλάκις δὲ δακρύοις

20 Ar. V. 1081 et Pax 356 ξὺν δορὶ ξὺν ἀσπίδι, etc. ‖ 25 cf. Greg. Naz. carm. 2, 1, 11, 1325 παρῆν ὁ καιρός ‖ 26 cf. Ar. Eq. 452 οἱ ξυνωμόται f. v. (Viljamaa, 91) ‖ 31 ft. imit. Georg. Pis. Av. 234 ταύτην (scil. τὴν Παρθένον) συνασπίζουσαν ἐξ ἔθους ἔχων (scil. ὁ βασιλεύς) ‖ 32 cf. Eus. v. C. 1, 28, 2 τούτῳ νίκα ‖ 33 cf. Nic. Eug. Dros. Char. 1, 42 τί γοῦν ἐπ᾽ αὐτοῖς; ‖ 33 sq. cf. Coripp. laud. Just. 1, 60 quisquis erit vestrae per se cadet invidus aulae (at vd. Av. Cameron ad loc.)

33 τί-αὐτοχειρία (sic) bis legitur in P, ὁ στίχως δισσῶς κεῖται mg. ‖ 35 ἐμ[..] νῶς P: suppl. Salm ‖ 36 τω[…]όντων P: suppl. Valerio (et cf. Coripp. Jo. 3, 20 captum … tyrannum; 3, 28; laud. Just. praef. 11 captos … tyrannos; 3, 123, etc.): μαθόντων vel παθόντων Friedl: πεσόντων Gr: τῶν πότ᾽ ὄντων Salm mg. (unde Holst, Duc mgg.) ‖ 37 [.]γκρατής P ‖ 38 π[..]τως P: suppl. Salm ‖ 39 ἀνθ[.]᾽που P: suppl. Salm mg.

τὸ πρᾶον ὄμμα βασιλικῶς ὑποβρέχεις,
ἀλγῶν ἐφ᾽ ἡμῖν· πρὸς δὲ τὴν ἀκρασίαν
45   βλέπων μάλιστα, τὴν σύνοικον τῷ βίῳ,
λύεις ἅπαντας τῶν κακῶν ὀφλημάτων
ὥσπερ τὸ θεῖον, πρὸς δὲ συγγνώμην τρέχεις.
αἰτεῖς δὲ σαυτόν, ἡνίκα τῶν ἐγκλημάτων
τὸ μέγεθος οὐ δίδωσι τῶν δεήσεων
50   ἑτέρους κατάρχειν· καὶ γὰρ οὐκ ἐᾷς ποτὲ
ἄλλου γενέσθαι τὸν ἔλεόν σου τὸν πάνυ.
ἐξ ὧν δὲ δρῶμεν οὐχ ὁσίων τολμημάτων
ἔχεις ἀφορμὰς τῆς ἄνω παρρησίας.
οὐχὶ πρὸς αὐτὸν τὸν θεὸν ἐξοπλίζεται
55   ὁ τὸν βασιλέα τοῦτον οὐ θέλων κροτεῖν,
τὸν ἥμερον, τὸν ἡδύν, ἐν τῷ μετρίῳ
εὐεργετοῦντα καὶ φίλους καὶ μὴ φίλους;
σῴζει σε ταῦτα· ταῦτα τὴν ψυχὴν ποεῖ
τῆς βασιλίδος, κράτιστε, τῆς εὐδαίμονος,
60   τῆς πανταρίστης, τῆς καλῆς καὶ πανσόφου,
ἔχειν ὑπὲρ σοῦ πρὸς θεὸν παρρησίαν,
ἣν ζῶσαν εἶχες εὐσεβῆ συνεργάτιν,

---

43 cf. e.g. Pi. P. 3, 70 sq. βασιλεύς, / πραῢς ἀστοῖς, Const. Manass. Chron.
5815 sq. Lamps. πρᾶος ... ὄμμα χαριτοβλέφαρον, ὄμμα σταλάττον τέρψιν ‖
48 cf. Procop. Aed. 1, 1, 10 τοῖς μὲν ἐπιβουλεύουσιν αὐτεπάγγελτος τὰς
αἰτίας ἀφείς ‖ **54** sq. cf. Call. Ap. 26 sq. ὃς μάχεται μακάρεσσιν, ἐμῷ βασιλῆι
μάχοιτο· / ὅστις ἐμῷ βασιλῆι, καὶ Ἀπόλλωνι μάχοιτο ‖ **55** cf. Georg. Pis.
rest. cruc. 5 κρότησον αὐτὸν (scil. Ἡρακλεῖον) τοῖς ἀοιδίμοις λόγοις; 50
κρότει (scil. Κωνσταντῖνε) τὸ τέκνον (scil. Ἡρακλεῖον); Alex. Comn. Mus.
107 σοὶ συγκροτοῦντος ὡς ἐμοὶ τῷ πατρί σου; Jo. Maurop. 96, 6 ἐξουσία
κρότων γὰρ οὐκ οἶδεν κόρον; Man. Phil. carm. e cod. Flor. 95, 10 (I 270,
10 Miller) τάχα τις ἂν ὕμνος σε (scil. τὸν αὐτοκράτορα) θαρσῶν ἐκρότει ‖
56 cf. e.g. cf. Georg. Pis. In Heracl. ex Afr. red. 14 sq. ὡς πᾶσαν ὀργὴν ὡς
ἀνημέρους ἀεὶ / θῆρας διώκεις ἐκ πανημέρου σκοποῦ (scil. Ἡρακλεῖε) ‖ **58** cf.
Greg. Naz. carm. 1, 2, 8, 102 αἰνεῖς σὺ ταῦτα, ταῦτα δ᾽ ἐστίν, οἷς κακός,
etc. ‖ **60** cf. Diosc. 11, 5 Fournet τὸ πανταρισ[τ]ο[ν, etc. ‖ **62** cf. Ep. Gr.
1064, 10 sq. Kaibel (Constantinopolis, VI p. C.) Θεοδώρας / ἧς νόος εὐσεβίη
φαιδρύνεται

---

50 mg. ῡ ‖ **55** κροτεῖν P (agnov. Ludw, iam Salm), vd. loc. sim.: κρατεῖν Duc
(iam Holst) cett. edd. | signum interrogationis post κροτεῖν add. P

ἐπεὶ δὲ μετῆλθε, παρέσχε τοῖς ὑπηκόοις
ὅρκον βοηθόν, ὅρκον ἀρραγέστατον,
65 ὃν οὐ παρῆλθες οὐδ' ἑκὼν παραδράμοις.
καὶ ταῦτα μὲν δὴ ταῦτα· πρὸς δὲ τὸν νεὼν
ἤδη βαδίζειν βουλομένοις, θαρρεῖν δίδου.
ἔστω δὲ τῶν σῶν καὶ τοδί που θαυμάτων,
λόγους φανῆναι πρᾶγμα τολμῶντας φράσαι
70 τὸ πάντα νικῶν θαυμάτων ὑπερβολῇ.
ἔστιν δὲ δεῖγμα τῶν ἄγαν σου θαυμάτων
ὁ τοσοῦτος ἔρως, ὃν ἡ πόλις πᾶσα τρέφει
ἐπὶ σοί, βασιλεῦ κράτιστε, καὶ τῷ σῷ νεῴ.
ἐπεὶ γὰρ ἦγες τὴν ἑορτὴν ὡς ἔδει,
75 ἅπας ὁ δῆμος εὐθύς, ἡ γερουσία,
οἱ τὸν μέσον ζηλοῦντες ἀσφαλῆ βίον,
τὰς τῆς ἑορτῆς ἡμέρας ἐπεξάγειν
ᾔτουν· παρεῖχες· ἐξέδραμον· ᾔτουν πάλιν·
πάλιν παρεῖχες· τοῦτο δὲ δρῶν πολλάκις
80 ἐπεξέτεινας τὴν ἑορτὴν πλουσίως.

τούτων λεχθέντων ἐν τῷ παλατίῳ διῃρέθη ἡ ἀκρόασις, | καὶ
ἐλέχθη τὰ λοιπὰ ἐν τῷ ἐπισκοπείῳ, ἐπὶ Εὐτυχίου τοῦ | ἁγιωτάτου
πατριάρχου, προλεχθέντων τῶν ὑποκειμένων ἰάμβων.

Ἥκομεν ἐς ὑμᾶς, ἄνδρες, ἐκ τῆς ἑστίας
τῆς τοῦ βασιλέως ἐς βασιλέως ἑστίαν
τοῦ παμμεγίστου, τοῦ ποιητοῦ τῶν ὅλων,
δι' ὃν τὸ νικᾶν συμφυὲς τῷ δεσπότῃ.

66 cf. Jo. Geom. Var. 5, 23 (PG 106, 908A) καὶ ταῦτα μὲν δὴ ταῦτα; Greg.
Naz. carm. 2, 1, 11, 101 τοιαῦτα μὲν δὴ ταῦτα; Theod. Prodr. Rhod. Dos.
1, 311 καὶ ταῦτα μὲν τοσαῦτα, etc. ‖ **73** cf. Procop. Goth. 3, 12, 3 ὦ βασιλεῦ
κράτιστε (scil. Ἰουστινιανέ) ‖ **75** sq. conferre possis Jo. Maurop. 93, 70 ἀρχῆς
ὁμοῦ, τέλους τε καὶ τῶν ἐν μέσῳ; vd. etiam ad Amb. 270 ‖ **81** vd. ad Amb.
4 ‖ **81** sq. cf. Coripp. laud. Just. 4, 288 *principis haec, haec aula dei* (Av.
Cameron ad loc.) ‖ **84** cf. S. Soph. 10 ‖ imit. ut vid. Georg. Pis. exp. Pers. 2,
102 δι' οὗ τὸ νικᾶν ἐστιν εὐσεβέστερον

68 τὸδήπου P: corr. Niebuhr ‖ **70** θαυμάτων P ‖ **73** νεῷ P ‖ **83** νοητοῦ P:
corr. Maas

85 ἐκεῖ μὲν ἡμῖν τῶν γερῶν ὁ προστάτης
κατθεὶς ἑαυτὸν εἰς θέατρον ἐκ λόγων
τὸν νοῦν παρέσχεν εὐμενῶς, ἐνταῦθα δὲ
ὁρᾶν πάρεστι τῶν ἱερῶν τὸν προστάτην·
ἔστω δὲ καὐτὸς εὐμενής. τούτων γε μὲν
90 μηδεὶς ἀκούσας λοιδορείσθω τοῖς λόγοις·
εἴποι γὰρ εἰκὸς ἄν τις "ὦ τᾶν, ὡς πάνυ
ληρεῖς περιττά. τοῦτον αἰτεῖς εὐμενῆ
λόγοις γενέσθαι, τῶν ἀγαθῶν τὴν οἰκίαν,
τὸν πᾶσαν εὐμένειαν ἡμφιεσμένον;
95 τουτὶ πέπονθας ὅπερ ἂν εἰκότως πάθοι
εἴ τις δέοιτο λιπαρῶς ἐγκείμενος
τὸν ἥλιον μὲν ἀνατέλλειν ἐν ἡμέρᾳ,
τὸ φῶς δὲ λάμπειν, τοὺς λόγους δ' εἶναι λόγους".
ἐγὼ δὲ ταῦτα τοῦτον εἶναι τὸν τρόπον
100 οὐκ ἂν ἀποφαίην· πρὸς δὲ τὸν σκοπὸν βλέπων
ὃς παμμέγιστος οὐκ ἔχων θ' ὑπερβολήν,
δέδοικα τὴν ἀγωνίαν. θαρρεῖν δ' ὅμως
ἐξ ὧν ἐδεδίειν πρότερον αὖθις ἄρχομαι.
εἰ μὲν γὰρ ἐλπὶς ἦν τις εὐσθενεῖ λόγῳ
105 συνεξισοῦσθαι τῷ νεῷ τῷ παγκάλῳ,
σφαλερὸν ὑπῆρχεν ἐπαποδύεσθαι πάλαις,

86 simili sensu e. g. Jo. Maurop. carm. 27, 19 sq. στέφος / ... τὸ πρὸς τῶν λόγων ‖ **87** cf. e. g. Aristid. Or. 29, 2 εὐμενῶς ἔχειν πρὸς τὰς ἀκροάσεις τῶν λόγων; Nonn. D. 40, 410 οὔασιν εὐμενέεσσιν ἐμὴν ἀσπάζεο φωνήν; Agath. A. P. 4, 3a, 15 sq. εὐμενῶς τῶν δρωμένων / ὑμᾶς μεταλαβεῖν; Georg. Pis. exp. Pers. 1, 36 μετ' εὐμενείας τοὺς ἐμοὺς δέχου λόγους ‖ **90** laud. prof. Smyrn. 25 sqq. (XXX Heitsch) ἐὰν δὲ δόξω ... ἐπαίνων ἐμπεσεῖν ὑπερβολαῖς / τι]μῶν τὸν ἄνδρα, μηδὲ εἷς βασκαινέτω ‖ **92** cf. Ar. Pl. 517 λῆρον ληρεῖς ‖ **94** cf. e. g. Adesp. PCG, fr. 886, 3 K.-A. σύνεσιν ἡμφιεσμένος; Eusth. Macr. 9, 12, 4 (115,16–7 Marc.) ὅλον ἐνδεδυμένος τὸ δυστυχές ‖ **96** cf. e. g. J. BJ 7, 108 λιπαρῶς ἐγκειμένων; Hld. 2, 6, 2, etc. ‖ **104** cf. Greg. Naz. carm. 1, 2, 10, 566 τοῦ λόγου τὸ εὐσθενές; 2, 1, 15, 29 εὐσθενέεσσι λόγοισιν ‖ **106** cf. Ar. Lys. 615 ἐπαποδυώμεθ' ... τουτῳὶ τῷ πράγματι (Viljamaa, 88)

91 possis γὰρ ἄν τις εἰκ., cf. e. g. Amb. 5 ‖ **96** λιπαρῶν P: corr. Wil (cf. ad loc.) ‖ **97** ἀνατελεῖν Scal mg. (cf. praef. XXXI) ‖ **98** mg. στίχ(οι) ρ̄ ‖ **103** ἐδεδείην P: corr. Herm ‖ **104** εὐθενεῖ P (def. Ludw), Duc: corr. tacite Gr, iam Salm mg. cf. loc. sim.

ἐν αἷς τὸ νικᾶν παρακεκινδυνευμένον.
ἐπεὶ δὲ πάντες ἴσμεν ὡς οὐκ ἄν ποτε
λόγος φανείη συντρέχων ταῖς πράξεσιν
110 ταῖς τοῦ βασιλέως, ἔστι δ᾽ αὖ τῶν πράξεων
τὸ παμμέγιστον ἡ κτίσις τούτου νεώ,
οὐ χρὴ δεδοικότας ἐπὶ προδιεγνωσμένοις
μένειν ἀτόλμους, ἀλλὰ τὴν προθυμίαν
κινεῖν ἅπασαν, ὡς ἔχει τις ἰσχύος.
115 ἔχει τι χρηστὸν ἀνδρὸς ἡ παρρησία.
εἰ μὴ γὰρ εὐτόλμως τε καὶ φρονῶν μέγα
ἐδημιούργει τὸν νεὼν ὁ δεσπότης
πάσης ὑπερβὰς ἐλπίδος θεωρίαν,
οὐκ ἂν προῆλθεν εἰς τοσαύτην ἡ πόλις
120 εὐθυμίαν τε καὶ τρυφὴν εὐδαίμονα.
τί οὖν ἀπεικὸς πρόσφορον παρρησίαν
τὰ νῦν φανῆναι καὶ λόγων ἀζημίαν;
ἃ γὰρ ἂν παραδράμωσιν ᾐσθενηκότες,
ἔξεστι ταῦτα προσλαβεῖν τοῖς ὄμμασιν.
125 κρινεῖ δὲ τούτους οὐ κυαμοτρὼξ Ἀττικός,
ἀλλ᾽ ἄνδρες εὐσεβεῖς τε καὶ συγγνώμονες,
οἷς καὶ τὸ θεῖον καὶ βασιλεὺς ἐφήδεται,
οἱ τὰς πόλεις τάττοντες, οἱ τὰς ἡνίας
ὅλων ἔχοντες καὶ λόγων καὶ πραγμάτων.

107 cf. Ar. Ra. 99 τοιουτονί τι παρακεκινδυνευμένον (Viljamaa, 88) ‖
108 sqq. cf. Procop. Aed. 4, 1, 9 ἐπεὶ καὶ ἄλλως ἂν οὐκ ἔξω κατηγορίας τὸ
πρᾶγμα εἴη, βασιλέα μὲν τὸν ἡμέτερον εἰργάσθαι τὰ ἔργα, ἡμᾶς δὲ τοὺς ὑπὲρ
αὐτῶν ἀποκνεῖν λόγους ‖ 112 cf. quae collegit Livrea ad Pamprep. fr. 3, 3 |
cf. Agath. Hist. 2, 7, 5 ἐπὶ προδιεγνωσμένοις ‖ 115 cf. Men. Monost. 623
οὐκ ἔστιν οὐδὲν σεμνὸν ὡς παρρησία (Viljamaa, 88) ‖ 118 cf. S. Soph. 307 ‖
125 cf. Ar. Eq. 41 ἄγροικος ὀργήν, κυαμοτρώξ, ἀκράχολος (cf. schol. VEΓΘ
ad loc., [16, 23–4 Koster] δικαστικός, κυάμους ἐσθίων. κυάμοις δὲ ἐχρῶντο οἱ
δικασταί, κτλ.); cf. Agath. A.P. 4, 3a, 30 sq. et Waltzii adn. ad loc.; conferre
possis et Georg. Pis. Alyp. 34 ὁ Βυρσοδέψης … Κλέων, etc.

110 αὖ τῶν P (iam Scal mg.): αὐτῶν Salm, unde Duc (prob. Ludw) ‖ 111 τοῦ
σοῦ P: corr. Wil, iam Salm mg. ‖ 115 χριστὸν P: corr. Salm ‖ 122 ἀζημίων
P: corr. Gr ‖ 125 laud. Suid. κ 2578 Adler (cf. R. Thiel, QUCC n.s. LXIII
[1999], 67–69) | κρινεῖ Suid. (coni. Duc): κρίνει P

130 ἆρ᾿ οὖν ἐπ᾿ αὐτοὺς χρὴ βαδίζειν τοὺς στίχους
ἐκδημαγωγηθέντας εἰς παρρησίαν;
χρὴ τοῦτο πράττειν· αὐτὸς ἀντιφθέγξομαι
ὥσπερ τις ἠχὼ τῶν ἐμῶν φανεὶς λόγων.
οὐκοῦν ἐπάνειμι πρὸς βασιλέα τὸν μέγαν.

Παύλου Σιλεντιαρίου, υἱοῦ Κύρου, ἔκφρασις τῆς μεγάλης ἐκκλησίας

135 Σήμερον οὐ σακέων με φέρει κτύπος, οὐδ᾿ ἐπὶ νίκην
ἔσπερον ἠὲ Λίβυσσαν ἐπείγομαι, οὐδὲ τροπαίοις
ἀμφὶ τυραννοφόνοις καναχήποδα ῥυθμὸν ἀράσσω·
Μηδοφόνων ἀβόητα μένοι κλέα σήμερον ἔργων.
Εἰρήνη πολύολβε, τιθηνήτειρα πολήων,   5
140 ἣν πλέον εὐπήληκος ἄναξ ἠγκάσσατο Νίκης,
δεῦρο· πολισσούχοισιν ἐπαυχήσαντες ἀέθλοις
παντὸς ὑπερκύδαντος ὑπέρτερον οἶκον ἀγῶνος

134 cf. S. Soph. 416, Amb. 3 sq., 26 et Georg. Pis. Av. 125 sq. ἀλλ᾿ εἶμι λοιπὸν
πρὸς τὰ τῆς νεωτέρας / μάχης τρόπαια | cf. Anon. P. Ant. III 115, 14 παρὰ
τὸν βασιλέα τὸν μέγαν πρεσβεύεται ‖ **135** cf. et Call. lav. Pall. 44 σακέων …
πατάγῳ; Nonn. D. 9, 167 σακέων … ἠχώ et vd. infra ‖ **135** et **137** Anon. A.P.
9, 656, 1 et 19 οἶκος Ἀναστασίοιο τυραννοφόνου βασιλῆος …Ἰσαυροφόνον
μετὰ νίκην; Colluth. 55 καὶ σακέων βαρύδουπον ἐμήσατο κόμπον ἀράσσειν ‖
135 sqq. Pamprep. fr. 3, 7 sqq. Livrea σήμερον ἀμφ᾿ ἐμὲ κῶμος ἀείδεται,
οὐχ ὅσον αὐλῶν, / οὐχ ὅσον ἑπτανόο[ι]ο λύρης ἀναβάλλεται ἠχώ, / ἡδὺν
ἀμειβομένη μελέων θρόον, οὔθ᾿ ὃν ἀ[ε]ίδε[ι / οὔρεος ὀμφήεν[το]ς ὑπὸ κλέτας
ἠχέτα κύκνος … ἀλλ᾿ ὅσον κτλ. | conferre possis Anon. SH 982, 1 sqq.
Ἄκτιον ἀμ[φιέπων, ἀνὰ ν]αυμάχε, Καίσαρος ἔργων / μνῆμα καὶ εὐ[τ]υχέων
μαρτυρίη καμάτων, / Αἰῶνος σ[τ]όμασιν βεβοημένη — σοὶ γὰρ Ἄρηος /
π[λή]γματα καὶ σακέων ἐστόρεσεν πάταγον, / Εἰρήνης μόχθους εὐώπιδος
(cf. S. Barbantani, AevumAnt XI, 1998, 255–344) ‖ **136** sq. cf. S. Soph. 227 ‖
137 cf. Nonn. D. 1, 15 ὕμνον ἀράσσω, etc. ‖ **138** imit. ut vid. Anon. A. Pl.
46, 2 Μηδοφόνων καμάτων ‖ **139** cf. Orph. H. 43, 2 Εἰρήνη πολύολβε ‖
140 conferre possis Const. Manass. prol. Chron. 4 sq. Lamps. ἣν πλέον
ἀστράπτουσαν … ἤρατο ‖ **141** cf. S. Soph. 982 sq. ‖ **142** sq. Anon. A.P. 9,
656, 1 sq. οἶκος … μοῦνος ὑπερτέλλω; 18 μεγάλην μοῦνος δ᾿ ὑπερέδραμον
ἴλην (Whitby 2003, 599 sq.)

130 ἆρ᾿ P: corr. Gr ‖ tituli mg. dext. ἀρχή P ‖ **137** θυμὸν P: corr. Gr (cf. e. g.
Nonn. D. 5, 96 ῥυθμὸν Scaliger: θυμὸν ms.) | γρ ἀράξω mg. P ‖ **138** ⟨δ᾿⟩
ἀβόητα Wil ‖ **139** εἰρήνης P: corr. Salm

εὐιέροις ὕμνοισιν ἀείσομεν, ᾧ ὕπο μούνῳ
πᾶν κλέος ὑψορόφοιο κατώκλασε θέσκελον ἔργου.   10
145   ἀλλὰ σύ μοι βασιλῆα φερέσβιον, ὄμπνια Ῥώμη,
στέψον ἀκηρασίοισι χύδην καταειμένον ὕμνοις,
οὐχ ὅτι σὸν ζυγόδεσμον ἐφήρμοσεν ἔθνεσι γαίης
οὐδ᾽ ὅτι σῶν ἐτάνυσσεν ὑπέρβια μέτρα θοώκων
τέλσα παρ᾽ ἐσχατόωντα καὶ ὠκεανίτιδας ἀκτάς,   15
150   ἀλλ᾽ ὅτι σὸν περὶ πῆχυν ἀπείρονα νηὸν ἐγείρας
Θυμβριάδος ποίησε φαεινοτέρην σε τεκούσης.

143 cf. SGO 01/19/08, 2 εὐιέροισι βοαῖσι (Didyma, 300 circiter p. Chr.); Orph.
H. 7, 2 εὐϊέροις φωναῖσι | cf. Ap. Rh. 1, 287 ᾧ ἔπι μούνῳ et vd. Bulloch ad Call.
lav. Pall. 31 sq. ‖ 143 sq. cf. Nonn. D. 47, 627 ᾧ … Ἄλπος ὑπώκλασεν ‖ 146
cf. Eus. v. C. 1, 1, 1 λόγων πλέξαντες στεφάνους … τὴν ἱερὰν κεφαλὴν (scil.
Κωνσταντίνου) ἀνεστέφομεν; Georg. Pis. In Bon. patric. 153 στέφοντες ὑμᾶς
ἐκ λόγων (scil. Ἡρακλεῖον); Heracl. 1, 214 στέφουσιν ὑμᾶς ταῖς προσευχαῖς
ὡς ῥόδοις (scil. Ἡρακλεῖον); Christ. Mityl. carm. 75, 23 sq. κούρην / στέφετε
κρότοις ἐπαίνων | cf. Greg. Naz. carm. 1, 1, 34, 11 ὕμνον … ἀκήρατον; 13
ἀκήρατος ὕμνος ‖ 147 cf. Agath. A.P. 9, 155, 8 βάλλε καθ᾽ Ἑλλήνων σῆς
ζυγόδεσμα δίκης | cf. Amb. 33 ‖ 148 ὑπέρβιος heic et S. Soph. 379 sicut schol.
Ap. Rh. 1, 820 (71, 1 Wend.) ὑπέρβιον· μέγα καὶ θαυμαστόν; cf. SGO 04/02/06,
1 Ἀσίης ὑψαύχενα θῶκον ὑπάρχων (Sardes, IV p. Chr.); Greg. Naz. carm. 2,
2, 3, 278 θώκους ὀφρυόεντας ‖ 149 cf. [Apolin.] προθ. 82 εἰσόκεν ἐσχατιὴν
ἀφορρόου ὠκεανοῖο; cf. e. g. et Antip. Thess. GPh 329–330 Ῥώμην δ᾽ Ὠκεανῷ
περιτέρμονα πάντοθεν αὐτός / πρῶτος ἀνερχομένῳ σφράγισαι ἠελίῳ | Crin.
GPh 1820 τέλσα παρ᾽ Ἰταλίης | cf. Nonn. D. 30, 82 ταρσὸν ἐς ἐσχατόωντα |
cf. Agath. A. P. 4, 3b, 8 Ὠκεανίτιδα Θούλην ‖ 150 cf. Anon. A.P. 9, 656, 4 ὕψος
ὁμοῦ μῆκός τε καὶ ἄπλετον εὖρος et 9 ἀπειρέσιον μέγεθος (Whitby 2003, 600) |
cf. S. Soph. 8; 300; Luc. Alex. 10 νεών … ἐγεῖραι; Anon. A.P. 9, 693, 1 ἀνέγειρε
δόμον; Or. Sib. 3, 290 σηκὸν θεοῦ … ἐγείρειν; Greg. Naz. carm. 2, 2, 7, 182
ναὸν … ἐγείρων; SGO 01/12/11, 7 sq. (Halicarnassus, IV/V p. Chr.) ἔ]γειρεν
/ ἐκ γαίης (scil. δόμου εἶδος); Anon. A.P. 1, 10, 10 τοῖον (scil. νηὸν) ἐγείρει;
Const. Rhod. Ss. App. 572 sq. πεντασύνθετον δόμον / ἤγειρεν; Jo. Geom. Var.
119, 8 (PG 106, 954A) τίνος σε (scil. τὸν κόσμον) χεὶρ ἤγειρε, καὶ δῶρον τίνι;
Const. Manass. Chron. 3237 Lamps. ναὸν ἀνήγειρεν

144 ἔργ^{χου}ο͂ν P (cf. S. Soph. 238) ‖ 146 ὕμνοις cum καταειμένον iung., ut quidem
vid. (quamquam cf. loc. sim.) ‖ 147–148 οὐχ … οὐδ᾽ P (cf. S. Soph. 208 sqq.
οὐχ … οὐδ᾽): οὐχ … οὐχ Salm (unde Duc), Gr, Friedl (confuse) ‖ 149 κατ᾽
ὠκ. P (servaverunt Bekk, Friedl): correxi, coll. Agath. A. P. 4, 3b, 8 καὶ παρὰ
πορθμὸν Ἴβηρα καὶ Ὠκεανίτιδα Θούλην: παρ᾽ (pro κατ᾽) Salm, unde Duc, Gr |
ὠκεανίτιδᾶς P ‖ 150 περὶ πῆχυν cum ἀπείρονα coniung. (vd. ad loc. sim.)

εἴξατέ μοι, Ῥώμης Καπετωλίδες εἴξατε φῆμαι·
τόσσον ἐμὸς βασιλεὺς ὑπερήλατο θάμβος ἐκεῖνο,
ὁππόσον εἰδώλοιο θεὸς μέγας ἐστὶν ἀρείων. 20
155 ἔνθεν ἐγὼν ἐθέλω σε μελιφθόγγοισι χορείαις,
χρυσοχίτων Ἄνθουσα, τεὸν σκηπτοῦχον ἀείδειν.
καὶ γὰρ ἄναξ οὐ μοῦνον ἐν ἔντεσι χεῖρα κορύσσων
ῥινοτόρῳ δούλωσεν ἀπείρονα βάρβαρον αἰχμῇ,
ὄφρα τεοῖς ἀδμῆτα λόφον κλίνειε λεπάδνοις 25
160 καὶ θέμιδος πτήξειε τεῆς ζυγόν· ἀλλὰ καὶ αὐτός
τετριγὼς ὑπέροπλα μέλας Φθόνος ὤκλασε τόξῳ
ἀστυόχου βασιλῆος, ἐπασσυτέροις δὲ βελέμνοις

152 Anon. A. P. 9, 656, 11 εἶξον ἀρειοτέροισι, χάρις Καπετωλίδος αὐλῆς et
Colluth. 171 εἴξατέ μοι πολέμοιο, συνήθεος εἴξατε νίκης, Prop. 2, 34, 65 cedite,
Romani scriptores, cedite Grai nec non et quae collegit Whitby 2003, 600;
adde sis Eug. Panorm. 24, 82 sq. λήξατε Ῥώμη καὶ πόλις Κωνσταντίνου, /
σιγᾶτε καὶ παύσασθε τῶν πάλαι κρότων ‖ 153 sq. Greg. Naz. carm. 1, 2, 1,
207 sq. καὶ χθονὸς οὐρανὸς εὐρὺς ὅσον βιότοιο ῥέοντος / ἑστηὼς μακάρεσσιν,
ὅσον Θεὸς ἀνδρὸς ἀρείων et 2, 1, 10, 4 sqq. ὢ Κωνσταντίνου κλεινὸν ἕδος
μεγάλου, / ὁπλοτέρη Ῥώμη, τόσσον προφέρουσα πολήων, / ὁσσάτιον γαίης
οὐρανὸς ἀστερόεις; conferre possis etiam Nonn. D. 25, 103 sq. καὶ Φαέθων
ὅσον εὖχος ὑπέρτερον ἔλλαχε Μήνης, / τόσσον ἐγὼ Περσῆος ἀρείονα
Βάκχον ἐνίψω nec non Q. S. 7, 665 sq. quoque τοῦ γὰρ ὑπέρτερός ἐσσι καὶ
ἔσσεαι, ὅσσον ἀρείων / σεῖο πατὴρ κείνοιο πέλεν μογεροῖο τοκῆος ‖ 155 sq.
[Opp.] Cyn. 1, 16 τοιγὰρ ἐγὼν ἔραμαι θήρης κλυτὰ δήνε' ἀεῖσαι; Pindarum
quodammodo studet aemulari, cf. P. 9, 1 sqq. ἐθέλω … Πυθιονίκαν / σὺν
βαθυζώνοισιν … Χαρίτεσσι γεγωνεῖν et vd. infra ‖ 155 cf. e. g. Pi. I. 6, 9
μελιφθόγγοις ἀοιδαῖς ‖ 156 cf. Pi. fr. 195 Maehler χρυσοχίτων … Θήβα ‖
157 cf. S. Soph. 527 | cf. e. g. Q. S. 1, 543 ἐν ἔντεσι θωρηχθέντες | cf. Greg.
Naz. carm. 2, 1, 87, 7 ἔγχεϊ χεῖρα κορύσσων, Nonn. D. 34, 298 χ. κ., etc. ‖ 158
sq. cf. ad S. Soph. 955 ‖ 159 sq. cf. Agath. A. P. 4, 3b, 5 sq. λόφον … Αὐσονίοις
… ὑποκλίνοιτο ταλάντοις; Coripp. Jo. 3, 288 sq. frenos et iura cucurrit /
principis ultro pati ‖ 160 cf. Agath. A. P. 11, 350, 1 Δίκης ζυγόν ‖ 161 cf. Greg.
Naz. carm. 2, 2, 7, 81 sq. ὁ δ' ᾤχετο τηλόθι δαίμων / τρύζων ‖ 162 cf. Nonn.
D. 26, 10 sq. ἀστυόχων … ἀνάκτων; vd. S. Soph. 798 | Nonn. D. 22, 346
ἐπασσυτέροισι βελέμνοις ‖ 162 sq. imit. Agath. A. P. 4, 3b, 27 Βάκτριος …
Γίγας δούπησε βελέμνοις

156 h. e. Constantinopolis ‖ 157 μόνον P (ut vid.) ‖ 158 αἰχμὴν P: corr. Gr.:
αἰχμῆν (sic) Duc ‖ 161 τόξῶν P (ut vid.): corr. Gr (iam Scal mg.)

ῥωγαλέος δούπησε, πεσὼν δ᾽ ἐβάθυνε κονίην.

καὶ σὺ δὲ πρεσβυγένεθλε Λατινιὰς ἔρχεο Ῥώμη,　　30
165　σύνθροον ἀείδουσα μέλος νεοθηλέϊ Ῥώμη·
ἔρχεο καγχαλόωσα, τεὴν ὅτι παῖδα δοκεύεις
μητρὸς ὑπερτέλλουσαν, ἐπεὶ χάρις ἥδε τοκήων.
ἀνέρες, οἷσι μέμηλε θεουδέα θεσμὰ γεραίρειν,
δεῦρό μοι· ἀχλυόεσσαν ἀπορρίψαντες ἀνίην　　35
170　χιονέους ἔσσασθε γεγηθότες ἄψεσι πέπλους.
δάκρυ δὲ πενταέτηρον ἀποψήσαντες ὀπωπῆς
μέλψομεν εὐφήμοις ὑπὸ χείλεσιν εὔποδας ὕμνους.

163 Hom. Il. 2, 417 sq. χαλκῷ ῥωγαλέον· ... πρηνέες ἐν κονίῃσιν ὀδὰξ λαζοίατο γαῖαν | cf. Hom. Od. 22, 94 δούπησεν δὲ πεσών, χθόνα δ᾽ ἤλασε παντὶ μετώπῳ, etc. || **164** cf. e.g. Or. Sib. 3, 356 Λατινίδος ἔκγονε Ῥώμη, etc. || **164** sqq. cf. Anon. SH 980, 1 sq. ἔρχεο ..., ἔρχεο καλοὺς / χώρους || **165** cf. Amb. 47; Nonn. D. 3, 67 σύνθροον ... μέλος, etc. | cf. Anon. A.P. 1, 5, 5 νεοθηλέα Ῥώμην; cf. et laud. prof. Smyrn. 81 (XXX Heitsch) Κ[ωνστ]-αντινιάδος νεο[θη]λέ[ο]ς [ἐν χθονὶ Ῥώμης suppl. Schubart-Wil || **166** similis fere Jul. Aegypt. A.P. 7, 58, 3 εὐμενέως γελόωσαν, ἐπεὶ καὶ σεῖο τεκοῦσαν | cf. e.g. enc. duc. Rom. r. a, 22 (XXXVI Heitsch) Θήβη καγχα[λόωσα suppl. Vitelli | Nonn. D. 4, 40 τεὴν ὅτι παῖδα φυλάσσεις || **167** Anon. A.P. 1, 10, 12 πάντα γάρ, ὅσσα τέλεσσεν, ὑπέρτερα τεῦξε τοκήων; 20 sq. ὅττι τοκῆας / φαιδροτέρους ποίησεν ἀρειοτέροισιν ἐπ᾽ ἔργοις (Whitby 2003, 601s.) || **168** cf. Maced. A.P. 11, 63, 1 = 35 Madden Ἀνέρες, οἷσι μέμηλεν ἀπήμονος ὄργια Βάκχου; cf. etiam [Apolin.] προθ. 13 ἀνδράσιν, οἷσι θεὸς μέλεται καὶ δῶρα θεοῖο; Ps. 106, 46 ναυτίλοι, οἷσι μέμηλε βίη νηός τε θαλάσσης necnon et [Opp.] Cyn. 4, 18 sq. ἀνθρώπων ... τοῖσιν τὰ μέμηλεν, ... μυστήρια τέχνης, etc. || **169** cf. Ap. Rh. 2, 884 ἀπορρίψαντες ἀνίας; enc. duc. Rom. v. a, 8 (XXXVI Heitsch) ἀπορ[ρίψαντες ἀνί]ην suppl. Keydell || **169** et **171** cf. Nonn. D. 38, 87 sq. σῶν βλεφάρων μάλα τηλόθι καὶ σὺ τινάξας / Ταρταρίης ζοφόεσσαν Ἐρινύος ἄσκοπον ἀχλύν || **170** cf. Asius fr. 13, 3 Bernabé² χιονέοισι χιτῶσι; Jo. Gaz. 1, 78 χιονέοισιν ... χιτῶσιν; cf. et Jo. Gaz. 1, 72 sq. ἀργυφέη πέπλοισι ... ἔστι δὲ πᾶσα / χιονέη || **171** Nonn. D. 8, 205 δάκρυον ... ἀποψήσασα προσώπου (cf. et Rufin. A.P. 5, 66, 5 = 24 Page ἀποψήσασα δὲ δάκρυ; Nonn. D. 38, 219 sq. ἀποσμήξας ... ὄμβρον ὀπωπῆς) || **172** cf. Paul. Sil. A.P. 6, 54, 6 μέλος ... εὔποδος ἁρμονίας (et Nonn. D. 19, 111 ἁρμονίην εὔρυθμον)

163 ἐβάρυνε dub. Gr (at cf. Nonn. D. 2, 34 καί οἱ ἐπαΐσσοντι βαθυνομένην χθονὸς ἕδρην, scil. Typhon) || **165** σύνθρονον P, secundo ν punct. delet.: σύνθροον Gr. (σύνθοον rest. iam Salm.) || **166** ἔτι P: corr. Duc

οὐρανίων ὤϊξεν ἐπὶ χθονὶ κλῆθρα πυλάων
Αὐσονίων σκηπτοῦχος, ὅλαις δ' ἐπέτασσεν ἑορταῖς 40
175 εὐφροσύνην εὐρεῖαν, ὅλας ἤμβλυνε μερίμνας.
ἐξότε γὰρ δούπησεν ἐρισθενὲς ἔργον ἀνάκτων
κῆδος ἔην ἀλίαστον ἀνὰ πτόλιν· ἵλαθι μύθῳ,
ἵλαθι τολμήεντι, μεγασθενὲς ἦρανε γαίης,
ἱλήκοις ἐπέεσσι, καὶ εἰ τεὸν οὖας ὀρίνω 45
180 βαιὸν ὅσον· μεγάλων γὰρ ἐπερχομένη χάρις ἔργων
ληθαίοις ἐκάλυψε κατηφέα κέντρα ῥεέθροις.
καὶ φάος ἠελίοιο φαάντερόν ἐστιν ὁδίτῃ
χειμερίην μετὰ νύκτα, καὶ ἱμερόεσσα γαλήνη
ἄνδρας ἁλιπλάγκτους μετὰ κύματα μᾶλλον ἰαίνει. 50
185 ἵλαθι τολμήεντι, μεγασθενές, ἵλαθι μύθῳ.
ἤδη μὲν σθεναροῖσιν ἐπεμβεβαυῖα θεμείλοις
σφαίρης ἡμιτόμοιο κατήριπε θέσκελος ἄντυξ,

173 cf. e.g. S. OT 1294 sq. κλῆθρα ... πυλῶν ... διοίγεται | cf. Q.S. 2, 666
αἰθερίας ὤϊξε πύλας, ἐκέδασσε δ' ἄρ' ἀχλύν || 173 et 175 cf. Nonn. D. 36, 203
εὐρυτέρους πυλεῶνας ἑὸν ὤϊξε μελάθρων || 174 cf. S. Soph. 346; Anon. A.
Pl. 343, 2 κοίρανος Αὐσονίων; et vd. ad S. Soph. 583 || 174 sq. cf. S. Soph.
904 || 176 cf. Paul. Sil. A.P. 5, 268, 3 ἐξότε γάρ | cf. Cyrus A.P. 9, 808,
6 ἐρισθενέεσσι θεμέθλοις || 177 cf. e.g. Hes. Th. 611 ἀλίαστον ἀνίην, Q.S.
3, 490 ἀλίαστον ... πένθος || 177 sqq. Ap. Rh. 4, 984 sq. ἵλατε, Μοῦσαι, /
οὐκ ἐθέλων ἐνέπω προτέρων ἔπος || 178 cf. S. Soph. 185, 326 et Anon.
A.P. 1, 98, 2 Ἰουστινιανοῦ τε, μεγασθενέος στρατιάρχου | cf. Opp. Hal. 5,
1 κοίρανε γαίης; Maced. A.P. 6, 70, 1 = 19 Madden κ. γ.; Opp. Hal. 1, 70
ὄρχαμε γαίης || 178 sq. cf. e.g. [Apolin.] Ps. 56, 1 ἵλαθί μοι, βασιλεῦ ... καί
μ' ἐλεαίροις || 179 cf. Greg. Naz. carm. 2, 1, 11, 400 ἱλήκοις λόγων (λόγῳ
A) || 180 cf. Strat. A.P. 12, 227, 2 = 70 Floridi βαιὸν ὅσον; etiam Opp. Hal.
4, 191 τυτθὸν ὅσον; Lucill. A.P. 11, 94, 1 ὅσον βραχύ | Dion. Per. 883 χάρις
ἔργων || 181 cf. Procl. H. 4, 8 ληθαίοις ὑπὸ χεύμασιν | Nonn. D. 44, 239
κατηφέι πῖπτε ῥεέθρῳ || 182 sq. cf. e.g. A.A. 900 κάλλιστον ἦμαρ εἰσιδεῖν ἐκ
χείματος || 183 cf. Leon. HE 2291 χειμερίην διὰ νύκτα, etc. || 186 cf. Triph. 41
ἀκλινέεσσιν ἐπεμβεβαυῖα θεμέθλοις || 186 sqq. cf. ft. Call. Ap. 57 sqq. θεμείλια
... θεμείλια ... ἐδέθλια ... θεμείλια || 187 cf. S. Soph. 483 et 509; huc ft. resp.
Georg. Pis. Hex. 98 σφαῖραν ἡμίτμητον | cf. Antiph. GPh 941 δώματά μοι
σεισθέντα κατήριπεν

178 τολμήεντι cum μύθῳ conjung., ut vid. (cf. 179 ἐπέεσσι). quidam μοι
subintellegunt || 179 ἱλίκοις P: corr. Duc (iam Scal) || 184 θυμὸν P, mg. γρ.
μᾶλλον || 185 ἵλιθι¹ P: corr. Salm

μυστιπόλου δ' ἐτίναξεν ἐδέθλια πάντα μελάθρου·
πάντα δ' ὑπεσκίρτησεν ἐν ἄστεϊ βάθρα θεμείλων,   55
190 γαῖα δ' ὑπεστενάχιζεν ἐπὶ χρόνον, ἠερίαις δέ
μισγομένη νεφέλῃσιν ὀμιχλήεσσα κονίη
οὐρανίης ἀμάρυγμα μεσημβρινὸν ἔσκεπεν αἴθρης.
Χριστὲ μάκαρ, σὺ δὲ σεῖο κατ' ἔνδια χεῖρα τανύσσας
αἵμασιν οὐ μεθέηκας ὑπ' ἀνδροφόνοισι μιῆναι   60
195 σὴν χθόνα Τελχῖνας κακοεργέας· οὐδὲ γὰρ ἔτλης
ὄμματος ἀχράντοιο βολῇ πανδερκέϊ λεύσσειν
αἷμα χυθὲν τεμένεσσιν ἀναιμάκτοιο θυηλῆς.
οὐδὲ μὲν εὐρύστερνος ὑπώκλασε μέχρι θεμείλων
νηός, ἀριστώδινος ἐελμένος ἄμμασι τέχνης·   65
200 ἀλλὰ μιῆς ἀψῖδος ἀπωλίσθησε κεραίη
ἀντολική, σφαίρης δὲ λάχος κονίῃσιν ἐμίχθη.

188 cf. laud. prof. Smyrn. 50 (XXX Heitsch) καὶ σέο πάντα τίναξε θεμείλια; cf.
et Greg. Naz. carm. 2, 1, 1, 322 θεμείλια σείετο πάντα; [Apolin.] Ps. 17, 15 ὀρέων
τετάρακτο θέμεθλα ‖ 188 sqq. cf. Nonn. D. 45, 328 sqq. σείετο πάντα θέμεθλα,
καὶ ὡς βοέων ἀπὸ λαιμῶν / ἀκλινέες πυλεῶνες ἐμυκήσαντο μελάθρων· / καὶ
δόμος ἀστυφέλικτος ἀναβρομέεσκε ⟨κυδοιμῷ⟩, etc. ‖ 189 cf. e. g. Jo. Geom. Var.
5, 40 (PG 106, 908B) βάθρα πίπτει καὶ σπαράσσεται τρόμῳ (scil. Βύζαντος) |
conferre possis Greg. Naz. carm. 1, 2, 1, 531 ἐν ἄστεϊ δ' εὐρυθεμέθλῳ ‖ 190 Hom.
Il. 2, 95 ὑπὸ δὲ στοναχίζετο γαῖα (v. l. ὑπεστονάχιζε δὲ γαῖα) ‖ 191 sq. cf.
Nonn. D. 38, 19 κρυπτόμενον Φαέθοντα μεσημβριὰς εἶχεν ὀμίχλη ‖ 192 cf.
Nonn. D. 1, 186 αἰθέρος ... κατέσκεπεν ... αἴγλην ‖ 193 cf. Greg. Naz. carm.
1, 2, 1, 64 Χριστὲ μάκαρ; Anon. A. P. 1, 30, 1 Χ. μ. | cf. Nonn. par. Jo. 20, 127
χεῖρα τάνυσσον (et Accorinti ad loc., addito Greg. Naz. carm. 1, 1, 34, 20); cf.
potissimum Greg. Naz. carm. 2, 1, 1, 176 χεῖρα Θεοῦ τανύσαντος ὑπὲρ τέγος
(de terrae motu ann. 368 p. Chr.) ‖ 194 cf. Orph. H. 65, 4 αἵματι ἀνδροφόνῳ |
cf. ft. Greg. Naz. carm. 1, 1, 27, 77 μή με λίπῃς χείρεσσιν ὑπ' ἀνδροφόνοισι
δαμῆναι ‖ 195 cf. e. g. Eud. S. Cypr. 1, 23 κακοεργέα δαίμονα ‖ 195 sq. cf. laud.
prof. Smyrn. 49 (XXX Heitsch) οὐδ' [ὅτε σὸν κατὰ κύκ]λον ὑπώκλασε (cf. v.
198) γαῖα χανο[ῦσα suppl. Schubart-Wil ‖ 196 cf. Orph. H. 8, 1 πανδερκὲς
... ὄμμα, etc. | cf. e. g. Christod. 124 ἀχράντοισιν ... ὀπωπαῖς ‖ 197 cf. Eur.
El. 486 αἷμα χυθέν, etc. | cf. S. Soph. 683; Leon. Alex. FGE 1874 ἀναιμάκτους
δὲ θυηλάς; [Apolin.] προθ. 25 ἀναιμάκτοις τε θυηλαῖς; Diosc. Aphrodit. 3, 1
Fournet ἀναιμάκτοιο θυελλῆς (vd. Fournet ad loc.), etc. ‖ 198 cf. ad 195 sqq. ‖
201 cf. S. Soph. 356 | Hom. Il. 10, 457 et 22, 239 κονίῃσιν ἐμίχθη

196 λεύσειν P: corr. Salm ‖ 199 ἄμμασι τέχνης ἐελμένος P: corr. Salm ‖ 201 δέ
P (def. Ludw): τε Salm et edd. omnes

ἦν δὲ τὸ μὲν δαπέδοισι, τὸ δ᾽ εἰσέτι (θάμβος ἰδέσθαι)
οἷάπερ ἀστήρικτον ὁμίλεεν ἐκκρεμὲς αὔραις.
πᾶς δὲ κατηφείῃ βεβολημένος ἔστενεν ἀνήρ.   70
205 μή τις ἐμὴν σειρῆνα βάλοι νεμεσήμονι μύθῳ
ἀτραπὸν ἀμνήστοιο διαστείχουσαν ἀνίης·
ἡδύτερος μετὰ δάκρυ γέλως, μετὰ νοῦσον ὑγείη.
οὐχ οὕτως ἀκάχησεν ἀπ᾽ αἰθέρος ἐκχυμένη φλόξ
ἀνέρας, ὁππότε νῶτα κατέφλεγεν ἄχλοα γαίης,   75
210 μυρία καρφομένων ὅτε χεύματα σίζεν ἀναύρων,
οὐδ᾽ ὅτε καρποτόκοιο κατὰ χθονὸς οὐρανὸς αἴθων
εὐρὺ χανὼν ὤϊξε πύλας δηλήμονος ὄμβρου
καὶ τραφερὸν ξύνωσε πέδον ῥοθίοισι θαλάσσης.
αὐτὰρ ἐμὸς σκηπτοῦχος ἀπότροπον ἄλγος ἀκούσας   80
215 οὐκ ἐπὶ δὴν ἐκάλυψε νόου σέλας, οὐδὲ κατηφὴς
ἠρεμέειν τέτληκεν ἀεργέος ἄμμασιν ὄκνου,

202 cf. ad S. Soph. 493 ‖ 203 cf. Nonn. D. 48, 480 ὁμίλεεν ἐγγύθεν Αὔρης ‖ 205 cf. Pamprep. fr. 4, 26 Livrea ἐμὴν σειρῆνα et Livrea ad fr. 3, 11 ‖ Nonn. par. Jo. 4, 218 νεμεσήμονι μύθῳ ‖ 206 cf. enc. Heracl. duc. 33 (XXXIV Heitsch) νῦν δὲ νέην στεί]χωμεν [ἐπ᾽] ἀτραπὸν εὐεπ[ιάων (suppl. Wifstrand); [Opp.] Cyn. 1, 20 τρηχεῖαν ἐπιστείβωμεν ἀταρπόν (scil. ἀοιδαῖς), etc. ‖ 208 an imit. Eusth. Macr. 4, 16, 1 (43, 11–13 Marc.) φλὸξ … ἐξ αἰθέρος εἰς γῆν ἐκχεῖται τὸ πῦρ? ‖ 208 sq. cf. Nonn. D. 46, 30 sqq. κατέφλεγεν ὑέτιος Ζεύς … αἰθερίη φλόξ ‖ 209 cf. e. g. Eur. Hel. 1327 ἄχλοα πεδία γᾶς ‖ 209 sq. cf. Nonn. D. 25, 76 sqq. ὁππότε πεύκη … κατέφλεγε … ὕδωρ … καὶ ἔξεε κύματι θερμῷ ‖ 210 cf. e. g. Lyc. 1424 ἅπας δ᾽ ἀναύρων νασμὸς αὐανθήσεται ‖ cf. H. e pap. mag. 5, 4 (LIX Heitsch) νάματ᾽ ἀν[αύρω]ν (suppl. Bruhn) ‖ 211 cf. Orph. fr. 243, 6 Bernabé (= 168, 6 Kern) v.l. ap. Cl. Al. Str. 5, 128, 3 οὐρανὸς αἴθων; Syn. H. 1, 347 †οὐρανὸς ἀκμῆς αἴθων† ‖ 212 Opp. Hal. 2, 118 εὐρὺ χανοῦσα ‖ Hom. Il. 24, 446 ὤϊξε πύλας; cf. et Q.S. 2, 666 αἰθερίας ὤϊξε πύλας; Stilbes Inc. (B) D.-H., 164 ἐξήνοιξεν οὐρανῶν πύλας ‖ 213 cf. Opp. Hal. 5, 7 sq. ὕδατι γαῖαν / ξυνώσας ‖ cf. Diosc. 5, 19 Fournet ῥοθίοισι θαλάσσης (et laud. prof. Smyrn. 96 [XXX Heitsch] ῥοθίῳ … θ]αλάσ[σης; Nonn. D. 25, 437 ῥοθίοισι … θαλάσσης; Pamprep. fr. 3, 14 sq. Livrea πελάγεσσιν … θαλάσσης … ῥοθίων μέλος) ‖ 214 ἐμὸς σκηπτοῦχος in hac versus sede etiam S. Soph. 584; 673; 869 ‖ 215 cf. S. Soph. 287; Ap. Rh. 4, 740 οὐκ ἐπὶ δήν, etc. ‖ cf. e. g. Syn. H. 7, 10 λάμποις πραπίσιν σέλας

205 βάλλοι P: corr. Salm

ἀλλὰ μινυνθαδίης ἀπεσείσατο κέντρον ἀνίης,
πρὸς δὲ πόνους ἤϊξε παλινδωμήτορας οἴκου.
τῷ δὲ παρεστηκυῖα σακέσπαλος ἔννεπε Ῥώμη·   85
220 "παγκρατές, ὀλβιόμοιρε, δίκης ἔδος, ἕρμα πολήων,
ἥρπασε Βασκανίη με, χάρις δέ τίς ἐστι Μεγαίρης,
ὅττι σέθεν ζώοντος, ⟨ὅτ'⟩ ἐγγύθεν ἐστὶν ἀρωγή,
222a ὅττι σέθεν ζώοντος ἐπέχραε κάλλεϊ Ῥώμης.
στήθεσιν ἡμετέροισι περιρραγὲς ἕλκος ἀνίσχει·   90
ἀλλά, μάκαρ (δύνασαι γὰρ ἐφ' ἕλκεϊ φάρμακα πάσσειν)

217 Nonn. D. 12, 269 στυγνὸν ἀεξομένης ἀποσείσεται ὄγκον ἀνίης et 15,
85 ἀπεσείσατο κέντρον ἐρώτων | cf. Jo. Gaz. 1, 174 sq. ἀνίης ... κέντρον ||
220 cf. Nonn. D. 41, 145 ἕδρανον Ἑρμείαο, Δίκης πέδον, ἄστυ θεμίστων et
Greg. Naz. carm. 2, 1, 13, 68 σοφῶν ἔδος, ἕρκος ἀρίστων | cf. Orph. H.
63, 3 ὀλβιόμοιρε, Δικαιοσύνη | Hom. Il. 16, 549 ἕρμα πόληος; Od. 23, 121
ἕ. π.; SGO 22/21/01, 9 ἕ. π. (Colonia Sakkaia Maximianopolis, 356/7 p.
Chr.); cf. etiam Pi. O. 2, 6 ἔρεισμ' Ἀκράγαντος; Antip. Thess. GPh 322 ὦ
Ῥώμας Γαῖε πάτρας ἔρυμα; Opp. Hal. 5, 45 Ὀλύμπια τείχεα γαίης (Marcus
et Commodus); [Opp.] Cyn. 1, 1 γαίης ἐρικυδὲς ἔρεισμα (Caracalla); Georg.
Pis. Sev. 692 καὶ πύργε καὶ στήριγμα (Heraclius); Eug. Panorm. 24, 64 στῦλος
... ἔρεισμα τῆς ἐκκλησίας (Guilielmus I), etc. || 221 ad Βασκανίη cf. supra S.
Soph. 195 Τελχῖνας || 221 sqq. cf. e. g. Aristid. Or. 19, 4 τῆς γε ἀγαθῆς τύχης
ὑμῖν γέγονεν, δούσης ἀφορμὴν ἐφ' ἧς κάλλιστα δὴ καὶ φανερώτατα τῇ φύσει
χρήσεσθε ἐπὶ πολλοῖς καὶ μεγάλοις οἷς πρότερον ἐπεδείξασθε (scil. de terrae
motu Smyrnensi) || 224 cf. Triph. 278 ἀλλά, μάκαρ, πεφύλαξο; Greg. Naz.
carm. 1, 1, 36, 19 sq. ἀλλὰ μάκαρ, καὶ ἐμοί γε ... ἐλθέ ... εὐοδίην δὲ πόροις;
cf. et Callimachi illud Del. 226 ἀλλά, φίλη, δύνασαι γάρ (vd. praesertim G.
Morelli, RCCM VI [1968], 145 sq.); Agath. A. P. 6, 76, 5 ἀλλά, θεά, δύνασαι
γάρ; cf. sis et Posidipp. 101, 2 A.-B. σοὶ δ' ὀρέγειν πολλὴ βουλομένῳ δύναμις;
Aristaenet. 1, 16 σὺ τοίνυν, ὁ Ἔρως – δύνασαι γάρ – αὐτὴν παρασκεύασον,
etc. | cf. Hom. Il. 11, 515 φάρμακα πάσσειν; Orph. L. 343 ἐφ' ἕλκεϊ πάσσε;
Nonn. D. 29, 265 ἕλκεσι φάρμακα πάσσεν

218 παλινδωμήτορος P (unde παλινδωμήτορος Salm, Duc): παλινδωμήτορας
Gr (qui et πάλιν δωμήτορας dub. maluit, haud quidem iniuria. namque
παλινδωμήτωρ non alibi inv.; at composita ex παλιν- constantia in Nonni
dicendi genere satis frequentia sunt) || 219 ἔνεπε P: corr. Salm || 220 πόληος
dici (cf. ad loc.) ars metrica vetabat || 221 μεγαίρειΰ (et φθονεῖσθαι mg.) P
(μεγαίρειΰ Salm, μεγαίρειν Duc): corr. Gr || 222 ὅτ' suppl. dub. Duc (recte: cf.
enim Nonn. D. 30, 151 ὅτ' ἐγγύθεν; «repetitum illud σέθεν ζώοντος ... nescio
quam gratiam prae se ferat» Gr. cf. e. g. Nonn. D. 31, 96 sq., etc.): ⟨οὔ⟩ Ludw
(at cf. praef., XXXVII n. 116): v. del. Wil., prob. Friedl, cuius numerorum
ordinem servavi || 222a mg. P || 223 ἡμετέροισιν P, ν punt. delet.

225 χεῖρα τεὴν προτίταινε, ῥυηφενέος τροφὸν ὄλβου.
πάντα κυβερνητῆρι τεῷ διέπουσα χαλινῷ
ὑμετέροις ὑπέθηκα τροπαιοφόροισι θριάμβοις.
ἠρεμέει καὶ Μῆδος ἄναξ καὶ Κελτὶς ὁμοκλή, 95
καὶ ξίφος ὑμετέροις φιλοτήσιον ὤπασε θώκοις
230 Ἰνδὸς ἀνήρ, ἐλέφαντας ἄγων καὶ μάργαρα πόντου·
Καρχηδὼν γόνυ δοῦλον ἐμοῖς ἔκλινε τροπαίοις.
εἰς ἐμὲ φορτὶς ἅπασα φερέσβιον ἐλπίδα τείνει,
κύκλιον εἰσορόωσα δρόμον διδυμάονος Ἄρκτου, 100
ὥς κεν ἐμοῖς τεκέεσσιν ἐπίρρυτον ὄλβον ὀρέξω·
235 ἐμπορίην δ᾽ ἀνάγοντες ἐπιπνείουσιν ἀῆται.
ταῦτα τεοῖς καμάτοισιν ἐφέσπεται· ἀλλ᾽ ἐπὶ πάσης
ἀγλαΐης θημῶνι πεσεῖν ὑπὸ χεύματα Λήθης
μήποτέ μοι, σκηπτοῦχε, τὸ θέσκελον ἔργον ἐάσῃς. 105

225 cf. e. g. Nonn. D. 6, 102 χεῖρα τιταίνει, etc. | Nonn. D. 40, 272 ῥυηφενέος
χύσιν ὄλβου ‖ 226 Nonn. D. 25, 189 κυβερνητῆρι ... χαλινῷ ‖ 227 cf. S.
Soph. 136 sq.; S. Soph. 982 | cf. e. g. D. H. 2, 34, 3 τροπαιοφόρος πομπὴ ...
ἦν καλοῦσι Ῥωμαῖοι θρίαμβον ‖ 228 sqq. cf. Claud. Stil. 2, 285 sqq. *nullus
Boreae metus, omnis et Austri / ora silet: cecidit Maurus, Germania cessit, / et
Ianum pax alta ligat* (Whitby 1985, 510 n. 21); adde sis Nonn. D. 43, 135 sqq.
εἰσέτι δ᾽ αὐτή / ἀντολίη τρομέει με, καὶ εἰς πέδον αὐχένα κάμπτει / Ἰνδὸς Ἄρης;
cf. deinde Psell. carm. 19, 83 sqq. W. ἡ τῶν Σκυθῶν ἔφριξε μακρόθεν φάλαγξ,
/ ὑπεστάλησαν οἱ παρ᾽ Ἴστρῳ σκορπίοι, / ὁ Τοῦρκος ἠρέμησεν ἠρεθισμένος,
etc. ‖ 228 cf. Call. Del. 173 Κελτὸν ... Ἄρηα; Pae. Delph. I, 21 Powell Γαλατᾶν
Ἄρης; Anon. SH 969, 6 ἔβρε[με θοῦρος Ἄρης (suppl. Terzaghi: ἔβρε[με Κελτὸς
Ἄρης suppl. Maas) ‖ 230 cf. Nonn. D. 17, 347 et 35, 133 Ἰνδὸς ἀνήρ ‖ 231 cf.
Nonn. D. 15, 124 γόνυ δοῦλον ὑποκλίνας; 17, 387 γ. δ. ὑποκλίνων (cf. ad
S. Soph. 243), etc.; 21, 237 γ. δ. ὑποκλίνειν, etc.; cf. et A. Pers. 929 sq. Ἀσία
δὲ χθών ... ἐπὶ γόνυ κέκλιται; Nonn. D. 34, 189 Ἀσσυρίη γόνυ κάμψε; 47,
628 sq. γόνυ κάμπτει / λαὸς Ἄραψ ‖ 232 cf. Anon. A.P. 1, 22, 4 εἰς σὲ γὰρ
εἰσορόωσιν ἐν ἐλπίσιν ὄμματα πάντων (namque vd. Paul. Sil. A. P. 10, 76, 8
εἰς μίαν εἰσορόων ἐλπίδα) | cf. S. Soph. 915 | Pamprep. fr. 3, 40 Livrea ἐλπίσιν
... φερέσβιον ὄγμον ἀφάσσει; cf. ad Amb. 42 ‖ 233 Nonn. D. 25, 396 sq. παρὰ
κύκλῳ ... διδυμάονα ῥυθμὸν Ἁμάξης ‖ 234 cf. S. Soph. 1013 ‖ 235 Call. Del.
318 ἐπιπνείουσιν ἀῆται; Nonn. D. 47, 362 ἐ. ἀ.; cf. et Q. S. 14, 343 ἐπιπνείουσι
δ᾽ ἀῆται; Pamprep. fr. 3, 12 Livrea ἐ(μ)πνείουσιν ἀῆτα[ι ‖ 236 Anon. A.P. 1,
10, 34 ἴχνεσι δ᾽ εὐκαμάτοισιν ἐφεσπομένη; cf. S. Soph. 302 | cf. Nonn. par. Jo.
11, 194 ἐφέσπεται· ἀλλ᾽ ἑνὶ μούνῳ ‖ 238 cf. S. Soph. 144

225 στροφὸν P: corr. Duc (iam Scal mg.) ‖ 232 στίχ(οι) ρ̅ mg. P

οὐ γάρ, ἄναξ, εἰ καί σε καταπτήσσουσι κλιθέντα
240 Αὐσονίοις θεσμοῖσιν ἀπείρονος ἔθνεα γαίης,
εἰ καὶ πᾶσαν ἔδειμας ἐμοὶ πόλιν, οὔποτε δήεις
σύμβολον ὑμετέροιο φαάντερον ἄλλο θοώκου".
ὡς φαμένη χαρίεντα λιλαίετο χείλεα πῆξαι   110
ποσσὶν ἀνακτορέοισιν. ὁ δ᾽ ἵλαον ἠθάδι Ῥώμῃ
245 δεξιτερὴν ὤρεξεν ὑποκλάζουσαν ἐγείρων.
ἦκα δὲ μειδήσας, ἵνα μυρίον ἄλγος ἐλάσσῃ,
εὐφροσύνης πλήθοντας ἀκηδέος ἔκφατο μύθους·
"ῥῖψον ἄχος, βασίλεια πόλις, μὴ θυμὸν ὀρίνῃς·   115
ὡς βέλος οὐ νίκησε τεὸν σάκος οὐδέ τις ἄλλη
250 ἄκλονον ἐστυφέλιξε τεὴν φρένα βάρβαρος αἰχμή,
μηδὲ βαρυτλήτοισιν ὑποκλάζοιο μερίμναις.

240 cf. Anon. A. P. 7, 343, 4 Αὐσονίων θεσμῶν; Agath. A. P. 7, 589, 4 θεσμῶν
τ᾽ Αὐσονίων | cf. S. Soph. 985 et Dion. Per. 185 ἔθνεα γαίης; [Apolin.] προθ.
34, etc. ἔ. γ. (cf. J. Golega, Der Homerische Psalter, Ettal 1960, 31); Nonn.
D. 13, 41 ἔ. γ.; Christod. 406 ἔ. γ. || 242 cf. Anon. A. P. 9, 689, 2 ἑῆς σύμβολον
ἀγρυπνίης (de moeniis a Juliano aedificatis) || 243 cf. Nonn. D. 4, 150 χείλεα
πῆξας; Paul. Sil. A. P. 5, 255, 2 χείλεα πηξάμενοι; conferre possis et Paul. Sil.
A. P. 5, 236, 3 ἀπείργετο χείλεα μίξαι, quia πῆξαι et μίξαι similiter sonabant ||
243 sqq. cf. Nonn. D. 17, 387 sqq. Ἰνδοφόνῳ γόνυ δοῦλον ὑποκλίνων (scil.
Βλέμυς) Διονύσῳ. / καὶ θεός, ἀθρήσας κυρτούμενον ἀνέρα γαίῃ, / χειρὶ λαβὼν
ὤρθωσε (cf. ad S. Soph. 231) || 244 sq. [Opp.] Cyn. 1, 45 δεξιτερὴν ὀπάσαιο
πανίλαον || 245 Nonn. D. 1, 424 δεξιτερὴν ... ὤρεγεν || 245 sq. conferre
possis Paul. Sil. A. P. 5, 279, 2 λύχνος ὑποκλάζειν ἦκα μαραινόμενος ||
246 Ap. Rh. 2, 61 ἦκα δὲ μειδήσας | cf. GVI 749, 5 (Thyrreion, Acarnania, III
a. Chr.) μυρίον ἄλγος; Q. S. 3, 516 μ. ἄ. || 247 cf. Nonn. D. 7, 287 ἀμβροσίης
πλήθουσαν | cf. e. g. Ap. Rh. 2, 10 ἔκφατο μῦθον, etc. (et Campbell ad 3, 24);
Q. S. 2, 42 ἔ. μ., etc. || 248 cf. Greg. Naz. carm. 2, 1, 16, 56 ἡ βασίλεια πόλις;
Agath. A. P. 9, 155, 7 βασίλεια ... Ῥώμη; cf. infra v. 252; e. g. GVI 1321, 5
(Bithynia, II p. Chr.) Ῥώμης βασιληίδος, etc. | cf. Hom. Il. 24, 568 μὴ ...
θυμὸν ὀρίνῃς || 251 cf. Jo. Gaz. 1, 178 βαρυτλήτων ἀχέων; Leont. A. Pl. 245,
3 βαρυτλήτων ὀδυνάων

240 αὐσονιῆς P | ἀπείρονος θεσμοῖσιν et mg. θεσμοῖσιν ἀπείρονος P ||
242 θοώκων P || 244 ἠθάδι quia imperator Byzantii degebat, cf. Nonn. D. 2,
224 ἠθάδα Λῆμνον ἐάσσας (scil. Ἥφαιστος); 593 Ἥφαιστον ἐθήμονι κάλλιπε
Λήμνῳ; par. Jo. 12, 36 ἴχνος ἔχων ἐπιδήμιον ἠθάδι κώμῃ (scil. Ἰησοῦς) || 251
ὑποκλάσσοιο P

τέτλαθι, παμβασίλεια πόλις, μὴ θυμὸν ἀμύξῃς·
καὶ γὰρ ἐμοῖς καμάτοισιν ἀοιδοτέρην σε τελέσσω   120
αὖτις ἀναστήσας κορυφὴν εὐάντυγα νηοῦ".
255 ὡς φάμενος τεμένεσσιν ἐπείγετο, καὶ τάχα μύθου
γείτονος ἔργον ἔην ταχινώτερον· ὀρνύμενος γάρ
ὡς θέμις οὐκ ἀνέμιμνε συνέμπορον ἀσπιδιώτην
χρύσεον ἀγνάμπτοιο κατ' αὐχένος ὅρμον ἑλόντα,   125
οὐ χρυσέην τινὰ ῥάβδον ἀεὶ προκέλευθον ἀνάκτων,
260 οὐ στρατὸν ἠνορέῃσι κεκασμένον εὔποδος ἥβης,
σύνδρομον εὐόπλοιο μελαγκρήπιδα κελεύθου.
ἐξαπίνης δ' ἑκάτερθε συνέρρεον ἄλλοθεν ἄλλοι
προφθαμένου βασιλῆος· ἐπεκτύπεον δὲ βοεῖαι   130
ἀνδρῶν στεινομένων, κανάχιζε δὲ συμμιγὲς ἠχώ.
265 ἀλλ' ὅτε δὴ κατὰ νηὸν ἐδύσατο καὶ βάσιν ἔγνω

252 cf. Anon. A. P. 9, 647, 1 Ῥώμη παμβασίλεια | cf. Hom. Il. 1, 243 θυμὸν
ἀμύξεις, etc.; Nonn. D. 38, 165 θυμὸν ἀμύξῃ, etc. ‖ 255 cf. Nonn. D. 48,
617 ὡς εἰπὼν ἐς Ὄλυμπον ἐπείγετο ‖ 255 sq. optimi principis ad auxilium
ferendum solita celeritas, cf. e. g. Procop. Aed. 5, 5, 2 ἅπερ ἐπεὶ Ἰουστινιανὸς
βασιλεὺς ἀκοῇ ἔλαβεν, ἐν βουλῇ τε καὶ προνοίᾳ πάσῃ πεποιημένος, ἄκεσιν
εὐθὺς τοῦ κακοῦ εὕρετο (propter vias inundatas) ‖ 255 sqq. cf. Nonn. D. 44,
184 ὡς φαμένου βασιλῆος ἐπεστρατόωντο μαχηταί ‖ 256 sqq. cf. e. g. Claud.
Hon. IV cons. 440 sq. volat ille citatis / vectus equis nullaque latus stipante
caterva (scil. Stilicho) ‖ 257 cf. Theoc. 14, 67 μένειν ... ἀσπιδιώταν | cf. Nonn.
D. 13, 93 ὁμήλυδες ἀσπιδιῶται, etc. ‖ 258 Nonn. D. 41, 229 χρύσεον ...
ὅρμον ἐπ' αὐχένι ‖ 259 cf. Nonn. D. 48, 315 προκέλευθος ἀνάσσης ‖ 259 sqq.
cf. [Opp.] Cyn. 3, 135 sq. οὐ πληθὺν ἐπιοῦσαν ἀκοντοβόλων αἰζηῶν, / οὐ
χαλκὸν σελαγεῦντα καὶ ἀστράπτοντα σίδηρον ‖ 260 cf. Hom. Od. 24, 509
ἠνορέη ... κεκάσμεθα; Ion Chius fr. 92, 1 Leurini² ἠνορέη ... κεκασμένος nec
non et Nonn. D. 37, 178 ἠνορέη κεκερασμένον ἄνθεμον ἥβης ‖ 261 ft. imit.
Georg. Pis. exp. Pers. 3, 118 μελαμπέδιλον ἐκτείνων πόδα ‖ 262 cf. Nonn.
D. 13, 230 sq. μαχηταί / πάντες ἐνὶ σπεύδοντι συνέρρεον ἡγεμονῆι; 393
συνέρρεον ἀσπιδιῶται (cf. 257) ‖ 263 sq. propter similem sonum conferre
possis Q. S. 12, 125 sq. περικτυπέοντο δὲ βῆσσαι / θεινομένων ‖ 265 Hom. Il.
11, 806 ἀλλ' ὅτε δὴ κατὰ νῆας

254 κυρυφὴν P: corr. Salm | ft. huc spectat Synag. ε 903 Cunn. ~ Suid. ε
3373 Adler ~ Phot. ε 2120 Theod. ~ Zon. I, 914 Tittm. εὐάντυγα· εὐάξονα ‖
258 ἔχοντα dub. Friedl, contra Nonni artem metricam (namque cf. Nonn.
D. 36, 271 ἑλοῦσα Ludw: ἔχουσα L; versum insuper tuetur S. Soph. 867 κατ'
αὐχένος ὅρμον ἑλίξῃ) ‖ 259 χρυσῆς P: corr. Mein

δώματος ἀστυφέλικτον, ὅλην ἔτρεψε μενοινήν
ἐς κορυφὴν περίμετρον, ἐπευφήμησε δὲ τέχνην
καὶ νόον Ἀνθεμίοιο κεκασμένον ἔμφρονι βουλῇ.　　135
κεῖνος ἀνὴρ τὰ πρῶτα θεμείλια πήξατο νηοῦ
270　εὐκαμάτων βουλῇσιν ὑποδρήσσων βασιλήων·
δεινὸς ἀνὴρ καὶ κέντρον ἐλεῖν καὶ σχῆμα χαράξαι,
ὃς τοίχοις ἐνέηκε τόσον σθένος ὅσσον ἐρίζειν
δαίμονος ἀντιβίοιο βαρυτλήτοισιν ἐρωαῖς.　　140
οὐ γὰρ ἀποτμηγέντος ἐρικνήμοιο καρήνου
275　ὤκλασεν, ἀλλ᾽ ἀδόνητον ⟨ἐΰ⟩κρήπιδι θεμείλῳ
ἴχνος ἐπεστήριξεν· ἐπὶ προτέροισι δὲ τοίχοις
ἰθυντὴρ μεγάλοιο παρ᾽ Αὐσονίοισι θοώκου
αὖτις ἀμωμήτοιο χάριν δωμήσατο κόρσης.　　145
ἀλλὰ τίς ἂν μέλψειεν ὅπως ὑψαύχενι κόσμῳ
280　νηὸν ἀνεζώγρησε; τίς ἄρκιός ἐστι χαράξαι
μῆτιν ἀριστώδινα πολυσκήπτρου βασιλῆος;

266 Anon. A. Pl. 302, 2 ὅλην τρέψασα μενοινήν ‖ 266 sqq. cf. Nonn. D. 46,
150 δένδρον ἰδὼν περίμετρον ἐγήθεεν (scil. Βάκχος) ‖ 268 Nonn. D. 5, 333
Ἀκταίωνα κεκασμένον ἔμφρονι θυμῷ ‖ 269 cf. Nonn. D. 5, 242 κεῖνος ἀνήρ;
Christod. 403 κ. ἀ. | Call. Ap. 58 τὰ πρῶτα θεμείλια … ἔπηξε | cf. Greg.
Naz. carm. 1, 2, 1, 255 πήξατο νηῷ ‖ 270 vd. etiam ad S. Soph. 340 et 554;
cf. Anon. A.P. 9, 582, 3 θεσμῷ ὑποδρήσσοντες … βασιλήων (iam Ap. Rh.
3, 274 ὑποδρήσσων βασιλῆι); et Procop. Aed. 1, 1, 24 τῇ βασιλέως ὑπούργει
σπουδῇ nec non etiam ibid. (scil. Isidorus) πρέπων Ἰουστινιανῷ ὑπουργεῖν
βασιλεῖ ‖ 271 Hom. Il. 11, 654 δεινὸς ἀνήρ ‖ 272 Callimachi sermonem
affectare vid., cf. Jov. 64 τόσσον ὅσον; Ap. 42 τόσον ὅσσον (iam Hom. Il.
17, 410 τόσσον ὅσσον) | cf. Opp. Hal. 3, 101 sq. ὅσσον σθένος … ὁρμῆσαι ‖
276 Nonn. D. 14, 369 ἴχνος ἐπεστήριξεν ‖ 277 cf. Greg. Naz. carm. 2, 1, 17, 29
μεγάλοιο … θοώκου ‖ 279 imit. Agath. A.P. 4, 3b, 17 καὶ καμάτους μέλψειε
πολυσκήπτρου βασιλῆος (cf. infra) ‖ 279 sqq. cf. Anon. A.P. 1, 10, 42 sqq.
ποῖος Ἰουλιανῆς χορὸς ἄρκιός ἐστιν ἀέθλοις, / ἢ … ἤνυσεν ἔργον / εἰν ὀλίγοις
ἐτέεσσι; 49 sq. οὗ (scil. νηοῦ) μέγας αἰών / οὐ δύναται μέλψαι χαρίτων
πολυδαίδαλον αἴγλην ‖ 281 Anon. A.P. 1, 10, 9 ἐλπίδας … ἀριστώδινος
ἀνάσσης | Agath. A.P. 4, 3b, 17 πολυσκήπτρου βασιλῆος

269 νηοῦ P ‖ 272 τοίχους P: corr. Duc ‖ 275 scil. νηός | κρηπίδι P: suppl.
Salm: ἐπὶ κρηπῖδι θεμείλων Ludw, coll. Amb. 278 κρηπῖδος ἐνιδρυνθεῖσα
θεμείλοις (cf. et Nonn. D. 17, 41 ὑπὸ κρηπῖδα θεμέθλων) ‖ 277 θοώκοις mg. P

κεῖνα μέν, ὦ σκηπτοῦχε, μεμηλότα τέκτονι τέχνῃ
λείψομεν, εὐκαμάτων δὲ τεῶν ἐπὶ τέρματα μόχθων   150
ἵξομαι, ἀρτιτέλεστον ἰδὼν σέβας, ᾧ ἔπι πάσης
285   θεῖος ἔρως ἀκτῖνας ἀνεπτοίησεν ὀπωπῆς.
πᾶς βροτὸς ἀγλαόμορφον ἐς οὐρανὸν ὄμμα τανύσσας
οὐκ ἐπὶ δὴν τέτληκεν ἀναγναμφθέντι τραχήλῳ
κύκλιον ἀστροχίτωνος ἰδεῖν λειμῶνα χορείης,   155
ἀλλὰ καὶ ἐς χλοάουσαν ἀπήγαγεν ὄμμα κολώνην,
290   καὶ ῥόον ἀνθεμόεντος ἰδεῖν ἐπόθησεν ἀναύρ[ο]υ
καὶ στάχυν ἡβώοντα καὶ εὐδένδρου σκέπας [ὕ]λης
πώεά τε σκαίροντα καὶ ἀμφιέλικτον ἐλαίην,

282 cf. e.g. Men. Sam. 112 sq. καὶ ταῦτα μὲν / ἑτέροις μέλειν ἐῶμεν; Call. Jov.
72 sq. ἀλλὰ τὰ μὲν ... παρῆκας / ἄλλα μέλειν ἑτέροισι; Leont. A.P. 9, 624,
3 κεῖνο μέλοι πλεόνεσσιν, etc. || 283 sq. cf. Orph. A. 948 ἰέναι πρὸς τέρματα
μόχθου; Triph. 631 ἐπὶ τέρματι μόχθων || 284 sq. Greg. Naz. carm. 1, 2, 1, 566
sqq. γλυκὺς δέ με δεσμός (scil. Χριστοῦ) ... φρένας ἐπτοίησε / δερκομένης ||
285 cf. e.g. Eus. v. C. 3, 49 θεῖος ἔρως, etc.; Greg. Naz. carm. 2, 1, 45, 201
θεῖον ἔρωτα; Georg. Pis. exp. Pers. 2, 188 ἔρως ... εὐσεβής || 286 Anon. A.P.
9, 188, 3 ἐς οὐρανὸν ὄμμα τανύσσας || 286 sqq. cf. Nonn. D. 34, 6 ἄντυγας
ἀστραίας ὀρόων ἐκορέσσατο Μορρεύς (et vd. ad 299) || 287 cf. S. Soph. 215
|| 287 sq. cf. e.g. Gal. UP 3, 3 (I 133, 21–3 Helm.) ἄνθρωπος δ᾽, εἰ μὴ τὸν
τράχηλον ἀνακλάσειεν εἰς τοὐπίσω, τὸν οὐρανὸν οὐκ ἄν ποτε θεάσαιτο;
Manil. 1, 715 sq. *resupina facit mortalibus ora, / dum nova per caecam
mirantur lumina noctem* || 288 cf. Gow-Page ad Marc. Arg. GPh 1441 ἐς
ἑσπερίων χορὸν ἄστρων, Diggle ad E. Phaeth. 66, etc. | cf. e.g. Nonn. D.
40, 408 sq. Ἀστροχίτων δὲ φατίζεαι — ἐννύχιοι γάρ / οὐρανὸν ἀστερόεντες
ἐπαυγάζουσι χιτῶνες; deinde Const. Manass. Chron. 105 sq. Lamps. (scil.
οὐρανὸς) ὡς πέπλος μαργαρόστρωτος, χρυσόπαστον ὡς φᾶρος, / ὡς
ὕφασμα κοσμούμενον ἐκ πυρραζόντων λίθων, etc. | cf. e.g. Nonn. D. 40,
385 ποικίλος εὐφαέεσσι χαράσσεται ἄστρασι λειμών; deinde Georg. Pis.
Hex. 196 λειμῶνα πολλῶν ... ἀστέρων; Christ. Mityl. carm. 92, 1 sq. ⟨ἂν
προσβλέπῃς⟩ γε τὸν κατά⟩στερον πόλον, / λειμῶνας εἴπῃς (suppl. Kurtz),
etc. || 289 sqq. cf. Greg. Naz. carm. 1, 2, 2, 130 καὶ πεδία χλοάοντα καὶ
εὐρέα πώεα || 290 cf. [Apolin.] Ps. 33, 23 τίς ποθέει χαρίεντος ἰδεῖν βιότοιο
γαλήνην ...; | cf. Nonn. D. 10, 226 παρ᾽ ἀνθεμόεντι ῥεέθρῳ || 291 cf. Nonn.
D. 2, 649 ἡβώοντα ... καρπὸν ἀλωῆς | Nonn. D. 22, 138 σκέπας ὕλης ||
291 sqq. cf. Nonn. D. 42, 296 sqq. ἄμπελος ἡβώωσα ... σὸς στάχυς

287 ἀναγναφθέντι P: corr. Duc || 290 ἀναύρ[.]υ P: suppl. Salm || 291 ἡβό-
ωντα P: corr. Salm | [.]λης P: suppl. Salm

ἄμπελον εὐθαλέεσσιν ἐπικλινθεῖσαν ὀράμνοις   160
καὶ χαροποῦ γλαυκῶπιν ὑπὲρ πόντοιο γαλήνην
295   ξαινομένην πλωτῆρος ἀλιβρέκτοισιν ἐρετμοῖς.
εἰ δέ τις ἐν τεμένεσσι θεουδέσιν ἴχνος ἐρείσει,
οὐκ ἐθέλει παλίνορσον ἄγειν πόδα, θελγομένοις δέ
ὄμμασιν ἔνθα καὶ ἔνθα πολύστροφον αὐχένα πάλλειν·   165
πᾶς κόρος εὐπήληκος ἐλήλαται ἔκτοθεν οἴκου.
300   τοῖον ἀειφρούρητος ἀμεμφέα νηὸν ἐγείρει
κοίρανος ἀθανάτοιο θεοῦ χραισμήτορι βουλῇ.
σοῖς γάρ, ἄναξ, καμάτοισιν ἐφέλκεαι ἵλαον εἶναι
Χριστὸν ὑπερκύδαντα διαμπερές· οὐ γὰρ ἐρεῖσαι   170
Ὄσσαν ἐρικνήμιδα κατ᾽ Οὐλύμποιο καρήνων
305   ἤθελες, οὐκ Ὄσσης ὑπὲρ αὐχένα Πήλιον ἕλκειν,
ἀμβατὸν ἀνδρομέοισιν ὑπ᾽ ἴχνεσιν αἰθέρα τεύχων·

---

293 cf. Agath. A. P. 5 292, 1 τεθηλότι … ὀράμνῳ | conferre possis et Nonn. D. 42, 308 καὶ πτελέην τανύφυλλον ἐρειδομένην κυπαρίσσῳ ‖ 294 [Opp.] Cyn. 2, 117 χαροποῦ … πόντου (iam PLitGoodspeed 2 fr. a col. II, 2 Meliadò χαροποῦ … πόντου); cf. etiam Opp. Hal. 1, 161 χαροπῆς ἁλὸς … γαλήνη | cf. S. Soph. 924; Orph. H. 22, 1 γλαυκῶπιδα Τηθύν ‖ 296 cf. Paul. Sil. A. P. 5, 301, 1 ἴχνος ἐρείσεις; [Opp.] Cyn. 1, 515 ἴχνος ἐρείδει, etc.; et vd. ad Amb. 223 ‖ 297 Greg. Naz. carm. 1, 1, 9, 95 παλίνορσον ἄγω πόδα ‖ 298 ἔνθα καὶ ἔνθα pluries: 381; 567; 612; 639; 839; Amb. 135; 205; cf. Hom. Il. 7, 156; 10, 264, etc.; cf. praesertim Ap. Rh. 3, 1263 ἔνθα καὶ ἔνθα … ἴχνος ἔπαλλεν; [Mosch.] Meg. 108 sq. ὄμμασιν ἔνθα καὶ ἔνθα / πάπταινεν | cf. Nonn. par. Jo. 9, 60 πολύστροφον ἰκμάδα πάλλων | Nonn. D. 36, 230 αὐχένα πάλλων ‖ 299 Procop. Aed. 1, 1, 63 τούτου κόρον οὐδεὶς τοῦ θεάματος ἔλαβε πώποτε ‖ 300 cf. S. Soph. 150 | Anon. A. P. 9, 656, 16 ἀμεμφέα νηόν (Whitby 2003, 601, n. 36) ‖ 301 cf. S. Soph. 779; Nonn. par. Jo. 7, 90 χραισμήτορι μύθῳ (cf. S. Soph. 314) ‖ 302 cf. S. Soph. 236 ‖ 303 sq. Hom. Od. 11, 315 sq. Ὄσσαν ἐπ᾽ Οὐλύμπῳ μέμασαν θέμεν, αὐτὰρ ἐπ᾽ Ὄσσῃ / Πήλιον εἰνοσίφυλλον, ἵν᾽ οὐρανὸς ἀμβατὸς εἴη ‖ 304 Hom. Il. 1, 44 κατ᾽ Οὐλύμποιο καρήνων, etc. ‖ 306 cf. Nonn. D. 20, 94 ἀνέμβατον αἰθέρα ναίειν; 36, 247 ἀνέμβατον αἰθέρα βαίνων

295 πλοτῆρος P: corr. Salm ‖ 298 πάλλειν P: πάλλει Duc, Gr ‖ 300 τοῖος̆ ἀειφρούρητος̆ P: τοῖον ἀειφρούρητος Gr: τοῖος ἀειφρούρητον Duc (namque cf. S. Soph. 508 νηὸν ἀειφρούρητον; at τοῖον ἀειφρούρητος … νηὸν magis venustum) ‖ 302 γρ. ἵλαος εἴη mg. P (agn. Ludw): Χρ(ιστὸς) ἵλαος εἴη falso expl. Friedl (haec autem v. l. ft. ex S. Soph. 738 σταυρὸς ὑπερτέλλων ἀναφαίνεται· ἵλαος εἴη irrepsit) ‖ 304 εὐκνημῖδα Scal. (cf. S. Soph. 380)

ἀλλ' ὁσίοις μόχθοισιν ὑπέρτερον ἐλπίδος ἔργον
ἐξανύσας ὀρέων μὲν ἐπεμβάδος οὔτι χατίζεις 175
ὥς κεν ἀναΐξειας ἐς οὐρανόν, εὐσεβίης δέ
310 ἰθυπόροις πτερύγεσσι πρὸς αἰθέρα δῖον ἐλαύνεις.
ἀλλὰ τί δηθύνω λαθικηδέος ἦμαρ ἑορτῆς
ὑμνῆσαι; τί δὲ μῦθον ἐλίσσομεν ἔκτοθι νηοῦ;
ἴομεν ἐν τεμένεσσι, θεὸν δ' ὑμνήσατε μύσται 180
ἱκέσιον καλέοντες ἐμῶν χραισμήτορα μύθων.
315 ἄρτι μὲν ἀμβλυνθεῖσα γένυν μετὰ βότρυας ἄρπη
ἐσσομένης ἀνέμιμνε θερειγενὲς ἔργον ἀμάλλης,
ἠέλιος δὲ νότοιο παρὰ πτερὸν ἡνία πάλλων

307 cf. S. Soph. 118 ‖ 307 sq. cf. Q.S. 14, 19 ἐξανύσας μέγα ἔργον ‖ 307
sqq. cf. Nonn. D. 9, 241 sq. ἵξεται αὐτοκέλευστος ἐς οὐρανόν, οὐδὲ χατίζει /
Ἡραίοιο γάλακτος ἀρείονα μαζὸν ἀμέλξας; conferre possis et Orph. fr. 747,
2 Bernabé (= 267, 2 Kern) ἢ βασιλεύς, ὃς τῆμος ἐς οὐρανὸν ἵξεται αἰπύν ‖
310 cf. S. Soph. 858; Opp. Hal. 5, 677 ἰθυπόροισιν ἀήταις | Hom. Od. 19,
540 ἐς αἰθέρα δῖαν ‖ 311 cf. Greg. Naz. carm. 1, 1, 3, 1 θυμέ, τί δηθύνεις;
[Apolin.] Ps. 41, 11, etc. θ., τ. δ.; nec non Q.S. 2, 449 sqq. quoque ἀλλὰ τί …
ἔσταμεν … μυθεύμενοι …; | Nonn. par. Jo. 7, 140 et 11, 227 et 19, 162 ἦμαρ
ἑορτῆς ‖ 312 cf. Call. Aet. 1, fr. 1, 5 Mass. ἔπος … ἐλ[ίσσω suppl. Hunt (cf. et
Eur. Ion 397 αὐτὸν [scil. λόγον] ἐξειλίσσομεν) ‖ 314 cf. Nonn. par. Jo. 7, 90
ἐμῷ χραισμήτορι μύθῳ ‖ 315 cf. Paul. Sil. A.P. 6, 65, 5 sq. δόναξ … δισσὸν
ὀδόντα / θήγεται ἀμβλυνθείς; Jul. Aegypt. A.P. 6, 67, 4 ἀμβλεῖαν θῆγε γένυν
καλάμου | cf. Nonn. D. 11, 503 γένυν ἅρπης, etc.; Jo. Gaz. 2, 32 γ. ἅ. ‖ 315
sqq. cf. Antip. Thess. GPh 615–7 ἤδη τοι φθινόπωρον, Ἐπίκλεες, ἐκ δὲ Βοώτου
/ ζώνης Ἀρκτούρου λαμπρὸν ὄρωρε σέλας. / ἤδη καὶ σταφυλαὶ δρεπάνης
ἐπιμιμνήσκονται (cf. etiam Nonn. Dion. 27, 1 sqq.; Pamprep. fr. 3, 24 sq.
Livrea, etc.) ‖ 316 cf. Nonn. D. 12, 95 θερειγενὲς ἄνθος ὀπώρης | Pamprep.
fr. 3, 158 Livrea ἔργον ἀμάλλης ‖ 317 Nonn. D. 38, 301 ἡνία πάλλειν ‖ 317
sqq. cf. Q.S. 7, 300 sqq. τῆμος, ὅτ' Αἰγοκερῆι συνέρχεται ἠερόεντι / Ἥλιος
μετόπισθε βαλὼν ῥυτῆρα βελέμνων / Τοξευτήν (ubi autem λιπὼν pro
βαλὼν non opus supponere, cf. Heyne ap. Koechly ad loc.; quamquam cf.
Hom. Il. 22, 334 μετόπισθε λελείμμην, etc.)

314 ἱκέσιοι dub. Gr, haud male (namque cf. e.g. S. Ant. 1230 ἱκέσιός σε
λίσσομαι; v.l. Nonn. D. 26, 119 ἱκεσίῃ … ἴαχε φωνήν [ἱκεσίην Graefe: -ίῃ L:
-ίη F]) | χραισμήτορι P: corr. Duc ‖ 316 θερηγενὲς P: corr. Gr ‖ 317 νότοιο
παρὰ πτερὸν «ad meridiem», ut, e.g., Arat. 386 ὑπὸ πνοιῇσι νότοιο

αἰγὸς ἐς ἰχθυόεντος ἀθαλπέας ἦλαε μοίρας, 185
ἄρτι κατηφήσαντα λιπὼν ἀφετῆρα βελέμνων.
320 ἤλυθε δ᾽ ἠριγένεια σεβάσμιος, οἰγομένη δέ
ἄμβροτος ἀρτιδόμοιο πύλη μυκήσατο νηοῦ,
λαὸν ἔσω καλέουσα καὶ ἤρανον. εὖτε κελαινή
νὺξ μινύθει καὶ πᾶσιν ἀέξεται ἡμάτιον φῶς, 190
ὡς ἐτεὸν μινύθει, μεγάλου νηοῖο φανέντος,
325 νὺξ ἀχέων καὶ πάντας ἐπέδραμε χάρματος αἴγλη.
ἔπρεπέ σοι, σκηπτοῦχε μεγασθενές, ἔπρεπε Ῥώμῃ,
ἔπρεπεν ἀμβροσίοιο θεοῦ προκέλευθον ἑορτῆς
ὑμετέροις λαοῖσι θύρην νηοῖο πετάσσαι· 195
ἔπρεπεν ἑξείης μετὰ θέσκελον ἦμαρ ἐκεῖνο
330 ζωοτόκου Χριστοῖο γενέθλιον ἦμαρ ἱκέσθαι.
καὶ δὴ νὺξ τετέλεστο προηγέτις εὔποδος ἠοῦς
εὐφροσύνην καλέουσα, θεοῦ δ᾽ ὑπεδέξατο κῆρυξ

318 cf. Nonn. D. 1, 250 et 38, 279 ἰχθυόεντος ... Αἰγοκερῆος | cf. Nonn. D. 2, 658 ἀθαλπέος Αἰγοκερῆος ‖ 319 cf. Nonn. D. 2, 186 λιπὼν Ἰθύντορι τόξων ‖ 320 Musae. 335 ἤλυθε δ᾽ Ἠριγένεια (cf. et id. 42 δὴ γὰρ ... ἦλθεν ἑορτή) ‖ 321 cf. Nonn. D. 45, 329 πυλεῶνες ἐμυκήσαντο μελάθρων ‖ 322 cf. S. Soph. 439; cf. e. g. Theoc. 15, 43 ἔσω κάλεσον ‖ 322 sq. cf. S. Soph. 578 sq.; Hom. Il. 5, 310 κελαινὴ νύξ, etc. ‖ 323 cf. Nonn. D. 5, 164 μινύθει καὶ ἀέξεται (et Hes. Op. 6 μινύθει καὶ ... ἀέξει) | cf. Paul. Sil. A. P. 9, 651, 2 ἡματίῳ φέγγεϊ ‖ 324 Opp. Hal. 1, 649 ὡς («quia») ἐτεὸν | cf. Jo. Gaz. 1, 221 τοσσάτιον μινύθουσα ‖ 325 Greg. Naz. carm. 2, 1, 34, 8 ἀχέων ἀχλύν | cf. Dion. Per. 1184 πάσης ... ἐπέδραμον | Nonn. D. 46, 217 ἀνέδραμε χάρματι λύσσης | cf. S. Soph. 338; Hom. Od. 6, 45 ἐπιδέδρομεν αἴγλη, etc. ‖ 326 Nonn. Dion. 11, 17 ἔπρεπέ σοι ῥόος οὗτος ἐπήρατος, ἔπρεπε μούνῳ (cf. e. g. et Christod. 47 ὤφελεν ὁ πλάσσας σε, Σιμωνίδη, ὤφελε χαλκῷ) | cf. ad S. Soph. 178 ‖ 327 conferre possis Nonn. D. 7, 287 Διὸς προκέλευθον Ἐρώτων ‖ 330 cf. Crin. GPh 1781 γενέθλιον ... ἦμαρ; GPh 1795 ἦμαρ ... γενέθλιον; Leon. Alex. FGE 1958 γενέθλιον ἦμαρ ‖ 331 cf. e. g. Orph. A. 342 αὐγήν τ᾽ Ἠελίοιο θοῶν προποδηγέτιν ἵππων

318 ἰχθυόεντᾶς P | «potuisset tamen αἰγὸς ἐς ἰχθυόεντας ἀθαλπέας ἤλασεν οἴκους» Gr (non opus, vd. LSJ⁹ s. v. μοῖρα, 5.) ‖ 326 ῥώμη P (quod def. Ludw): corr. Gr ‖ 327 προκέλευθον scil. ἦμαρ (cf. 329 ἦμαρ ἐκεῖνο), ut vid. ‖ 328 λαοῖς P: corr. Duc ‖ 332 θεοῦ ... κῆρυξ, scil. David, Psalmorum auctor, sicut intellegitur ex similibus S. Soph. 429 sqq.; cf. ceterum Nonn. D. 25, 253 Ἀχαιΐδος ἄφθιτε κῆρυξ, scil. Homerus

ἄμβροτος ἀγρύπνοιο χέων κελάδημα χορείης　　　　200
θεσπεσίοις τεμένεσσι νέοις, ὅθι μύστιδι φωνῇ
335　παννυχίους Χριστοῖο βιαρκέος ἀνέρες ὕμνους
ἀσπασίως ἐβόησαν ἀσιγήτοισιν ἀοιδαῖς.
ἀλλ' ὅτε δὴ σκιόεσσαν ἀναστείλασα καλύπτρην
οὐρανίας ῥοδόπηχυς ὑπέδραμεν ἄντυγας αἴγλη,　　205
δὴ τότε λαὸς ἅπας συναγείρετο, πᾶς τε θοώκων
340　ἀρχός, ὑποδρήσσων σθεναροῦ βασιλῆος ἐφετμαῖς.

333 Marc. Arg. GPh 1416 μέλπε λιγὺν <u>προχέων</u> ἐκ στόματος <u>κέλαδον</u> et
potissimum Nonn. D. 8, 29 sq. αὐλομανὲς <u>μίμημα</u>, καὶ αὐτοδίδακτον ἀοιδήν /
ἡμιτελὴς <u>κελάδησε</u> <u>χέων</u> ὑποκόλπιον ἠχώ. rursus Pi. fr. 78, 2 Maehler ἐγχέων
προοίμιον; Alcae. HE 130 εὐκελάδῳ σύριγγι χέων μέλος; Limen. 13 Powell
μελίπνοον δὲ Λίβυς αὐδὰγ χέω[ν λωτὸς ἀνέμελ]πεν; Alex. Ephes. SH 21, 9
sq. λύρης φθόγγοισι συνῳδὸν / ἁρμονίην προχέουσι (Bredow: προσέχουσι,
στοιχοῦσι, στείχουσι codd.); Nonn. D. 2, 632 sq. χέων ἐπινίκιον ἠχώ, / λαϊνέῃ
σάλπιγγι; 12, 150 sq. ἀνὴρ εὔρυθμος ἀείσει / Ἀονίου καλάμοιο χέων Ἰσμήνιον
ἠχώ; 42, 255 πλήκτροις καὶ στομάτεσσι χέων ἑτερόθροον ἠχώ; 47, 32 λάλος
ὄρνις ... χέε μολπήν; 104 sq. ἐκ στομάτων ... ἀλάλαζε χέων ... ἀοιδήν | Nonn.
D. 45, 226 ἀγρύπνοιο ... χορείης ‖ **334** cf. Anon. A.P. 1, 5, 4 νηῷ θεσπεσίῳ |
cf. Nonn. D. 22, 5 et 35, 229 et 40, 368 μύστιδι φωνῇ ‖ **334** sqq. cf. Sophron.
Hierosolym. Anacr. 20, 53 sq. μοναχῶν ὅπου χορεῖαι / νυχίους τελοῦσιν
ὕμνους ‖ **335** cf. Greg. Naz. carm. 2, 1, 34, 169 et 2, 2, 1, 31 ὕμνοις παννυχίοισι |
cf. S. Soph. 430; Nonn. par. Jo. 8, 140 βιαρκέος ... τοκῆος ‖ **336** cf. e.g. Q.S.
4, 147 sq. πολὺς δ' ἀμφίαχε λαὸς / ἀσπασίως | cf. e.g. Nonn. par. Jo. 19, 55
λαοὶ δ' ἀντιάχησαν ἀσιγήτου κλόνον ἠχοῦς ‖ **337** cf. Colluth. 206 κυανέη ...
καλύπτρη (Weinberger: θάλασσα codd.) ‖ **338** cf. S. Soph. 348 sq.; Pall. A.P. 11,
292, 1 ἄντυγος οὐρανίης; Nonn. D. 38, 397 οὐρανίην ... ἄντυγα; 405 ἄντυγος
οὐρανίης | cf. [Apolin.] προθ. 80 ἐπέδραμεν ἄντυγα γαίης | vd. etiam ad S.
Soph. 769 | cf. S. Soph. 325 ‖ **340** cf. Anon. SGO 20/03/03, 3 (ap. Malal., 13, 17
[250, 87 Thurn]; Antiochia epi Daphne, 341 p. Chr.) Κωνσταντείου ἄνακτος
ὑποδρήσσοντος ἐφετμαῖς; Greg. Naz. carm. 1, 1, 27, 25 Χριστοῦ βασιλῆος
ὑποδρήσσοντες ἐφετμαῖς (Whitby 1985, 225); vd. etiam ad S. Soph. 270 et 554 |
cf. Ap. Rh. 1, 279 et 2, 615 βασιλῆος ἐφετμήν; 2, 210 βασιλῆος ἐφετμῇ

333 λαῶν P, γρ. πέλων ζτ γρ. τελῶν κελάδημα ζτ mg.: correxi (vd. loc. sim.;
etiam χανών possis quidem, cf. S. Soph. 217, at χέων longe probabilius vid.):
λαλῶν Scal mg. (haud quidem male, quamvis ft. λαλέων expectaveris, cf.
Nonn. par. Jo. 4, 131, etc.): Πλάτων dub. Friedl (h. e. S. Platonis ecclesia): λάων
Ludw («intuens»: cf. Agath. A.P. 5, 237, 5) | mg. στίχ(οι) σ̅ P ‖ **334** τεμένεσσιν
ἑοῖς (scil. Πλάτωνος) Friedl (vd. adn. ad 333) ‖ **339** συναγείρετο P (coniecerat
Gr): συνεγείρετο Salm, Duc ‖ **340** post ἐφετμαῖς punctum appos. Gr (quem
Friedl sust.; distinct. appos. Whitby 1985, 225, n. 56)

καὶ Χριστῷ βασιλῆϊ χαρίσια δῶρα κομίζων,
ἱκεσίοις στομάτεσσι θεουδέας ἧπυεν ὕμνους,
ἄργυφον εὐκαμάτοις ὑπὸ χείρεσι κηρὸν ἀνάπτων.   210
ἕσπετο δ᾿ ἀρητήρ, ἱερῆς δ᾿ ἐξῆρχε χορείης,
345   ἀρητὴρ πολύυμνος, ὃν ἄξιον εὕρετο νηοῦ
Αὐσονίων σκηπτοῦχος, ὅλης δ᾿ ἐστείνετο Ῥώμης
ἀτραπὸς εὐρυάγυια. μολὼν δ᾿ ἐπὶ θέσπιδας αὐλάς
δῆμος ἅπας ἐπέβωσε χαρίσιον, οὐρανίας δέ   215
ἀχράντους ἐδόκησεν ἐς ἄντυγας ἴχνια θέσθαι.
350   οἴξατέ μοι κληῖδα θεουδέες, οἴξατε μύσται,
οἴξατε δ᾿ ἡμετέροισιν ἀνάκτορα θέσκελα μύθοις,
εὐχωλὴν δ᾿ ἐπέεσσι κομίσσατε· καὶ γὰρ ἀνάγκη
ἁπτομένους βαλβῖδος ἐς ὑμέας ὄμμα τανύσσαι.   220

341 cf. Call. Aet. III fr. 143, 1 Mass. (383 Pf. + SH 254) Ζηνί ... χαρίσιον
ἔδνον ὀφείλω | cf. Anon. A.P. 1, 10, 18 δῶρα κομίζειν, etc.; Nonn. D. 4, 260
δῶρα κομίζων, etc. ‖ 344 Nonn. D. 3, 25 διερῆς ... χορείης | conferre possis
[Hes.] Sc. 205 ἐξῆρχον ἀοιδῆς ‖ 346 cf. ad S. Soph. 174 et ad S. Soph. 583 ‖
346 sq. cf. Q.S. 2, 200 sq. ἀμφὶ δὲ γαῖα (Vian: δ᾿ ἀγυιὰ vel δ᾿ ἀγυιαὶ codd.) /
στείνετ᾿ ἐπεσσυμένων (et 12, 471 sq., etc.). similiter sonat Q.S. 7, 100 sq.
νεκρῶν δ᾿ ἐστείνετο γαῖα / κτεινομένων ἑκάτερθεν; dies festus ex translaticio
more describitur, cf. B. 3, 16 βρύουσι φιλοξενίας ἀγυιαί; fr. 4, 79 Maehler
συμποσίων δ᾿ ἐρατῶν βρίθοντ᾿ ἀγυιαί; Lib. or. 9, 8 πλήρεις δὲ ἀτραποί τε καὶ
λεωφόροι φορτίων; Eusth. Macr. 1, 3, 1 (2, 11–12 Marcovich) συντρέχει τὸ
πλῆθος, κοσμοῦσι τὰς ἀγυιάς, etc. ‖ 347 cf. [Apolin.] Ps. 17, 43 εὐρυχόροισιν
ἀταρποῖς ‖ 348 sq. cf. ad S. Soph. 338 ‖ 349 Zon. GPh 3462–3 θεῖναι / ἴχνια;
Anon. A. Pl. 260, 1 ἴχνια θέντα; Eud. S. Cypr. 2, 414 ἴχνια θήσεις ‖ 350 Hom.
Il. 24, 455 ἀνοείγεσκον ... κληῖδα θυράων ‖ 350 sq. cf. Nonn. D. 1, 11 sqq.
ἄξατέ μοι νάρθηκα, τινάξατε κύμβαλα, Μοῦσαι, / ... δότε θύρσον ... στήσατέ
μοι Πρωτῆα; conferre possis etiam [Apolin.] Ps. 23, 14 sq. ~ 20 sq. ὑμέων
αἶψα πύλας ἀναείρατε, ἡγεμονῆες, / εὖ δ᾿ ἀναπεπτάσθων πυλέων ἄρρηκτοι
ὀχῆες ‖ 351 cf. S. Soph. 427 ‖ 352 cf. Naumach. 28 (XXIX Heitsch) καὶ γὰρ
ἀνάγκη ‖ 353 cf. Lyc. 13 sq. ἐγὼ δ᾿ ἄκραν βαλβῖδα μηρίνθου σχάσας / ἄνειμι
λοξῶν ἐς διεξόδους ἐπῶν; ft. imit. Agath. A.P. 4, 3b, 75 βαλβῖδα ... βίβλου |
ad ὄμμα τανύσσαι vd. Livrea ad Colluth. 131

341 χαρήσια P: corr. Duc ‖ 343 χείρεσσι P: corr. Salm ‖ 348 ἐσέβωσε P, γρ.
ἐσεβόησε mg. (e glossemate?): corr. Wil: ἐσέβωσε Salm, Duc: ἐβόησε Gr:
ἐσέβησε Ludw (coll. Hom. Il. 1, 310, Ap. Rh. 2, 167: at cf. e.g. GVI 1684,
1 sqq. [Chersonesus, I–II p. Chr.] Μοῦ⟨σαι⟩ σὰ χαρείσια ... φώνησα⟨ν⟩) |
χαρίσιον P: corr. Duc. χαρίσιον h. e. χαριστήριον, scil. ὕμνον ‖ 351 ὑμετέ-
ροισιν P: corr. Duc

τρισσὰ μὲν ἀντολικῶν ἀναπέπταται ἔνδια κύκλων
355 ἡμιτόμων· ὑψοῦ ⟨δὲ⟩ μετ᾽ ὄρθιον αὐχένα τοίχων
σφαίρης τετρατόμοιο λάχος τὸ τέταρτον ἀνέρπει,
οἷον ὑπὲρ τριλόφοιο καρήατος, ὑψόθ[ι] νώτων,
σχῆμα πολυγλήνοισι ταὼς πτερύγεσσιν ἐγείρει. 225
κόγχας ταῦτα κάρηνα σοφοὶ τεχνήμονι μύθῳ
360 ἀνέρες ηὐδάξαντο· τὸ δ᾽ ἀτρεκές, εἴτ᾽ ἀπὸ κόγχου
εἰναλίου καλέουσι δαήμονες εἴτ᾽ ἀπὸ τέχνης,
αὐτοί που δεδάασι. μέση δ᾽ ἐζώσατο θώκους
μυστιπόλους καὶ βάθρα περίδρομα. καὶ τὸ μὲν αὐτῶν 230
ὑστατίην ὑπὸ πέζαν ἀολλίζουσα συνέλκει
365 ἐγγύτερον περὶ κέντρον, ἐπὶ χθονός· ὅσσα δ᾽ ἀνίσχει
ὑψόθεν, εὐρύνουσι διάστασιν, ἄχρι θοώκων

354 similiter sonat App. Cougny I 169, β8 τ[ρ]ισσὰ κατ᾽ ἀντιπάλων ‖ 355 cf.
Nonn. D. 36, 230 et 37, 590 ὄρθιον αὐχένα; cf. et Greg. Naz. A.P. 8, 185, 1
τοῖχος … ὄρθιος ‖ 356 cf. S. Soph. 201 | Procop. Aed. 1, 1, 33 ἐς σφαίρας
τεταρτημόριον | cf. Ap. Rh. 3, 1340 τρίτατον λάχος; Mosch. Eur. 2 τ. λ.;
Nonn. D. 10, 25 τ. λ. ‖ 356 sq. Nonn. D. 3, 137 λόφος … διεσφαίρωτο
καρήνῳ ‖ 357 Nonn. D. 25, 236 τριλόφοιο καρήατα Γηρυονῆος | cf. S. Soph.
472; Nonn. D. 11, 69 et 37, 599 ὑψόθι νώτων ‖ 359 Procop. Aed. 1, 1, 32
ἐπὶ σχῆμά τε κατὰ ἥμισυ τὸ στρογγύλον ἰοῦσα (scil. οἰκοδομία), ὅπερ οἱ
περὶ τὰ τοιαῦτα σοφοὶ ἡμικύλινδρον ὀνομάζουσιν (cf. etiam Aed. 2, 3, 18; 5,
4, 3) ‖ 359 sq. conferre possis [Opp.] Cyn. 1, 326 τεχνήμονες ἄνδρες; SGO
01/12/11, 3 (Halicarnassus, IV/V p. Chr.) τεχν[ή]μονες ἄνδρες ‖ 360 cf.
Agath. A.P. 5, 296, 3 τὸ δ᾽ ἀτρεκές ‖ 360 sq. conferre possis Christod. 229
sq. εἰ δὲ Φίλων ἤκουε πελώριος, εἴτε Φιλάμμων, / … οἶδεν Ἀπόλλων | cf.
Naumach. 62 (XXIX Heitsch) εἰναλίης … κόχλου ‖ 362 sq. cf. S. Soph. 584
sq. ‖ 363 [Opp.] Cyn. 4, 85 βόθρον … εὔδρομον ‖ 364 Nonn. Dion. 8, 158
ὑστατίην ἐπὶ πέζαν; cf. etiam Call. (?) fr. 748 Pf. ἐσχατίην ὑπὸ πέζαν; Greg.
Naz. carm. 1, 2, 2, 30 πυμάτην ἐπὶ βαθμίδα ‖ 366 sq. cf. S. Soph. 493 sq.; 729;
877 sq.

354 ἀρχὴ τῆς ἐκφράσεως τοῦ ναοῦ mg. P ‖ 355 δὲ add. Duc ‖ 357 ὑψόθ[.] P: suppl.
Salm ‖ 357–358 οἷον cum σχῆμα coniung., quod gratum poetae hyperbaton est,
cf. S. Soph. 682 sq. ὅσον … / χῶρον, 950 sq. ὅσα … / γυῖα. cf. sis Hom. Od.
13, 306 sq. ὅσσα … / κήδε᾽, Alcae. Mess. HE 106 οἷον … λῆμα, Const. Manass.
Chron. 4182 sq. Lamps. ὅσον … / ἰόν, etc. ‖ 363 αὐτήν P: corr. Duc (cf. S. Soph.
365 ὅσσα) et iam Scal ‖ 364 συνέλκει scil. ἡ κόγχη ἡ μέση ‖ 365 ante ἐπὶ χθονός
distinguendum esse vid.: circa proximum (intuenti) centrum (semicirculi), i.e.
humi (ad ἐγγύτερον pro ἐγγύτατον cf. Keydell, 54*)

ἀργ[υ]ρέων κατὰ βαιόν, ἀεξομένοισι δὲ κύκλοις
αἰὲν ἐπεμβαίνουσαν ἐπειλίσσουσι κεραίην.   235
τὴν δὲ μετεκδέχεται κρατεροῖς ἀραρυῖα θεμείλοις
370   ἐς βάσιν εὐθύγραμμος, ὕπερθε δὲ κύκλιος ἄντυξ,
σχήμασιν οὐ σφαίρης ἐναλίγκιος, ἀλλὰ κυλίνδρου
ἄνδιχα τεμνομένοιο. δύω δ' εὐκίονας ἄλλας
κόγχας ἀμφοτέρωθι προβάλλεται ἐς δύσιν ἕρπειν,   240
οἷάπερ ἐκτανύουσα περιγναμφθέντας ἀγοστούς,
375   λαὸν ὅπως πολύυμνον ἑοῖς ἀγκάσσεται οἴκοις.
καὶ τὰς μὲν χρυσέοισιν ἐλαφρίζουσι καρήνοις
στικτοὶ πορφυρέοισιν ἀποστίλβοντες ἀώτοις
κίονες, ἡμιτμῆγι περισταδὸν ἄντυγι κύκλου,   245
ἄχθος ἀερτάζοντες ὑπέρβιον, οὕς ποτε Θήβης
380   Νειλῴης ἐλόχευσαν ἐϋ[κ]νήμιδες ἐρίπναι.
κίοισι μὲν δοιοῖσιν ἀείρεται ἔνθα καὶ ἔνθα

367 sq. cf. Greg. Naz. carm. 1, 2, 2, 285 sq. πολλοῖσιν κύκλοισιν ἐλαυνομένην,
ἀπὸ κέντρου / αἰὲν ἐπιφρίσσουσι ‖ 368 Opp. Hal. 3, 519 ἐπεμβαίνων
ἀνελίσσεται | cf. [Opp.] Cyn. 3, 476 ἐπαντέλλουσι κεραῖαι ‖ 369 Dion. Per. 74
τὸν δὲ μετεκδέχεται | Opp. Hal. 2, 381 γόμφοισιν ἄτε κρατεροῖσιν ἀρηρώς ‖
370 cf. S. Soph. 473 ‖ 371 cf. Dion. Per. 1131 ἀλιγκίη εἴδεϊ ῥόμβου ‖ 372 cf.
Jo. Gaz. 1, 48 ἄνδιχα τεμνομένων (iam Dion. Per. 340 ἄνδιχα τέμνει; 890
ἄνδιχα τέμνειν) ‖ 372 sq. cf. Sophron. Hierosolym. Anacr. 20, 20 κίονας
κύκλῳ τε κόγχας ‖ 373 Anon. A.P. 1, 10, 53 ἐς δύσιν ἕρπων ‖ 374 cf. Lucill.
A.P. 11, 105, 2 χέρας ἐκτανύσας; Or. Sib. 4, 166 χεῖράς τ' ἐκτανύσαντες |
imit. ft. Const. Rhod. Ss. App. 618 sq. καὶ χεῖρας ἐκτείνοντες εἰς τὸν ἀέρα
(scil. οἱ πισσοί) / καὶ δακτύλοις πλέξαντες ἄλλους δακτύλους ‖ 377 Theoc.
2, 2 φοινικέῳ … ἀώτῳ | cf. S. Soph. 557 ‖ 377 sq. cf. Anon. FGE 1725–1726
= SH 978, 8 sq. = Posidipp. *113, 8 sq. A.-B. ἀποστίλβει δὲ Συηνὶς / στικτή ‖
378 cf. Mosch. Eur. 88 ἄντυγος ἡμιτόμου (et vd. Bühler ad loc.) | cf. Man. 2,
68 ἄντυξ … κύκλοιο; Nonn. D. 38, 256 ἄντυγα κύκλου, etc. ‖ 379 Opp. Hal.
5, 18 ὑπέρβιον ἄχθος; vd. ad S. Soph. 148 ‖ 380 Nonn. D. 9, 273 βαθυκνήμιδος
ἐρίπνης ‖ 381 cf. ad S. Soph. 298

367 ἀργ[.]ρέων P: suppl. Salm ‖ 373 quasi duae conchae, quae re vera ad
sept. et ad mer. collocatae sunt, in contrarium, i. e. ad occidentem, impulsu
conchae medianae tendant ‖ 378 ἡμιτμῆτι Ludw (cf. Man. 4, 6 ἐν ἡμιτμῆτι
πορείῃ) | κύκλους P: corr. Salm ‖ 379 ἀερτάζοντὰς P ‖ 380 ἐϋ[.]νήμιδες P:
suppl. Salm

ἀμφοτέρης ἀψῖδος ἐδέθλια· τριχθαδίας δέ
ἡμιτελεῖς ἀψῖδας ὀλίζονας ἴχνεσι κόγχης   250
ἄνδρες ὑπειλίξαντο δαήμονες, ὧν ὑπὸ πέζαν
385 κίονες ἱδρύσαντο καρήατα δέσμια χαλκῷ
γλυπτά, χρυσεότευκτα, παραπλάζοντα μερίμνας.
εἰσὶ δὲ πορφυρέαις ἐπὶ κίοσι κίονες ἄλλαι,
ἀγλ[αὰ] Θεσσαλικῆς χλοερώπιδος ἄνθεα πέτρης·   255
ἔνθ[α] δὲ θηλυτέρ[ω]ν ὑπερώϊα καλὰ νοήσεις.
390 σχῆμ[α δ᾽] ὅλον φορέουσιν, ὃ νειόθεν ἔστιν ἰδέσθαι·
ἒξ δ᾽ ὑ[π]ὸ Θεσσαλικοῖσι καὶ οὐ δύο κίοσι λάμπει.
ἔστι δὲ θαμβῆσαι νόον ἀνέρος, ὅς ποτε δοιαῖς
πήξατο θαρσαλέως ἐπὶ κίοσι τρισσάκι δοιάς,   260
οὐδὲ βάσιν κενεοῖο κατ᾽ ἠέρος ἔτρεσε πῆξαι.
395 πάντα δὲ Θεσσαλικοῖο μεταίχμια κίονος ἀνήρ
λαϊνέοις ἔφραξεν ἐρείσμασιν, ἔνθα κλιθεῖσαι
ἐργοπόνους ἀγκῶνας ἐπηρείσαντο γυναῖκες.

---

385 cf. S. Soph. 860 | conferre possis Pi. fr. 33d, 7 sqq. Maehler ἂν δ᾽ ἐπικράνοις
σχέθον / πέτραν ἀδαμαντοπέδιλοι / κίονες ‖ 387 Anon. A.P. 1, 10, 56 κίονες ...
ἐπὶ κίοσιν ἑστηῶτες ‖ 388 cf. Amb. 255 ‖ 390 cf. Ap. Rh. fr. 1, 1, Powell κιόνων
σχῆμα | Anon. A.P. 1, 10, 22 ἔστιν ἰδέσθαι ‖ 392 Nonn. D. 45, 84 νόον ἀνέρος
(iam Hom. Il. 15, 80 νόος ἀνέρος) ‖ 393 cf. Anon. A. Pl. 359, 5 sq. πήξατο ...
δοιά ‖ 393 sq. cf. Georg. Pis. vit. hum. 31 sq. τίς συνέπηξε ... καὶ ... πήξατο ‖
397 cf. App. Cougny III 169, 6 ἐργοπόνους ... χέρας et Nonn. D. 37, 109
ἐργοπόνοις παλάμῃσι | cf. Nonn. par. Jo. 13, 58 παλάμης ἀγκῶνα ... ἐρείσας

382–383 ἀψῖδος ... ἀψῖδας sanum vid., quamquam idem vocabulum heic
duabus significationibus praeditum est. nam v. 382 ἀψῖδος «conchae»,
insequenti autem v. ἀψῖδας «arcus» (scil. concharum): namque cf. v. 384 et
S. Soph. 561 ἐπειλιχθεῖσα κεραίη «arcus» nec non et v. 795. porro cf. Eur. Ion
1196 sq. δόμοις «tentorio» / ... δόμοις «fano» (vd. Owen ad Ion 39); ft. Mosch.
Eur. 165 sq. αὐτίκα «continuo» ... / ... αὐτίκα «mox» (at vd. Bühler ad loc.);
Colluth. 110 ἤθεα «locos» 114 ἤθεα «mores» (vd. Livrea ad loc.) nec non et
Manil. 4, 320 sq. partes ... pars diverso sensu (vd. Housman ad loc.). non huc
cadit celebre illud Nonni D. 2, 65 sq. καρπῷ «fructu» / ... καρπῷ «palma»,
quod ioci causa excogitatum est ‖ 384 ὑπειλήξαντο P: corr. Gr ‖ 388 ἀγλ[..]
θεσσαλικῆς P: suppl. Salm ‖ 389 ἔνθ[.]δε P: suppl. Salm (ἐνθαδε); ἔνθα δὲ pro
ἐνθάδε perf. Gr.: ἔνθα [σύ] Friedl, quod codicis vestigiis inspectis refellitur |
θηλυτέρ[.]ν P: suppl. Salm ‖ 390 σχῆμ[..]ὅλον P: suppl. Friedl (iam Scal) |
φορέουσιν scil. τὰ ὑπερώϊα ‖ 391 ἒξ δ᾽ ὑ[.]ο P: suppl. Salm | Θεσσαλικῆσι
Salm etc. | λάμπει scil. τὸ σχῆμα ‖ 392 θαμβῆσαι P ‖ 397 ἐπηρ<εί>σαντο P

οὕτως ἀντολικὰς μὲν ἐπ' ἄντυγας ὄμμα τανύσσας 265
θάμβος ἀειδίνητον ἐσόψεαι. ἀλλ' ἐπὶ πάσαις
400 ἐκφύεται πολύκυκλον ὑπὲρ σκέπας οἷά τις ἄλλη
ἀψὶς ἠερόφοιτος, ἀνευρύνουσα κεραίην
ἠέρι κολπωθεῖσαν, ἀΐσσει δ' ἄχρι καρήνου
ἄχρι βαθυκνήμοιο καὶ ἄ[ν]τυγος, ἧς κατὰ νῶτον 270
πυθμένας ἐρρίζωσε μέσου κόρυς ἄμβροτος οἴκου.
405 ὡς ἡ μὲν βαθύκολπος ἀνέσσυται ἠέρ[ι] κόγχη,
ὑψόθεν ἀντέλλουσα μία, τρισσοῖσι δὲ κόλποις
νέρθεν ἐπεμβεβαυῖα· διατμηγεῖσα δὲ νώτοις
πένταχα μοιρηθέντα δοχήϊα φωτὸς ἀνοίγει, 275
λεπταλέαις ὑάλοις κεκαλυμμένα, τῶν διὰ μέσσης
410 φαιδρὸν ἀπαστράπτουσα ῥοδόσφυρος ἔρχεται ἠώς.

διαιρεθείσης πάλιν τῆς ἀκροάσεως προελέχθησαν οἱ ὑποκείμενοι
στίχοι.

399 Anon. A. P. 1, 10, 59 φέγγος ἀειδίνητον ‖ 401 cf. Nonn. D. 41, 276 ἠερίην
ἀψῖδα | Nonn. D. 25, 233 ἀνειρύσσασα κεραίην ‖ 401 sq. cf. Nonn. D. 3,
401 κόλπον ἀνευρύνουσα; Jo. Gaz. 2, 279 κ. ἀ. ‖ 402 cf. Dion. Per. 110 ἄχρι
καρήνου; Nonn. D. 3, 94 ἄ. κ., etc. ‖ 403 Dion. Per. 244 μέχρι βαθυκρήμνοιο
Συήνης ‖ 404 vd. ad S. Soph. 558 sq. ‖ 405 cf. S. Soph. 495 ‖ 406 Dion. Per.
630 sq. τρισσοὺς γὰρ ἑλίσσων / κόλπους ‖ 406 sq. cf. Greg. Naz. carm. 1, 1,
3, 71 ἐν τρισσοῖς φαέεσσιν ἵη φύσις ἐστήρικται ‖ 407 cf. e. g. Man. 3, 61 ὕψι δ'
ἐπεμβεβαώς ‖ 408 cf. S. Soph. 453; Nonn. D. 48, 385 τέτραχα μοιρηθέντα
et Hom. Il. 12, 87 πένταχα κοσμηθέντες ‖ 409 cf. S. Soph. 454 ‖ 409 sq.
Dion. Per. 823sq. ἧς διὰ μέσσης … κατέρχεται | Procop. Aed. 1, 1, 41 ὅθεν ἀεὶ
διαγελᾷ πρῶτον ἡ ἡμέρα ‖ 410 cf. S. Soph. 835 | cf. Q. S. 1, 138 ῥοδόσφυρος
Ἠριγένεια

401 ἠερόφο'τος P ‖ 402 sqq. ad litteras Italicas vd. conspectum siglorum ‖
402 ηερικολπωθεῖσαν ἀίσσει δ' ἄχρι καρήνου P: primus leg. Friedl (καρήνου
legerat quidem iam Holst, suppleverat Duc) ‖ 403 ἄχρι P: leg. Friedl (iam
Holst) | ἄ[.] τυγος P ‖ 404 ἄμβροτος οἴκου P: leg. Friedl ‖ 405 ἠέρ[.] κογχη P:
leg. Friedl (suppl. iam Duc) ‖ 406 τρισσοῖοι P: leg. iam Salm ‖ 409 κεκαλυμμένα
P: leg. Salm | ft. μέσσης, scil. ἠώς (cf. tamen S. Soph. 454 et Dion. Per 823
sq.) ‖ 410 ἀπαστράπτουσα ῥοδόσφυρος P: Friedl, legerat iam Holst (suppl.
iam Duc et Scal mg.) ‖ πάλιν τῆς ἀκροάσεως προελέχθησαν οἱ ὑποκείμενοι
στίχοι P: leg. Friedl (πά[λιν τῆς ἀκροάσεως suppl. iam Duc et Scal mg.)

εἰ μὲν πρὸς ἄλλο θέατρον ὑμᾶς συγκαλεῖν
συχνῶς ἐπεχείρ[ο]υν, ὄχλον ἄν τις εἰκότως
ἡγήσατο τοῦτο· νῦν γε μὴν εὖ οἶδ᾽ ὅτι
πρὸς τὸν νεὼν δραμόντες αὖθις τὸν μέγαν
415 ἐρᾶτε πάντες τῆς ἀ[κ]οῆς ὡς τῆς θέας.
οὐκοῦν τὸ λοιπὸν προσκαταθήσω τοῦ χρέους.

πάντα καὶ ἑσπερίην τις ἐπὶ κλίσιν ἶσα νοήσει
σχήμασιν ἠῴοις, ὀλίγων ἄτερ. οὐ γὰρ ἐν α[ὐ]τῇ
μεσσάτιον κατὰ χῶρον ἕλιξ περιδέδρ[ομεν] ἄντυξ
420 οἷάπερ ἀντολικοῖς ἐπὶ τέρμασιν, ἧ[χι θυ]ηλῆς   5
ἴδμονες ἀρητῆρες ἐνιδρύσαντο θοώκους
ἀργυρέοις στίλβοντας ἀπειρεσί[οισι μετ]άλλ[οι]ς.
ἀλλὰ δύσις πυλεῶνα μέγαν πολυ[δαίδ]αλο[ν ἴσ]χει,
οὐχ ἕνα· τριχθαδίους γὰρ ἔχει κατὰ τέ[λσα μελ]άθρου.
425 μηκεδανὸς δ᾽ ἐπὶ τοῖσι πύλαις παραπέπ[ταται] αὐλῶν,

411 sq. cf. e. g. X. Cyr. 4, 5, 37 πολλάκις ὑμᾶς συγκαλῶ ‖ 413 εὖ οἶδ᾽ ὅτι f.
v. Ar. Pax 1296; Lys. 154; 764, etc. ‖ 417 Nonn. D. 34, 350 παρ᾽ Ἑσπέριον
κλίμα γαίης ‖ 417 sq. [Opp.] Cyn. 3, 345 sq. πάντα μιν ἀθρήσειας ὀρέσβιον
οἷα λέαιναν, / νόσφι μόνου ῥινοῖο ‖ 419 cf. Ap. Rh. 3, 139 ἕλιξ (nomen) δ᾽
ἐπιδέδρομε; Christod. 284 ἕλιξ (adiect.) ἐπιδέδρομεν ‖ 420 cf. Amb. 294 ‖
421 cf. Nonn. D. 14, 124 ἴδμονες ὀρχηστῆρες ‖ 421 sq. cf. S. Soph. 745 sq. ‖
422 cf. S. Soph. 737 ‖ 423 cf. Nonn. D. 41, 284 καὶ Ζεφύρου πυλεῶνα Δύσις ‖
425 cf. Dion. Per. 39 sq. αὐλὼν / ἐκτέταται

411 θέατρον P | ὑμᾶς P ‖ 412 ἐπεχείρ[.]υν P: suppl. Salm | ὄχλον P: leg. Friedl
(iam Holst; coniec. Duc) ‖ 413 νῦν γε μὴν εὖ οἶδ᾽ P: leg. Friedl (iam Holst,
coniec. Duc) ‖ 414 δραμόντες P: con. Salm ‖ 415 τῆς ἀ[.]οῆς P: suppl. Gr ‖
416 προσκαταθήσω P: leg. Friedl (iam Holst; coniecerat Duc) ‖ 417 ἑσπερίην
τις … ἴσανοήσει P: leg. Friedl ‖ 418 ενα[υ]τῆι P: ἐπ᾽ αὐ. leg. Ludw, falso ‖
419 περιδέδρ[....]ἄντυξ P: suppl. Salm Plin. Exerc. 857C ‖ 420 τέρμασιν
ἧ[....]ηλης P: leg. et suppl. Friedl ‖ 421 ἐνιδρύσαντο θοώκους P: leg. Friedl ‖
422 ἀπειρεσί[.......] α[....]ς P: suppl. Gr (ἀπειρεσίοις Duc: ἀπειρεσίοισιν ἀώτοις
mg. Scal) ‖ 423 πολυ[....]αλο[…]χει P: suppl. Gr ‖ 424 κατὰ τε[.....]άθρου P:
suppl. Duc (μελάθρου iam Scal mg.) ‖ 425 τῆσι Ludw propter duo impolite
positos dativos, ad ἐπὶ … παρα- haud iniuria laudans Dion. Per. 186; 820;
1107; cf. tamen Amb. 61 κύκλοιο λίθου; Mel. HE 4068 πετάλοις πριονώδεσι
κώλοις; [Opp.] Cyn. 1, 353 στομάτεσσι βαρυφθόγγοις ἀλόχοισι; Man. 2,
265 κείνοις σφετέρῳ νόῳ, Orph. A. 1296 τοῖσιν δ᾽ ἄρ᾽ ἐφημοσύναισι, etc.) |
παραπέπ[.....]αὐλὸν P: suppl. Bekk, αὐλῶν corr. Gr

δεχνύμενος προσιόντας ὑπ᾽ εὐρυ[π]όροι[σ]ι θυρέτροις,　　10
μῆκος ἔχων ὅσον εὖρος ἀνάκτορα θέσκελα νηοῦ.
χῶρος ὅδε Γραικοῖσι φατίζεται ἀνδράσι νάρθηξ.
ἔνθα δέ τις κατὰ νύκτα διαμπερὲς ἦχος ἀνέρπων
430　　εὐκέλαδος Χριστοῖο βιαρκέος οὔατα θέλγει,
ὁππόθι τιμήεντα θεουδέος ὄργια Δαυίδ　　15
ἀντιπόροις ἰαχῇσιν ἀείδεται ἀνδράσι μύσταις,
Δαυὶδ πρηϋνόοιο, τὸν ἤνεσε θέσκελος ὀμφή,
φωτὸς ἀγακλήεντος, ὅθεν πολύυμνος ἀπορρώξ
435　　γαστέρι δεξαμένη τὸν ἀμήτορα παῖδα θεοῖο
Χριστὸν ἀνεβλάστησεν ἀπειρογάμοισι λοχείαις,　　20
μητρῴοις δ᾽ ὑπέθηκε τὸν ἄσπορον υἱέα θεσμοῖς.
ἑπτὰ δ᾽ ἀνευρύνας ἱεροὺς πυλεῶνας ἀνοίγει,
λαὸν ἔσω καλέοντας ὁμιλαδόν· ἀλλ᾽ ὁ μὲν αὐτῶν
440　　ἐνστρέφεται νάρθηκος ἐπὶ στεινοῖο μετώπου
ἐς νότον, ὃς δὲ βορῆος ἐπὶ πτερά· τῶν γε μὲν ἄλλων　　25
νηοκόρος παλάμῃσι μεμυκότα θαιρὸν ἀνοίγει
ἑσπέριον περὶ τοῖχον, ὃς ὕστατός ἐστι μελάθρου.

426 cf. S. Soph. 913 ‖ **427** cf. Nonn. D. 10, 141 μῆκος ἔχων ὅσον ἤθελεν | cf. S. Soph. 351 ‖ **429** cf. Hom. Il. 10, 254 ἔνθα δέ τις | Pall. A. P. 9, 397, 3 διαμπερὲς αἶσχος ἀνάπτεις similiter fere sonat ‖ **429** sq. cf. Const. Manass. Chron. 4719 Lamps. εὐκελάδους ... ἀπήχει μελουργίας ‖ **430** cf. S. Soph. 335 ‖ **431** cf. Amb. 212 ‖ **433** sq. cf. [Apolin.] προθ. 15 Δαυίδου ... ἀγακλέος ‖ **435** cf. e. g. Ephr. prec. in Dei gen. 7 (III 539 Assemani) ἡ τὸν θεὸν ἀσπόρως ἐν γαστρὶ δεξαμένη ... μήτηρ θεοῦ | Nonn. D. 20, 54 ἀμήτορα παῖδα καρήνου ‖ **436** imit. Georg. Pis. vit. hum. 54 Μαρίης ... ἀπειρογάμοιο λοχείη ‖ **437** Nonn. D. 12, 58 ἄσπορον ... υἱέα; 13, 103 ἄσπορον υἷα; imit. Georg. Pis. vit. hum. 56 ἄσπορον υἷα λόχευσε ‖ **438** cf. Nonn. D. 5, 64 ἑπταπόρῳ πυλεῶνι; 44, 19 ἄστεος ἑπταπόροιο ... πυλεῶνας; 46, 127 Θήβης ἑπταπόροιο ... πυλεῶνα ‖ **438** sq. cf. e. g. Nonn. D. 34, 259 ὅμιλον ἔσω πυλεῶνος ‖ **439** cf. S. Soph. 322 ‖ **442** cf. Paul. Sil. A. P. 10, 15, 1 μεμυκότα κόλπον ἀνοίγει

426 εὐρυ[.]όροι[.]ι P: suppl. Friedl (iam Scal mg.) ‖ **432** μύστῃς P: corr. Gr ‖ **437** ἄσπορα P: corr. Salm ‖ **438** ἀνοίγει P, s. οιγει legitur at. vel απ., unde ἀνίστη «errichtet» coni. Ludw, quod parum probabile vid.; ft. ἀναπλοῖ scrips. J. at ἀνοίγει sanum vid., cf. Nonn. D. 46, 140 ἀνοιγομένων πυλεώνων ‖ **439** ὁμηλαδόν P: corr. Duc (iam Scal) ‖ **441** ὁ P: corr. Duc (iam Scal)

DESCRIPTIO SANCTAE SOPHIAE 31

πῇ φέρομαι; τίς μῦθον ἀνήρπασε πλαγκτὸν ἀήτης
445 οἷάπερ ἐν πελάγεσσι; μέσον παραδέδρομε νηοῦ 30
χῶρον ὑπερκύδαντα· παλιννόστησον, ἀοιδή,
θάμβος ὅπῃ πανάπιστον ἰδεῖν, πανάπιστον ἀκοῦσαι.
εἰσὶ γὰρ ἀντολικούς τε καὶ ἑσπερίους μετὰ κύκλους,
κύκλους ἡμιτελεῖς, μετὰ κίονα δίζυγα Θήβης,
450 εὐπαγέες τοῖχοι πίσυρες, γυμνοὶ μὲν ὁρᾶσθαι
πρό[σθεν], ἐπὶ πλευραῖς δὲ καὶ ἀρραγέος περὶ νώτου 35
ἀντ[ιπόρο]ις σφιγχθέντες ἐρείσμασιν· εὐκαμάτοις δέ
τέτρα[χα μο]ιρηθέντες ἐφεδρήσουσι θεμείλοις,
πέτρ[αις ἀ]ρραγέεσσιν ἀρηρότες, ὧν διὰ μέσσου
455 ψῆγμα πυριφλέκτοιο λίθου προχοῇσι κεράσσας
ἁρμονίην ξύνωσεν ἀνὴρ δωμήτορι τέχνῃ. 40

444 cf. S. Soph. 755 et Jo. Gaz. 1, 1 πῇ φέρομαι; cf. etiam Mel. HE 4318 ποῖ
φέρομαι; nec non Soph. OT 1308 quoque ποῖ γᾶς φέρομαι; praeterea Eur.
Hec. 1076 ποῖ πᾷ φέρομαι; Ov. Ars 3, 667 *quo feror insanus?*; Mosch. Eur.
135 πῇ με φέρεις, θεόταυρε; (et Bühler ad loc.) | Nonn. D. 11, 431 τίς ἥρπασε
Καρπὸν ἀήτης; || 444 sq. cf. Pi. P. 11, 39 sq. ἤ μέ τις ἄνεμος ἔξω πλόου /
ἔβαλεν, ὡς ὅτ᾽ ἄκατον ἐνναλίαν; (nec non etiam N. 3, 26 sq. θυμέ, τίνα πρὸς
ἀλλοδαπὰν / ἄκραν ἐμὸν πλόον παραμείβεαι; cum schol. ad loc. [III 49,
23 sq. Drachm.] ἀποστρέφει τὸν λόγον πρὸς ἑαυτόν· ᾔσθετο γὰρ ἑαυτοῦ
παρεκβάντος, etc.) | cf. ft. Call. HE 1111 πελάγεσσιν ἐπέπλεον, εἰ μὲν ἀῆται ||
445 Dion. Per. 1092 μέσην δ᾽ ἐπιδέδρομε νῆσον (cf. et Call. Aet. III fr. 165, 6
Mass. = 66 Pf. μέσον περιδέδρομας ἀμφίς) || 447 cf. Nonn. D. 38, 17 θάμβος
ἄπιστον || 448 sq. cf. Nonn. D. 5, 36 ἀλλὰ μεθ᾽ ἑρπηστῆρα, μετ᾽ ἄγρια φῦλα
Γιγάντων; 556 καὶ Νεφέλης μετὰ λέκτρα, μετὰ προτέρους ὑμεναίους || 450 cf.
Jo. Geom. Var. 160, 110 (PG 106, 979A) εὐπαγεῖς ... στύλοι | cf. [Plat.] FGE
606 τοίη μὲν ὁρᾶσθαι || 453 cf. ad S. Soph. 408 || 454 cf. adn. crit. | cf. S. Soph.
409 || 455 sq. Procop. Aed. 1, 1, 38 ἐς ἀλλήλους δὲ πρὸς τῶν λιθολόγων
ἐπισταμένως ἐναρμοσθεῖσιν

450 τοῖχοι hoc est πεσσοί vel λόφοι (Procop. Aed. 1, 1, 37) || 451 πρό[....]
P: suppl. Duc (iam Scal mg.) | πλευρᾶς P: corr. Ludw, coll. S. Soph. 761 ἐπὶ
πλευρῇσι, 719 πλευρῇ | ἀρραγέας περινώτους P: corr. Gr || 452 ἀντ[.....]ις P:
suppl. Duc | σφιχθέντες P || 453 τετρα[....]ιρηθέντ͞ες P: suppl. Gr (τέτραχι
suppleverat Salm, prob. Duc) et Salm (μοιρηθέντες) || 454 πέτρ[....]ρραγέεσσιν
P: suppl. Salm: πέτρ[οις] Ludw (at cf. Greg. Naz. carm. 1, 2, 1, 489 πέτρης
ἀρραγέος; Nonn. D. 40, 533 ἀρραγέεσσι ... πέτραις) || 455 ψῦγμα P: corr.
Duc

τοῖς ἔπι μυριόμετρος ἐπιγναμφθεῖσα κεραίη,
οἷάπερ εὐκύκλοιο πολύχροος ἴριδος ἄντυξ,
ἡ μὲν ἐπὶ ζεφύρου τρέπεται πτερόν, ἡ δὲ βορῆος
460 ἐς κλίσιν, ἡ δὲ νότοιο, καὶ ὄρθριος ἔγρεται ἄλλη
εὖρον ἐπὶ φλογόεντα. βάσιν δ᾽ ἀτίνακτον ἑκάστη   45
γείτοσιν ἀμφοτέρωθεν ὁμοῦ συνέμιξε κεραίαις
ξυνοῦ πηγνυμένην ἐπὶ τέρμονος· ὀρνυμένη δέ
ἠερίαις κατὰ βαιὸν ἐϋγνάμπτοισι κελεύθοις
465 τῆς πρὶν ὁμογνήτοιο διίσταται. ἀλλὰ καὶ αὐτῶν
ἀψίδων τὸ μεταξὺ καλοῖς ἀναπίμπλαται ἔργοις.   50
ἔνθα γὰρ ἀλλήλων ἀπονεύμεναι ἤθεσι τέχνης
ἠέ[ρ]α γυμνὸν ἔδειξαν, ἀνέσσυται ἶσα τριγώνῳ
τοῖχος ἐπικλινθεὶς ὅσον ἄ[ρ]κιον, ἄχρι συνάψῃ
470 πήχεας ἀμ[φ]οτέρωθε[ν ὁ]μ[ό]ζυγος ἄντυγι κύκλου.
τέτρα[χ]α δ᾽ ἑρπύζων ἀνατείνεται, ὄφρα φανείη   55
ἕν, στέ[φος ὦ]ς, κύκλοιο περίδρομος ὑψόθι νώτου.
μέσσα μὲν ἀψ[ῖδω]ν, ὅσα κύκλιον ἄντυγα τεύχει,
ὀπταλέαις πλίνθοισιν ἀρηρότα δήσατο τέχνη,

457 cf. S. Soph. 561 ‖ **458** cf. Nonn. D. 2, 203 Ἴριδος ἀγκύλα κύκλα
πολύχροος (cf. etiam Greg. Naz. carm. 1, 1, 6, 3 πολύχροον Ἶριν; Jo. Gaz. 2,
198 πολύχροον ἐς νέφος Ἶρις) ‖ **459** sq. cf. S. Soph. 563 ‖ **460** similiter sonat
Dion. Per. 199 πρὸς αὐγὰς ἕλκεται ἄλλη ‖ **462** cf. Arat. 884 ἀμφοτέρωθεν
ὁμοῦ ‖ **463** sq. cf. Agath. A.P. 5, 294, 13 ὠρθούμην κατὰ βαιόν ‖ **464** cf. S.
Soph. 848; Nonn. D. 6, 332 ἠερίη … κελεύθῳ; 17, 151 ἠερίας … κελεύθους, etc.
| vd. ad S. Soph. 910 ‖ **470** cf. S. Soph. 462 ‖ **471** cf. S. Soph. 615; cf. Nonn.
D. 1, 14 ὄφρα φανείη, etc. ‖ **472** cf. Amb. 192 | cf. ad S. Soph. 357 ‖ **473** cf. S.
Soph. 370 | cf. e.g. Man. 2, 27 sqq. κύκλοι … τοὺς αὐτός (scil. οὐρανός) …
τεύχει ‖ **474** cf. S. Soph. 515 | Nonn. D. 40, 448 ἀρηρότι δήσατε δεσμῷ

460 ὄρθιος P: correxi. cf. S. Soph. 682; 922; e g. schol. Hes. Th. 379 (68, 2–3
Di Gregorio) πνεῖ δὲ Ἀργέστης, ὁ καὶ Εὖρος καλούμενος, ἀπὸ ἀνατολῆς ‖
467 ἀπονεύμενα P: corr. Herm ‖ **468** ἠέ[.]α P: suppl. Duc (iam Scal) | δ᾽ ἴσα P:
corr. Duc ‖ **469** ἄ[.]κιον P: leg. et suppl. Friedl ‖ **470** πήχεας αμ[.]οτέρωθε[.
.]μ[.]ζυγος P: suppl. Gr (iam Scal mg.) | ad litteras Italicas cf. conspectum
siglorum ‖ **471** τέτρα[.]α P: suppl. Gr ‖ **472** ἐνστε[.…]σκύκλοιο P: supplevi:
στε[φάνο]ις Friedl (at post lac. ι nullum legitur, verum tantum σ) | ὑψόθι P ‖
473 ἀψ[.…]ν P: suppl. Gr | κύκλειον P (κύκλιον mg.) ‖ **474** τέχνῃ P: corr. Salm

475 ἄκρα δὲ πετραίοισι κεράατα πῆξε δομαίοις.

ἁρμονίαις δ᾽ ἐνέηκε πλάκας μαλακοῖο μολύβδου,　　60
ὄφρα κε μὴ λάιγγες ἐπ᾽ ἀλλήλῃσι δεθεῖσαι
καὶ στυφελὰ στυφελοῖσιν ἐπ᾽ ἄχθεσιν ἄχθεα θεῖσαι
νῶτα διαθρύψωσι· μεσοδμήτῳ δὲ μολύβδῳ
480 ἠρέμα πιληθεῖσα βάσις μαλθάσσετο πέτρου.

λαϊνέη δ᾽ ὅλα νῶτα κατεσφήκωσέ τις ἄντυξ,　　65
πάντοθεν εὐδίνητος, ὅπη καὶ ῥίζα καθέρπει
σφαίρης ἡμιτόμοιο, καὶ ἄντυγές εἰσιν ἑλιγμῷ
τοῦ πυμάτου κύκλοιο, τὸν ἀψίδων κατὰ νῶτα
485 ἀνέρες ἐστεφάνωσαν. ὑπὸ προβλῆτι δὲ κόσμῳ
ἐκκρεμέες λάϊγγες ἐτορνώσαντο πορείην　　70
στεινήν, τερμιόεσσαν· ὅπη καὶ φωσφόρος ἀνήρ
ἄτρομος ἀμφιθέων ἱερούς λαμπτῆρας ἀνάπτει.
ἐγρομένη δ᾽ ἐφύπερθεν ἐς ἄπλετον ἠέρα πήληξ
490 πάντοθι μὲν σφαιρηδὸν ἑλίσσεται, οἷα δὲ φαιδρός
οὐρανὸς ἀμφιβέβηκε, δόμου σκέπας· ἀκροτάτης δέ　　75

---

475 cf. Nonn. D. 43, 44 ἄκρα κεραίης ‖ 477 cf. ft. [Opp.] Cyn. 4, 352 ἐπ᾽
ἀλλήλῃσι χυθεῖσαι ‖ 480 cf. S. Soph. 646 ‖ 481 imit. Const. Rhod. Ss. App.
676 sq. διεσφήκωσε πάντα τὸν δόμον / ζώναισι διτταῖς ‖ 483 cf. ad S. Soph.
187 | huc ft. resp. Georg. Pis. Hex. 98 ἢ σφαῖραν ἡμίτμητον ἀψῖδος δίκην ‖
486 sq. Nonn. D. 18, 55 sq. δύσβατον οἶμον … καὶ πτύχα πέτρης / στεινὴν
κλιμακόεσσαν ‖ 487 cf. Amb. 201 ‖ 487 sq. cf. Nonn. D. 22, 216 ἄτρομος ἀνήρ ‖
490 cf. Hom. Il. 13, 204 σφαιρηδὸν ἑλιξάμενος; Orph. H. 4, 3 σφαιρηδὸν
ἑλισσόμενος; Nonn. D. 38, 248 σφαιρηδὸν ἑλίσσων; 44, 107 στεφανηδὸν ἑλίξας
(et Opp. Hal. 2, 364 εἰλεῖται σφαιρηδόν, etc.) ‖ 491 cf. Hom. Il. 8, 68 οὐρανὸν
ἀμφιβεβήκει, etc. | cf. S. Soph. 516 et Greg. Naz. carm. 2, 1, 51, 30 νιφετοῖο
δόμος σκέπας ‖ 491 sq. cf. [Opp.] Cyn. 4, 125 ἐπ᾽ ἀκροτάτοισι κορύμβοις

475 δόμοιο P: corr. Ludw (cf. Amb. 187; Ap. Rh. 1, 737 βάλλοντο δομαίους;
Nonn. D. 5, 63 ἐπ᾽ ἀρρήκτοις δὲ δομαίοις, nec non et Hesych. δ 2180 L.
δομαίους· οἰκόπεδα, θεμελίους [vd. A.S. Hollis, ZPE CXXIII (1998), 63] et
Nonn. D. 40, 435 πετραίοις … θεμέθλοις) ‖ 476 μοῖβδου P ‖ 482 καθέρπει
«stat», cf. Mineur ad Call. Del. 92 et in insequenti v. εἰσιν ‖ 483 ἑλιγμῷ
adverbii instar intellego: κύκλῳ, κύκλωθεν; ordo erit καὶ ἑλιγμῷ εἰσιν ἄντυγες
τοῦ πυμάτου κύκλοιο: «ἑλιγμῷ fort. sanus est … malim tamen ἄντυγες
ἑλιγμῶν vel ἄντυγος ἑλιγμοί» Gr: an ἀντέλλουσιν ἑλιγμοί? ‖ 484 νώτου P
(def. Ludw): corr. Salm ‖ 486 ἐστερνώσαντο P: corr. Salm

σταυρὸν ὑπὲρ κορυφῆς ἐρυσίπτολιν ἔγραφε τέχνῃ.
ἔστι δ᾽ ἰδεῖν μέγα θάμβος, ὅπως κατὰ βαιὸν ἰοῦσα
εὐρυτέρη μὲν ἔνερθεν, ὕπερθε δὲ μεῖον ἀνέρπει·
495 οὐ μὴν ὀξυκάρηνος ἀνέσσυται, ἀλλ᾽ ἄρα μᾶλλον
ὡς πόλος ἠερόφοιτος. ἐπ᾽ εὐκαμάτοισι δὲ νώτοις   80
ἀψίδων ἐπέπηξε βάσιν πυ̣[(‿)–‿‿–◡
πάντοθι δινηθεῖσαν. ἀνερπ[◡◡]ους [◡◡–◡
λαοδόμων παλάμῃσιν ἀμοιβαδὸν ἔξεσεν οἴμους.
500 εἰσορόων φ[α]ίης κτένα γύ[ρ]ιον, ᾧ φύσις [–◡
ἀγλαΐην ἐχάραξε [◡–◡◡–◡◡–◡   85

492 imit. ut vid. Const. Rhod. Ss. App. 166 sq. ὁ ... σταυρὸς ... ὁ τήνδε
φρουρῶν καὶ περισκέπων πόλιν ‖ 493 cf. S. Soph. 202 et Ap. Rh. 1, 220 μέγα
θάμβος ἰδέσθαι ‖ 493 sq. cf. Procop. Aed. 1, 1, 42 ὑπεραίρει γάρ, οἶμαι, τὴν
γῆν ξύμπασαν, καὶ διαλείπει τὸ οἰκοδόμημα κατὰ βραχύ; Jo. Gaz. 2, 189
sq. ἀλλ᾽ ὅσον ἄρμα φέρων ὑψούμενος ἐς πόλον ἔρπει, / τοσσάτιον μείωσε
παλίλλυτα νήματα μίτρης; cf. etiam S. Soph. 366 sq.; 729; 877 ‖ 494 Mosch.
Eur. 133 ἀλλ᾽ ἀὴρ μὲν ὕπερθεν, ἔνερθε δὲ πόντος ἀπείρων (vd. Bühler ad
loc.) ‖ 495 cf. ft. Nonn. D. 22, 165 οὐδέ μιν ὑψικάρηνος | cf. S. Soph. 405 ‖ 496
cf. Jo. Gaz. 2, 109 καὶ πολὺς ἠερόφοιτος | cf. Nonn. D. 46, 126 ἀκαμάτων
... ὑψόθεν ὤμων ‖ 498 Nonn. D. 38, 315 πάντοθι πυργωθεῖσαν ‖ 499 vd.
adn. crit.

492 τέχνῃ P: corr. Salm ‖ 497–509 hi versus ante Friedl vix legebantur ‖
497 αψιδωνεπεπηξεβασινπυ[P: πυ[κινὴν δὲ καλύπτρην Ludw, coll. S.
Soph. 481 sq. ἄντυξ ... εὐδίνητος (haud iniuria καλύπτρην coni., namque
conferre possis Nonn. D. 32, 77 δινωτὴν ... καλύπτρην): πυ[μάτην τε
... possis, cf. S. Soph. 484 | ἐπέπηξε scil., ut puto, τέχνῃ (492; cf. etiam S.
Soph. 475; Greg. Naz. carm. 2, 2, 7, 64 sq. τέχνης / ἢ τόδε πᾶν συνέπηξε),
cf. ad 499, ἔστι δ᾽ ἰδεῖν-ἠερόφοιτος velut per parenthesin interpositis. aliter
Friedl: «Subjekt zu ἐπέπηξε ist entweder die Kuppel ... oder der Künstler» ‖
498 παντοθιδινηθεισαν ἀνερπ[...]ους[P: fine versus βλας vel κρας leg. Friedl
(ego quidem nequeo), qui ἀνερπ[ύστ]ους [δὲ κατ᾽ ἄ]κρας coni.: ἀνερπ[ύζ]-
ους[αν ἀεί]ρας coni. Ludw, vix recte ‖ 499 λαοδομωνπαλαμηισιναμοιβαδ-
ονεξεσενοιμους P | λαοτόμων vel λαοτύπων vel λαοτόρων Ludw, ft. recte,
cf. SGO 22/15/02, 10 (Busr al-Hariri, paulo ante 357 p. Chr.) λαοτύπων
παλάμῃσιν | ἔξεσεν hoc est, ut mihi quidem vid., τέχνῃ (cf. ceterum Anon.
A. Pl. 350, 8 τέχνῃ ἔξεσε). opponuntur fere inter se τέχνῃ et φύσις (500) ‖
500 εισορωωνφ[.]ιηςκτεναγυ[.]ιον.ωιφυσις[...] P: suppl. Friedl, fine autem
versus [αὐτή, ft. recte ‖ 501 αγλαιηνεχαραξε[.]ευ[?]τυφ[?]σσ[.] P: -[ν] ἐυ[σ]-
τεφ[έε]σσ[ι θυρέθροις dub. Friedl

οὐκέτι δ᾽ ἀλλήλη[σιν ὁ]μ[ι]λαδὸν εἰ[ς ἓν] ἰοῦσα[ι
ἀτραπιτοὶ συνέκυρσα[ν] ἐριχρύσοιο κ[αρή]νου·
ἀλλὰ μέση στεφανηδὸν ἄνω [περιπέπταται ἄ]ντυξ
505 ἀσκαφέος χώροιο, τὸν οὐκ ἐ.[(◡)◡–◡◡ τέ]χνη.
ἔ[νθα] τύπος σταυροῖο μεσόμ[φαλ]ος ἔνδοθι κύκ[λου   90
λ]επταλέῃ ψηφῖδι χαράσσεται, ὄφρα σαώσῃ
νηὸν ἀειφρούρητον ὅλου κόσμοιο σαωτήρ.
σφαί[ρ]ης δ᾽ ἡμιτόμου περὶ πυθμένα πεντάκις ὀκτώ
510 εὐφαέων ἀψῖδας ἐτεχνήσαντο θυρέτρων,
ὁππόθεν ἀβροκόμοιο σέλας πορθμεύεται ἠοῦς.   95
θάμβος ἔχω, τίνα μῆτιν ἐπήραρεν εὐρέϊ νηῷ
ἡμέτερος σκηπτοῦχος, ὅπως δωμήτορι μόχθῳ

---

502 Nonn. par. Jo. 7, 131 ἀλλήλοις ... ὁμιλαδόν ‖ 502 sq. cf. Greg. Naz. carm. 1, 2, 17, 56 πολλαὶ δ᾽ ἀτραπιτοὶ ἐς μίαν ἐρχόμεναι ‖ 504 cf. Nonn. D. 46, 135 στεφανηδὸν ἐπ᾽ ἄντυγι ǀ cf. S. Soph. 425, 533 ‖ 506 cf. S. Soph. 791; 828; 882 ‖ 507 cf. SGO 22/77/01, 8 (Sheikh Zuweid [= Bitylion?], III circiter p. Chr.) λεπταλέῃ ψηφῖδι; Procop. Aed. 1, 10, 15 ψηφῖσι λεπταῖς, etc. ǀ cf. Hom. Il. 22, 56 ὄφρα σαώσῃς, etc.; Nonn. D. 34, 160 ὄφρα σαώσῃ, etc. ‖ 508 cf. S. Soph. 300; Nonn. par. Jo. 3, 124 οἶκον ἀειφρούρητον ǀ cf. e.g. Nonn. D. 41, 213 ὅλου κόσμοιο τιθήνη; Jo. Gaz. 1, 131 ὅ. κ. τ. ǀ cf. ft. Nonn. par. Jo. 17, 87 βιότοιο σαωτήρ ‖ 509 vd. ad S. Soph. 187 ǀ cf. GVI 372, 1 (Amorgos, II/III p. Chr.) πεντάκις ἑπτά ‖ 510 Nonn. par. Jo. 20, 50 δι᾽ εὐφαέος δὲ θυρέτρου ‖ 510 sq. Nonn. D. 45, 35 σέλας εὐφαέων ... κεραυνῶν ‖ 512 Nonn. D. 42, 369 θάμβος ἔχω ǀ Nonn. par. Jo. 9, 87 τίνα μῆτιν (iam Hom. Od. 3, 18 τινα μῆτιν, etc.) ǀ conferre possis Nonn. D. 37, 106 εὐρέι νώτῳ ‖ 512 sq. cf. S. Soph. 869 ‖ 513 cf. Hom. Il. 12, 319 ἡμέτεροι βασιλῆες; Call. Ap. 68 ἡμετέροις βασιλεῦσιν

502 ουκέτιδαλλήλη[....]μ[.]λαδονει[...]ιουσα[P: suppl. Friedl ‖ 503 ατραπι-τοὶσυνεκυρσα[.]εριχρυσοιοκ[....]νου P: suppl. Friedl ‖ 504 αλλαμεσηστεφ-ανηδον ανω[.........]ντυξ P: supplevi coll. Dion. Per. 339 μέσση ... περιπέπταται ... αἶα: περιδέδρομε vel περιτέλλεται Friedl: ἀνήέ[ξητό τις ἄ]-ντυξ Ludw ‖ 505 ασκαφεοσχωροιο[.......]χνη P: οὐκ ἐτ[μήξατο τέ]χνη Ludw· ἐφ[ράσσατο τέ]χνη Magnelli ǀ 506 .[...]τυπος σταυροιο μεσομ[...]ς ενδοθι κυκ[P: suppl. Friedl ‖ 507 .]επταλεηιψηφιδι χαρασσε-ται οφρασαωσηι P ‖ 508 νηοναειφρουρητον ὅλουκοσμοιοσαωτὴρ P ‖ 509 σφαι[.]ης δ᾽ ημιτομου περι πυθμενα πεντάκι̅ οκτώ P ‖ 510 αψιδας P: leg. iam Salm ǀ ετεχνήσατο P: corr. Salm ‖ 511 ὁππόθε̅ναβροκόμοιο P ‖ 512 θαμβος εχω τινα P: leg. Friedl ‖ 513 ἡμέτερος σκηπτοῦχος P

ἀνέρες, εὐτέχνοισιν ὑποδρήσσοντες ἐδέθλοις,
515 πλ[ίν]θοις ὀπταλέηισιν ἀνεστήσαντο δεθείσας
     ἄ]ντυ[γ]ας ἁψίδων τε καὶ εὐρυπόρου σκέπας οἴκου.   100
     καὶ γὰρ ἀνὴρ πολύμητις, ἀνειμένος ἴδμονι τέχνῃ,
     ἄξυλον εὐ[ο]ρόφοιο τέγος τεχνήσατο νηοῦ.
     οὐδὲ γὰρ οὐ Φοίνισσαν ὑπὲρ Λιβάνοιο κολώνην
520 ο[ὐ]δὲ μὲν Ἀλπείων σκοπέλων ἀνὰ δάσκιον ὕλην
     Ἀσσύριος δρυτόμος τις ἀνὴρ ἢ Κελτὸς ἀράσσων   105
     δενδροκόμοις βουπλῆγας ἐν ἄλσεσιν, οὔ τινα πεύκην,
     οὐκ ἐλάτην ἐνόησεν ἐπαρκέας οἶκον ἐρέψαι·
     οὐδὲ μὲν οὐ κυπάρισσον Ὀροντίδος ἄλσεα Δάφνης,
525 οὐ Πατάρων εὔδενδρος ἀνηέξησεν ἐρίπνη

---

515 cf. S. Soph. 474 | cf. S. Soph. 611 || **516** cf. S. Soph. 491 et [Opp.] Cyn.
2. 588 σκέπας ... μελάθρου || **517** cf. e.g. Agath. Hist. proem. 7 τῷ ἡρώῳ
ῥυθμῷ ἀνειμένος | cf. Nonn. D. 7, 186 ἴδμονι τέχνῃ, etc. || **517** sqq. cf. Anon.
A. P. 9, 656, 3 sqq. ἐπεὶ κοσμήτορες ἔργων, / ὕψος ὁμοῦ μῆκός τε καὶ ἄπλετον
εὖρος ἰδόντες, / ἀσκεπὲς ἐφράσσαντο πελώριον ἔργον ἐᾶσαι· / ἀλλὰ
πολυκμήτοιο λαχὼν πρεσβήια τέχνης / Αἰθέριος πολύιδρις ἐμὴν τεχνήσατο
μορφήν / ἀχράντῳ βασιλῆι φέρων πρωτάγρια μόχθων || **518** Antip. Thess.
GPh 321 εὔοροφον ... τέγος || **519** cf. Dion. Per. 954 ὑπὲρ κλιτὺν Λιβάνοιο;
Nonn. D. 16, 168 ὑπὲρ Λιβάνοιο δὲ πέτρης; 41, 1 ὑπὲρ Λιβάνοιο καρήνων ||
520 cf. e.g. Greg. Naz. carm. 1, 2, 2, 607 Αἰτναίων σκοπέλων | [Opp.] Cyn.
4, 1 ἀνὰ δάσκιον ὕλην || **521** similiter sonat Opp. Hal. 4, 393 μηλονόμος τις
ἀνήρ || **521** sq. cf. Nonn D. 2, 401 sq. δενδρόκομοι δέ / Ἀσσυρίου Λιβάνοιο ...
αὐλαί (vd. v. 519) || **522** cf. Nonn. D. 13, 513 δενδρόκομον Τεμένειαν, εὔσκιον
ἄλσος ἀρούρης || **524** Malal. Chr. 8, 19 (154, 54 sq. Thurn) Σέλευκος ... εἰς ...
Δάφνην ἐφύτευσε τὰς κυπαρίσσους; Lib. or. 11, 236 κυπαρίττων πλῆθος καὶ
πάχος καὶ ὕψος (scil. Daphnes) | cf. Dion. Per. 916 τέμπεα Δάφνης; Nonn.
D. 40, 134 τ. Δ. || **525** cf. Nonn. D. 13, 291 Παρρασίην τ᾽ εὔδενδρον | cf.
Amb. 226

---

514 ὑποδρήσσοντες ἐδέθλοις nisi intellegas «ὑπουργοῦντες ταῖς τοῦ
οἰκοδομήματος ἀνάγκαις», quod quidem probabile vid. (cf. SGO 19/08/06
[Mezgit Kale, saec. ?] πέτραι ἐξ ὀρέων ἱερῶν ὑπακούσατε ἔργῳ]), conicere
possis ἐφετμαῖς: cf. S. Soph. 340 ὑποδρήσσουσιν σθεναροῦ βασιλῆος ἐφετμαῖς
et 554 καλλιπόνων βουλῇσιν ὑποδρήσσοντες ἀνάκτων || **515** πλ[..]θοις
ὀπταλέηισιν P: suppl. Salm || **516** .]ντυ[.]ας αψίδωντε καὶ P: suppl. Duc ||
517 καὶ γὰρ ἀνηρ πολύμητις P: leg. Friedl || **518** ἄξυλον εὐ[.]ροφοιο P: leg. et
suppl. Friedl || **519** οὐδὲ γὰρ οὐ P: leg. Friedl || **520** ο[.]δε μεν P: leg. Friedl |
ἀλπίων P: Ἀλπείων Duc (et Scal) || **523** ἐπαρκέα P: corr. Herm

ἥτις ἀπειρεσίοιο τέγος νηοῖο πυκάσσῃ· 110
καὶ γὰρ ἄναξ πολύυμνος, ἃ μὴ φύσις εὗρε καλύψαι
δένδρεσι μηκεδανοῖσι, λίθων ἐκαλύψατο κύκλοις.
οὕτω τετραπόροισιν ἐφ' ἁψίδεσσι καλύπτρη
530 εὐπήληξ βαθύκολπος ἀείρεται. ἢ τάχα φαίης
οὐρανὸν ἐς πολύκυκλον ἀλώμενον ὄμμα τιταίνειν. 115
ἀλλ' ἐπὶ [μὲν φαέθοντ]α καὶ ἔσπερ[ο]ν οὔτι νοήσεις
ἁψίδων ὑπένερθεν, ὅλος δ' ἀναπέπτ[αται ἀ]ήρ·
ἐς δὲ νότον κελάδοντα καὶ εἰς κλίσιν ἄβροχον Ἄρκτων
535 τοῖχος ἐρισθενέτης ἀνατείνεται ἄχρι γενείου
ἄν[τ]υγος εὐτροχάλοιο, λέλαμπε δὲ τετράκι δοιαῖς 120
πλη[σι]φαὴς θυρίδ[ε]σσιν. ἐρήρεισται δ' ὅγε τοῖχ[ο]ς
νειόθι λαϊνέοισιν ὑπ' ἴχνεσιν, ἐξ γὰρ ὑπ' αὐτῷ
κίονες Αἰ[μ]ο[νιῆ]ες ἴσο[ι] χλοάοντι μαράγδῳ
540 ἀκαμάτων ξυνοχῆας ἀνεστήσαντο τενόντων,
ἔνθα γυναικείων ἀναφαίνεται ἔνδια θώκων. 125

526 cf. Amb. 229 || 527 cf. e.g. Anon. A.P. 9, 590, 1 ἡ τέχνη συνάγειρεν, ἃ μὴ
φύσις; Georg. Pis. Heracl. 2, 61 ὃ μὴ κατορθοῦν εὐπόρησεν ἡ φύσις | Nonn.
par. Jo. 9, 30 τὸ μὴ φύσις εὗρεν ὀπάσσαι (Merian-Genast, 95); cf. etiam Jo.
Gaz. 2, 343 ὃν οὐ νόος εὗρε νοῆσαι || 529 cf. ad S. Soph. 722 || 529 sq. cf.
Nonn. D. 44, 243 εὔβοτρυς ἀνηέξητο καλύπτρῃ || 530 cf. S. Soph. 808, 831;
vd. potissim. Livrea ad Colluth. 89 et Bühler ad Mosch. Eur. 97 || 531 Hom.
Il. 5, 504 et Od. 3, 2 οὐρανὸν ἐς πολύχαλκον | cf. Nonn. D. 9, 32 ἐς οὐρανὸν
ὄμμα τιταίνων | cf. Nonn. D. 18, 90 πλαζομένην ... ἐτίταινεν ὀπωπήν ||
533 cf. S. Soph. 904 || 534 cf. Q.S. 4, 553 Νότου κελάδοντος | cf. S. Soph. 899;
Musae. 214 καὶ ἄβροχον ὁλκὸν Ἁμάξης || 535 Nonn. D. 23, 43 ἄχρι γενείου ||
536 cf. ad S. Soph. 690 || 539 cf. S. Soph. 643 || 540 cf. adn. crit. | cf. S. Soph.
696; SGO 22/35/02, 14 (Kanatha, 400 circiter p. Chr.) γλυπτοὺς ἀνέχουσι
τένοντας

526 πυκάσσει P: corr. Friedl: πυκάζει Ludw || 529 καλύπτρῃ P: corr. Duc (iam
Scal et Holst) || 531 mg. στίχ(οι) ῡ P || 532 ἀλλ' ἐπὶ [.........]α καὶ ἔσπερ[.]ν P:
suppl. Friedl || 533 αναπεπτ[.....]αήρ P: suppl. Gr || 534 νότον P | ἀρκτω P:
corr. Friedl: ἄρκτου Duc || 536 ἄν[.]υγος P: suppl. Salm || 537 πλη[..]φαὴς
θυριδ[.]σσιν ἐρείρισται δ' ὅγε τοιχ[.]ς P: suppl. Gr (ἐρήρεισται Duc) || 538
ὑπίχνεσιν P | αὐτῳ P || 539 αἰ[.]ο[...]ες ἰσο P: leg. et suppl. Friedl | σμαράγδῳ
P: corr. Gr || 540 εὐκαμάτων coni. Ludw, coll. 452 sq. εὐκαμάτοις ... θεμείλοις,
496 εὐκαμάτοισι ... νώτοις; at ἀκ- servari posse docet Nonn. D. 46, 126
sq. ἔλπετο δ' ἀκαμάτων ἐπικείμενον ὑψόθεν ὤμων / Θήβης ἑπταπόροιο
μετοχλίζειν πυλεῶνα (vd. 543) || 541 γυναικείων̣ P | θώκων P

38 DESCRIPTIO SANCTAE SOPHIAE

τοὺς δὲ χαμαιπαγέες πίσυρες μεγάλοισι [κα]ρήνοις
κίονες ὀχλίζουσιν ὑπ' ἀστυφέλικτον ἀνάγκην
χρυσόκομοι, χαρίτεσσι κατήορο[ι, –∪∪–]ται
545 Θεσσαλίδος πέτρης ἀμαρύγματα, μέσσα δὲ νηοῦ
ἔνδια καλλιχόροιο διακρίνουσιν ἐδέθλων   130
γείτονος αἰθούσης περιμήκεος. οὔ ποτε τοίους
κίονας ἐτμήξαντο Μολοσσίδος ἔνδοθι γαίης,
ὑψιλόφους, χαρίεντας, εὔχροας ἄλσεσιν ἴσους,
550 ἄνθεσι δαιδαλέοισι τεθηλότας. ἀλλὰ καὶ αὐτῆς
αἰθούσης κατὰ μέσσον ἐρείσατο [τέσσ]αρας ἄλλους   135
κίονας Ἀνθέμιος πολυμήχανος [ἠ]δὲ σὺν αὐτῷ
πάνσοφον Ἰσιόδωρος ἔχων νόον· ἀμφότεροι γάρ
καλλιπόνων βουλῇσιν ὑποδρήσσοντες ἀνάκτων

543 Nonn. D. 13, 495 ἀστυφέλικτον... ἀνάγκη; cf. et Jo. Gaz. 2, 52 ἀστυφέλικτος
Ἀνάγκη ‖ 544 cf. Paul. Sil. A. P. 5, 260, 5 ὀθόνῃσι κατήορα βόστρυχα ‖ 546
cf. S. Soph. 902 ‖ 547 cf. e. g. Q. S. 6, 300 οὔ ποτε τοῖον ‖ 550 refinxit poeta
Hom. Il. 6, 418 ἔντεσι δαιδαλέοισιν, etc. ‖ 551 cf. S. Soph. 569 | similiter sonat
Nonn. D. 36, 243 Βακχείης κατὰ μέσσον ἐμαίνετο ‖ 552 sq. Procop. Aed. 1,
1, 50 Ἀνθέμιος ὁ μηχανοποιὸς σὺν τῷ Ἰσιδώρῳ οὕτω δὴ μετεωριζομένην τὴν
ἐκκλησίαν ἐν τῷ ἀσφαλεῖ διεπράξαντο εἶναι et 2, 3, 2 (laud. infra) ‖ 552 sqq.
Procop. Aed. 2, 3, 2 Χρύσης ... μηχανοποιὸς δεξιός, ὅσπερ βασιλεῖ τὰ ἐς τὰς
οἰκοδομίας ὑπηρετῶν ‖ 553 cf. e. g. App. Cougny III 213, 12 ὁ πάνσοφος νοῦς
| Nonn. par. Jo. 8, 3 et 137 ἔχων νόον ‖ 554 Anon. A. P. 1, 10, 40 ἀριστοπόνοιο
γενέθλης | cf. ad S. Soph. 270 et 340; Anon. A. P. 9, 582, 3 θεσμῷ ὑποδρήσσοντες
ἀνικήτων βασιλήων; Man. 6, 726 ὑποδρήσσοντας ἄνακτι

542 μεγαλοισι [..]ρήνοις leg. et suppl. Friedl ‖ 543 ὀχμάζουσιν Gr, prob. Ludw;
at cf. Nonn. D. 2, 265 αἰθέρος ὀχλίζοντα παλινδίνητον ἀνάγκην et adn. ad
v. 540, nec non et Opp. Hal. 2, 227 sq. νώτοισι δ' ἀνοχλίζουσιν ἕκαστος /
λᾶαν | ἀνάγκην P ‖ 544 κατηορο[.....]ται P: κατήορο[ι, οἷς ἔπι κεῖν]ται Friedl,
coll. Nonn. D. 32, 20 sq. ὁμόστολοι, ὧν ἄπο πέμπει / φαιδρὰ τινασσομένων
ἀμαρύγματα: οἷσιν ἐφῆπ]ται Magnelli: οἷσι συνῆπ]ται Valerio ‖ 545
μεσσαδενηου P: leg. Friedl (iam Duc) ‖ 546 εδεθλων P: leg. Friedl (coni. Duc) ‖
547 αιθουσης P: corr. Duc ‖ 549 ευχροας P | ἄλσεσιν ἴσους P, coniecerat
Friedl (quod mihi insuper Nonn. D. 13, 423 μηκεδανήν, περίμετρον, ὁμοίιον
αὐχένι πέτρης et fine v. Greg. Naz. carm. 2, 1, 45, 151 δένδρεσιν ἴσα firmare
videntur) ‖ 550 τεθηλοτας αλλα καὶ αυτης P: leg. Friedl (coniecerat Duc) ‖
551 αἰθουσσης P: corr. Duc | ἐρείσατο[....]αραϲαλλουϲ P: leg. et suppl. Friedl ‖
552 πολυμήχανος [..]δὲ: suppl. dub. Bekk, recte, ut vid., quamvis spatio paulo
brevius sit: [ἐν] δὲ Scal mg.: [ἦν] δὲ Duc, prob. Ludw: [ὅς] τε Gr

555 νηὸν ἐδωμήσαντο πελώριον· ἀλλ' ἐνὶ μέτροις
μήκεος ἐγγυτέρων μὲν ὀλίζονες, ἐκ δὲ τιθήνης   140
τῆς αὐτῆς χλοεροῖσιν ἀποστίλβουσιν ἀώτοις.

ἀλλὰ γὰρ οὐ στοιχηδὸν ἐπισχερὼ εὔποδας οὗτοι
πυθμένας ἐρρίζωσαν, ἐφεδρήσσουσι δὲ γαίῃ
560 ἀντίοι ἀλλήλοισι δύω δυσίν· ὧν κατὰ κόρσης
τετραπόροις σειρῆσιν ἐπειλιχθεῖσα κεραίη   145
νῶτον ὑπεστήριξε γυναικείοισιν ἐδέθλοις.

ἐγγύθι δ' ἔστι πύλη βορεώτιδος ἐς κλίσιν αὔρης,   146a
λαὸν ἀπιθύνουσα πρὸς ἀχράντα λοετρά,
565 ἀνδρομέου βιότοιο καθάρσια· τῶν ἄπο λυγρή
σμῶδιξ ὠλεσίθυμος ἐλαύνεται ἀμπλακιάων.

τέτρασι δ' ἐξείης ἐπὶ κίοσιν, ἔνθα καὶ ἔνθα,   150
ἁβροῖς, Θεσσαλικοῖσι, πρὸς ἀμφιλύκην τε καὶ ἠῶ,
αἰθούσης κατὰ μῆκος ἑλίσσεται ἔργα κυλίνδρων
570 ἡμιτόμοις ἀτάλαντα λιθοδμήτους περὶ τοίχους,
τρητά, διαστείχουσιν ἀνειμένα· πρὸς μὲν ἀήτην
ἀρκτῷον ξυνοχῆας ἀνακλίνουσι θυρέτρων   155

555 Anon. A.P. 1, 10, 38 δωμήσατο νηούς (et cf. Nonn. par. Jo. 10, 78 sq.
νηοῦ / ἕδρανα δωμήσας) | Anon. A.P. 9, 656, 5 ἐφράσσαντο πελώριον
ἔργον || 555 sq. cf. [Opp.] Cyn. 3, 471 sq. πόδες δ' οὐ πάμπαν ὁμοῖοι, / ἀλλ'
οἱ πρόσθεν ἔασιν ἀρείονες, ὑστάτιοι δέ / πολλὸν ὀλιζότεροι || 556 similiter
fere sonat Nic. Ther. 212 ἤτοι ἀν' Εὐρώπην μὲν ὀλίζονα || 557 cf. S. Soph.
377 || 558 sq. cf. S. Soph. 404; Nonn. D. 36, 311 ~ 366 πόδας ἐρρίζωσεν; 37,
361 sq. ἀμφὶ δὲ γαίῃ / ἄκρα ποδῶν ῥίζωσε || 560 cf. Arat. 468 δύω δυσὶν
ἀντιφέρονται || 560 sq. cf. S. Soph. 723 sq.; [Opp.] Cyn. 3, 475 sq. μεσσόθι
κόρσης / ... ἐπαντέλλουσι κεραῖαι || 561 cf. S. Soph. 457 || 562 [Opp.] Cyn.
4, 256 νώτοισιν ἐπεστήριξαν || 563 cf. Nonn. D. 41, 287 πύλην ... Βορῆος ||
565 Nonn. par. Jo. 17, 80 ἀνδρομέου βιότοιο λυτήριον || 567 cf. ad S. Soph.
298 || 569 cf. S. Soph. 551 | cf. Eratosth. 35, 7 Powell ἔργα κυλίνδρων || 570 cf.
e. g. Max. 12 ἠελίῳ ἀτάλαντα || 571 sq. Nonn. D. 24, 63 Ἀρκτῷος ... ἀήτης ||
572 Call. Ap. 6 αὐτοὶ νῦν κατοχῆες ἀνακλίνασθε πυλάων; cf. etiam Opp.
Hal. 3, 565 ἀγκλίνουσι θύρετρα; 2, 171 κληῗδας ἀναπτύξαντα θυράων (v. l.
θυρέτρων)

558 στοιχηδὸν ἐπισχερὼ abundat, sed cf. Amb. 271 ἀμβολάδην ... ἀμοιβαδόν;
Nonn. Dion. 44, 107 πέριξ στεφανηδόν; Const. Rhod. Ss. App. 322 μακρὰν
μακρόθεν || 570 διοδμήτους P (mg. γρ διοδμήτους περιτοιχους): corr. Ludw,
coll. Jos. AJ 15, 11, 5 λιθοδομήτῳ τείχει || 571 διαστίχουσιν P: corr. Duc (iam
Scal) || 572 ἀνακλίνουσι scil. ἔργα κυλίνδρων (572), ut quidem vid.

διζυγέων· νότιον δὲ ποτὶ πτερόν, ἄντα πυλάων,
εὐτύκτους κενεῶνας ἐειδομένους τινὶ παστῷ·
575 πρὸς δὲ φάος καὶ νύκτα πάλιν δύο κίονας ἄλλους
Αἰμονίους δοιούς τε περικλύστου Προκονήσου,
†στήμονας, ὑψιλόφους, πυλέων ἄγχιστα παγέντας.   160
ἀλλ᾽ ἐπὶ μὲν φαέθοντα πύλη μία, πρὸς δὲ κελαινῆς
νυκτὸς ἔδος δισσὴν ἐπὶ δικλίδα λαὸς ὁδεύει.
580 δήεις καὶ νοτίην βορεώτιδι πᾶσαν ὁμοίην
μηκεδανὴν αἴθουσαν, ἔχει δέ τι καὶ πλέον ἥδε·
τείχει γάρ τινι χῶρον ἀποκρινθέντα φυλάσσει   165
Αὐσονίων βασιλῆϊ θεοστέπτοις ἐν ἑορταῖς.
ἔνθα δ᾽ ἐμὸς σκηπτοῦχος ἐφήμενος ἠθάδι θώκῳ
585 μυστιπόλοις βίβλοισιν ἑὴν ἐπέτασσεν ἀκουήν.
ἶσα δὲ τοῖς ὑπένερθε καὶ ὑψόθι πάντα νοήσει
θηλυτέρην αἴθουσαν ἐς ἀμφοτέρην τις ἀνελθών·   170
ἡ γὰρ ὑπερτέλλουσα πρὸς ἕσπερον οὐκέτι δοιαῖς
ἴση ταῖς ἑτέρῃσιν ὑπὲρ νάρθηκος ἰοῦσα.
590 ἀλλὰ καὶ ἀμβροσίοιο πρὸς ἑσπέριον πόδα νηοῦ
τέτρασιν αἰθούσῃσι περίδρομον ὄψεαι αὐλήν,
ὧν μία μὲν νάρθηκι συνάπτεται, αἵ γε μὲν ἄλλαι   175

---

573 cf. Dion. Per. 429 ἄντα ποτὶ ῥιπὴν ζεφύροιο | cf. Ap. Rh. 3, 44 ἄντα θυράων
|| **578** sq. cf. S. Soph. 322 sq. || **581** cf. Greg. Naz. carm. 2, 2, 4, 56 δέ τι καὶ
πλέον || **583** Dion. Per. 1052 Αὐσονίου βασιλῆος; cf. etiam e. g. Const. Manass.
Hodoep. 1, 206 βασιλεῖ γῆς Αὐσόνων; Alex. Comn. Mus. 1 ὦ γῆς Αὐσόνων
αὐτοκράτορ || **584** vd ad S. Soph. 214 | cf. Nonn. D. 21, 212 sq. δίφρῳ / ἕζετο
... ὄρχαμος ἀνδρῶν | similiter fere sonat Nonn. D. 7, 269 δεδεγμένος ἠθάδι
θυμῷ || **584** sq. cf. S. Soph. 362 sq. || **585** Procl. H. 1, 22 ἑὴν δ᾽ ἐπέτασσεν ὑγείην
(cf. e.g. etiam [Opp.] Cyn. 4, 22 βασιληΐδι ... ἀκουῇ) || **586** Antip. Sid. HE 636
εἰ γὰρ τῷ τά τ᾽ ἔνερθε τά θ᾽ ὑψόθεν ἶσα πέλοιτο || **591** Dion. Per. 99 τρισσῇσι
περίδρομος ἀμφιτρίταις | cf. e.g. Max. 31 ὄψεαι οἶκον

577 στήμονας P: ἥρμοσαν dub. Gr; unde enim pendet κίονας (575)? porro
verbi ἀνακλίνουσι (572) notionem nomen κίονας male recipit. an verbum
subaud., quale est δήεις (580), vel potius v. post 576 excidit? adde quod
στήμων adiectivus exemplo caret. at στήμονας quodam modo tricolon tueri
vid., cf. S. Soph. 386, 549 || **581** αἴθουσσαν P, et sic infra: corr. Duc || **582** ft.
τινα χῶρον, cf. e.g. Nonn. par. Jo. 21, 113 τινα χῶρον | ἀποκρίθεντα P: corr.
Gr || **587** ἀμφοτέρην P: ἀμφοτέρας Salm (lapsu) et subinde omnes praeter
Ludw || **589** dub. ἐοῦσα Gr || **592** νάρθηκος P: corr. Salm

πεπταμέναι τελέθουσι πολυσχιδέεσσι κελεύθοις.

μηκεδανῆς δ᾽ ἐρίτιμον ἐς ὀμφαλὸν ἵσταται αὐλῆς
595 εὐρυτάτη φιάλη τις Ἰασσίδος ἔκτομος ἄκρης,
ἔνθα ῥόος κελάδων ἀναπάλλεται ἠέρι πέμπειν
ὁλκὸν ἀναθρώσκοντα βίῃ χαλκήρεος αὐλοῦ, 180
ὁλκὸν ὅλων παθέων ἐλατήριον, ὁππότε λαός
μηνὶ χρυσοχίτωνι, θεοῦ κατὰ μύστιν ἑορτήν,
600 ἐννυχίοις ἄχραντον ἀφύσσεται ἄγγεσιν ὕδωρ·
ὁλκὸν ἀπαγγέλλοντα θεοῦ μένος· οὐ γὰρ ἐκείνοις
οὔποτε πυθομένοισιν ἐπέχραεν ὕδασιν εὐρώς, 185
εἰ καὶ πουλυέτηρον ἐπὶ χρόνον ἔκτοθι πηγῆς
κάλπιδος ἐν γυάλοισιν ἐελμένα δώμασι μίμνοι.
605 χαλκότορον δ᾽ ἀνὰ τοῖχον ἐΰγραφα δαίδαλα τέχνης

593 Nonn. D. 5, 52 πολυσχιδέων δὲ κελεύθων (Merian-Genast, 95) ǁ
594 Nonn. D. 44, 87 μηκεδανῆς ἐλάτης παρὰ δένδρεον ǁ 595 cf. S. Soph.
630 | similiter sonat Dion. Per. 687 Πελασγίδος ἔκγονοι αἴης ǁ 596 Hom. Il.
21, 16 ῥόος κελάδων (cf. etiam Nonn. D. 6, 316 et 34, 245 κελάδων ῥόος) ǁ
597 sq. et 601 cf. ft. Musae. 5 sqq. λύχνον ἀκούω, / λύχνον ἀπαγγέλλοντα
διακτορίην Ἀφροδίτης, ... λύχνον ǁ 598 cf. M.Ç. Şahin, Ep. Anat. XLI
(2008), 66 nr. 32, 6 ὁλκὸν ὅλον (Stratonicea, V-VI p. Chr.) | cf. S. Soph. 976 |
Anon. A.P. 1, 54, 1 παθέων ἐλατήριον αἷμα ǁ 600 Nonn. D. 45, 353 ἄγγεσι
... ἀφυσσομένου ποταμοῖο ǁ 601 sq. cf. e.g. Opp. Hal. 4, 148 οὐ γὰρ ... οὐ ǁ
602 Call. Hec. fr. 11 Hollis πέδιλα, τὰ μὴ πύσε νήχυτος εὐρώς ǁ 603 Nonn.
D. 14, 103 πουλυέτηρος ... χρόνος | cf. e.g. Greg. Naz. carm. 2, 1, 1, 38
ἔνδοθι πηγήν ǁ 604 cf. ft. Hom. Il. 12, 38 νηυσὶν ἔπι γλαφυρῇσιν ἐελμένοι ǁ
605 cf. Amb. 97 | Nonn. D. 25, 563 πολύτροπα δαίδαλα τέχνης; 40, 302
ἑτερόχροα δαίδαλα τέχνης | cf. Paul. Sil. A.P. 6, 65, 10 εὐγραφέος τέχνης

593 πολυσχεδέεσσι P: corr. Salm ǁ 596 πέμπων Gr (iam Scal mg.) haud
iniuria, cf. enim Nonn. D. 9, 308 ἠέρι πέμπων; 15, 107 ἠ. π.; 33, 83 ἠ. π.; Jo.
Gaz. 2, 42 ἠ. π. attamen ad inf. conferre possis S. Soph. 373 προβάλλεται
ἐς δύσιν ἕρπειν ǁ 599 μήνῃ Scheindler, prob. Ludw (cf. enim XXXV, 22.) ǁ
603 πολυέτηρον P, corr. s.l. et mg. ǁ 604 πώμασι Gr. haud male, quamquam
cf. Q.S. 9, 143 ἐνὶ δώμασι μίμνεν ǁ 605 λαοτόρον P: correxi, coll. Opp. Hal.
5, 328 sq. ὠτειλὰς ... / χαλκοτόρους: λαότορον Salm, unde Duc, Holst:
λαοτόρου vel λαοτόμου (scil. τέχνης) dub. Gr: λαοτόρων Ludw (ordo scil.
esset δαίδαλα τέχνης λαοτόρον); at λαοτόρον passiva significationem,
i. e. λαοτόρος (Duc), non recipit; adiectivus autem λαοτόρος (Gr) nusquam
invenitur; verba demum λ. δ᾽ ἀνὰ τοῖχον una coire videntur, velut S. Soph.
837 μεσσοπαγὲς δ᾽ ἐπὶ κέντρον, Amb. 294 ἀντολικὸν δ᾽ ἐπὶ τέρμα

πάντοθεν ἀστράπτουσιν. ἀλιστεφέος Προκονήσου
ταῦτα φάραγξ ἐλόχευσε. πολυτμήτων δὲ μετάλλων   190
ἁρμονίη γραφίδεσσιν ἰσάζεται· ἐν γὰρ ἐκείνῃ
τετρατόμοις λάεσσι καὶ ὀκτατόμοισι νοήσεις
610   ζευγνυμένας κατὰ κόσμον ὁμοῦ φλέβας· ἀγλαΐην δέ
ζωοτύπων λάϊγγες ἐμιμήσαντο δεθεῖσαι.
πολλὰς δ' ἔνθα καὶ ἔνθα περὶ πλευράς τε καὶ ἄκρας   195
ἄντυγας ἀμβροσίοιο κατόψεαι ἔκτοθι νηοῦ
αὐλὰς ἀσκεπέας· τόδε γὰρ τεχνήμονι κόσμῳ
615   ἠνύσθη περὶ σεμνὸν ἀνάκτορον, ὄφρα φανείη
φέγγεσιν εὐγλήνοισι περίρρυτον ἠριγενείης.
καὶ τίς ἐριγδούποισι χανὼν στομάτεσσιν Ὁμήρου   200

606 App. Cougny IV 104, 9 πάντοθεν ἀστράπτων | cf. Orph. A. 186
ἀλιστεφέος Σαλαμῖνος ‖ 607 cf. S. Soph. 642; e. g. Nonn. D. 5, 59 sqq. (πέτρην)
ἦν ... ἐμαιώσαντο κολῶναι, / ἣν Ἑλικὼν βλάστησε καὶ ἣν ὤδινε Κιθαιρὼν ‖
611 cf. S. Soph. 515 ‖ 612 cf. Nonn. D. 14, 386 πολλὴ δ' ἔνθα καὶ ἔνθα, etc.;
cf. etiam ad S. Soph. 298 ‖ 612 sq. cf. Orph. L. 234 δένδρεα γὰρ μάλα πολλὰ
κατόψεαι ‖ 614 cf. Amb. 117; Nonn. D. 18, 28 τεχνήμονι κόσμῳ ‖ 615 vd. ad
S. Soph. 471 ‖ 616 cf. S. Soph. 883 | cf. Jo. Gaz. 1, 129 σπινθῆρι περίρρυτα ‖
617 cf. e. g. Gal. MM 1, 2 (X 12, 13 sqq. K.) τίνος Ὁμήρου νῦν εὐπορήσομεν
ἐν ἐξαμέτρῳ τόνῳ τὴν Θεσσάλειον ὑμνήσοντος νίκην; Eusth. Macr. 11, 19, 2
sqq. (149, 15–150, 2 Marc.) τίς οὖν οὕτω καὶ τὴν μοῦσαν ἡδὺς καὶ τὴν φωνὴν
μεγαλόφωνος ... ὡς καταζωγραφεῖν τῷ λόγῳ τοὺς γάμους ... οὕτω μὲν
οὖν μοι τὰ τῶν γάμων ὑπὲρ τὴν Ὁμήρου μεγαλοφωνίαν | Hom. Il. 2,
489 οὐδ' εἴ μοι δέκα μὲν γλῶσσαι, δέκα δὲ στόματ' εἶεν | cf. Man. 2, 468
μεγαληγορίῃσι χανόντας (Koechly: μεγαληνορίαις χαίροντας cod.) | cf.
Greg. Naz. carm. 2, 2, 7, 7 ἐριγδούποισί τ' ἀοιδαῖς ‖ 617 sqq. Procop. Aed.
1, 1, 58 sqq. τίς δ' ἂν τῶν ὑπερῴων τῆς γυναικωνίτιδος ἑρμηνεὺς γένοιτο
... τίς δὲ τῶν τε κιόνων καὶ λίθων διαριθμήσαιτο τὴν εὐπρέπειαν, οἷς τὸ
ἱερὸν κεκαλλώπισται; λειμῶνί τις ἂν ἐντετυχηκέναι δόξειεν ὡραίῳ τὸ ἄνθος.
θαυμάσειε γὰρ ἂν εἰκότως τῶν μὲν τὸ ἀλουργόν, τῶν δὲ τὸ χλοάζον, καὶ οἷς
τὸ φοινικοῦν ἐπανθεῖ καὶ ὧν τὸ λευκὸν ἀπαστράπτει, etc.

617 σελίδεσσιν Ὁμήρου mg. P: cf. praef., X. σελίδεσσι vix commendant
Anon. A. Pl. 293, 1 ὁ τὸν Τροίης πόλεμον σελίδεσσι χαράξας; Acerat. A. P.
7, 138, 4 σελὶς Ἰλιάδος; App. Cougny III 186, 3 Ὁμηρείην σελίδ(α); SGO
08/05/08, 2 (Miletupolis? II p. Chr.) ὁμηρείων ... σελίδων, quia χανὼν male
ad σελίδεσσι referretur, et cf. insuper Nonn. D. 13, 48 δέκα στομάτεσσι χέων
χαλκόθροον ἠχώ

μαρμαρέους λειμῶνας ἀολλισθέντας ἀείσει
ἠλιβάτου νηοῖο κραταιπαγέας περὶ τοίχους
620 καὶ πέδον εὐρυθέμειλον· ἐπεὶ καὶ χλωρὰ Καρύστου
νῶτα μεταλλευτῆρι χάλυψ ἐχάραξεν ὀδόντι
καὶ Φρύγα δαιδαλέοιο διέθρισεν αὐχένα πέτρου,   205
τὸν μὲν ἰδεῖν ῥοδόεντα, μεμιγμένον ἠέρι λευκῷ,
τὸν δ᾽ ἅμα πορφυρέοισι καὶ ἀργυφέοισιν ἀώτοις
625 ἁβρὸν ἀπαστράπτοντα. πολὺς δ᾽ εὐπήχεϊ Νείλῳ
φορτίδα πιλήσας ποταμίτιδα λᾶας ἀνίσχων
πορφύρεος λεπτοῖσι πεπασμένος ἀστράσι λάμπει.   210
καὶ χλοερὸν λάϊγγος ἴδοις ἀμάρυγμα Λακαίνης
μάρμαρά τε στράπτοντα πολυπλάγκτοισιν ἑλιγμοῖς,
630 ὅσσα φάραγξ βαθύκολπος Ἰασσίδος εὗρε κολώνης,
αἱμαλέῳ λευκῷ τε πελιδνωθέντι κελεύθους
λοξοτενεῖς φαίνουσα, καὶ ὁππόσα Λύδιος ἀγκὼν   215
ὠχρὸν ἐρευθήεντι μεμιγμένον ἄνθος ἑλίσσων.

618 Anon. A. P. 1, 10, 61 λειμῶνας … μετάλλων | huc resp. Const. Rhod.
Ss. App. 694 sq. ἕκαστος αὐτῶν (scil. κιόνων), οἷάπερ λειμὼν ξένος, / ἀνθῶν
προβάλλει μυρίων βλαστῶν φύσιν | cf. Amb. 231 || 621 cf. Claud. Ruf. 2, 357
quos operit formatque chalybs | Nonn. D. 4, 361 ἐχάραξεν ὀδόντι || 622 Nonn.
D. 14, 371 καμπύλον ἀμητῆρι (cf. 621) διέθρισεν αὐχένα θύρσῳ || 623 cf.
Nonn. D. 2, 204 ῥοδοειδέι λευκὰ κεράσσας || 625 ἀπαστράπτοντα propter
Procop. Aed. 1, 1, 60 ad S. Soph. 617 sqq. laud.: οἷς τὸ φοινικοῦν ἐπανθεῖ καὶ
ὧν τὸ λευκὸν ἀπαστράπτει || 625 sq. huc resp. Const. Rhod. Ss. App. 666 sq.
Αἰγύπτιος δὲ πορφύρας ἀλιτρόφος / πλάκας πέπομφε Νεῖλος ἠγλαϊσμένας ||
626 cf. Greg. Naz. carm. 2, 2, 5, 229 φορτίδα πλησάμενός τις || 627 Nonn. D.
40, 384 sq. λάμπων / ποικίλος εὐφαέεσσι χαράσσεται ἄστρασι λειμών | cf.
Achill. Isag. in Arat. 24 (55, 25–7 Maass) πεπυκνωμένων … ἀστέρων … ὡς
εἴ τις ἁλάσι λεπτοῖς καὶ πολλοῖς καταπάσειέ τι (laud. Housman ad Manil. 5,
743) || 629 Nonn. D. 42, 424 sq. καὶ λίθον ἀστράπτοντα …/μάρμαρα τιμήεντα
| cf. Amb. 149; Jo. Gaz. 2, 156 πολυπλάγκτων ἑλίκων || 630 cf. Nonn. D. 37,
397 ῥωγμὸς … βαθύκολπος | cf. S. Soph. 595 || 630 sq. cf. Const. Rhod. Ss.
App. 652 ἐκ Καρίας δὲ λευκοπορφύρους πλάκας || 630 sqq. cf. infra 640 sq. et
Nonn. D. 43, 417 Στρυμὼν ὅσσα μέταλλα καὶ ὁππόσα Γεῦδις ἀείρει || 631 sq.
cf. Amb. 74; cf. Dion. Per. 148 λοξαὶ … κέλευθοι; Desc. ad inf. 26 (LVIII
Heitsch) λοξὴν δ᾽ ἀτραποῦ τρίβο[ν; Georg. Pis. exp. Pers. 2, 268 τρίβοις …
λοξαῖς || 633 Nonn. D. 47, 466 ἄνθος ἑλίσσων

620 καρύστιος λίθος mg. P || 626 ποταμήτιδα P: corr. Gr (iam Scal mg.) ||
633 στιχ(οι) φ̄ mg. P (bis)

ὅσσα Λίβυς φαέθων, χρυσέῳ σελαγίσματι θάλπων,
635 χρυσοφανῆ κροκόεντα λίθων ἀμαρύγματα τεύχει
ἀμφὶ βαθυπρήωνα ῥάχιν Μαυρουσίδος ἄκρης·
ὅσσα τε Κελτὶς ἀνεῖχε βαθυκρύσταλλος ἐρίπνη   220
χρωτὶ μέλαν στίλβοντι πολὺ γλάγος ἀμφιβαλοῦσα
ἔκχυτον, ᾗ κε τύχῃσιν, ἀλώμενον ἔνθα καὶ ἔνθα·
640 ὅσσα τ᾽ Ὄνυξ ἀνέηκε διαυγάζοντι μετάλλῳ
ὠχριόων ἐρίτιμα, καὶ Ἀτρακὶς ὁππόσα λευροῖς
χθὼν πεδίοις ἐλόχευσε καὶ οὐχ ὑψαύχενι βήσσῃ,   225
πῇ μὲν ἅλις χλοάοντα καὶ οὐ μάλα τῆλε μαράγδου,
πῇ δὲ βαθυνομένου χλοεροῦ κυανώπιδι μορφῇ·
645 ἦν δέ τι καὶ χιόνεσσιν ἀλίγκιον ἄγχι μελαίνης
μαρμαρυγῆς, μικτὴ δὲ χάρις συναγείρετο πέτρου.
πρὶν δὲ πολυτμήτοιο σέλας ψηφῖδος ἱκέσθαι,   230
λεπτὰς λαοτόρος παλάμη λάϊγγας ὑφαίνων
μαρμαρέας ἔγραψε μετὰ πλάκας ἐς μέσα τοίχων
650 σύνδετον εὐκάρποισι κέρας βεβριθὸς ὀπώραις
καὶ ταλάρους καὶ φύλλα, κατ᾽ ἀκρεμόνων δὲ χαράσσει

635 cf. S. Soph. 769 | Nonn. D. 3, 183 λαϊνέων ... ἀμαρύγματα ... μετάλλων ||
636 cf. Opp. Hal. 3, 333 ὀξύπρωρον ὑπὲρ ῥάχιν | Dion. Per. 185 Μαυρουσίδος
... γαίης || 637 Nonn. D. 9, 273 βαθυκνήμιδος ἐρίπνης || 638 cf. Jo. Gaz. 2,
177 ξανθῷ λευκὰ κέρασσε μέλαν φοίνικι βαλοῦσα || 639 cf. Amb. 197 | Anon.
A. P. 9, 695 (Lemma B εἰς λίθον ἀκοίτονον) ὁρᾷς, τὸ κάλλος ὅσσον ἐστὶ τῆς
λίθου / ἐν ταῖς ἀτάκτοις τῶν φλεβῶν εὐταξίαις | Greg. Naz. carm. 1, 2, 15,
139 ἀλώμενος ἔνθα καὶ ἔνθα; cf. etiam ad S. Soph. 298 || 640 Dion. Per. 1120
διαυγάζουσαν ἴασπιν || 642 cf. S. Soph. 607; e. g. Ap. Rh. 1, 762 ἐλοχεύσατο
Γαῖα; Nonn. D. 7, 83 sq. γαῖα ... λοχεύσατο; Anon. A. Pl. 295, 1 πέδον
... ἐλοχεύσατο || 643 cf. Orph. A. 1264 οὐ μάλα τηλοῦ | cf. S. Soph. 539 ||
644 cf. Nonn. Dion. 10, 176 ῥοδώπιδι ... μορφῇ; 11, 210 ταυρώπιδι μορφῇ,
etc. || 645 ad sonum cf. Opp. Hal. 1, 339 πουλυπόδεσσιν ἀλίγκιος || 646 cf.
S. Soph. 480; conferre possis Damag. HE 1381 συνάμ᾽ ἕσπετο πέτρη || 648
sq. Nonn. D. 35, 369 μαρμαρέας λάιγγας || 649 cf. Nonn. D. 7, 116 ἔγραφεν
εἰς μέσα νῶτα | Dion. Per. 18 ἐς μέσα Νείλου || 650 Anon. A. P. 9, 383, 10
εὐκάρπου ... ὀπώρης; cf. etiam [Opp.] Cyn. 1, 465 εὐκάρπῳ ... φθινοπώρῳ ||
651 ἀκρεμόνων ft. ex Opp. Hal. 4, 295 ἀκρεμόνεσσιν: cf. ad S. Soph. 659 sq.

636 βαθυπρίωνα P: corr. Gr | μαυσουρίδος P: corr. Salm || 637 ἀνῆγε Mein; at
cf. Greg. Naz. carm. 1, 2, 1, 302 sq. οὐ γὰρ ἀνέσχε / Χθὼν ἀγαθούς || 638 χροτὶ
P: corr. Salm || 646 σὺναγείρεται P: corr. Gr || 650 ζτ βεβρηθος mg. P

ἐζομένην ὄρνιθα. μετ' εὐκεράους δὲ κελεύθους   235
κλήμασι χρυσοκόμοισι περίδρομος ἄμπελος ἕρπει
δεσμὸν ἑλιξοπόρον σκολιοῖς πλέξασα κορύμβοις·
655   ἠρέμα δὲ προνένευκεν, ὅσον καὶ γείτονα πέτρην
βαιὸν ἐπισκιάειν ἑλικώδεϊ πλέγματι χαίτης.
αἰθούσης τάδε πάντα καλοὺς περινίσσετο τοίχους.   240
ἀλλὰ καὶ ὑψιλόφοις ἐπὶ κίοσιν, ἔνδοθι πέζης
λαϊνέης προβλῆτος, ἕλιξ πολύκεστος ἀκάνθης
660   ὑγρὰ διερπύζων ἀνελίσσετο, δεσμὸς ἀλήτης,
χρύσεος, ἱμερόεις, ἀκίδα τρηχεῖαν ἑλίσσων·
μάρμαρα δ' ὀμφαλόεντα περιστέφει εἴκελα δίσκοις   245
πορφυρέοις στίλβοντα χάριν θελξίφρονα πέτρης.
πᾶν δὲ πέδον στορέσασα Προκοννήσοιο κολώνη
665   ἀσπασίως ὑπέθηκε βιαρκέϊ νῶτον ἀνάσσῃ·
ἠρέμα δὲ φρίσσουσα διέπρεπε Βοσπορὶς αἴγλη
ἀκροκελαινιόωντος ἐπ' ἀργεννοῖο μετάλλου.   250
χρυσεοκολλήτους δὲ τέγος ψηφῖδας ἔεργει,
ὧν ἄπο μαρμαίρουσα χύδην χρυσόρρυτος ἀκτίς
670   ἀνδρομέοις ἄτλητος ἐπεσκίρτησε προσώποις.

654 Nonn. D. 39, 325 σκολιοῖσι περιπλεχθέντα κορύμβοις ‖ 655 cf. Agath.
A. Pl. 59, 3 οὕτω γὰρ προνένευκεν et Dion. Per. 1149 ἣ δ' ἤτοι προνένευκεν |
Nonn. D. 6, 300 et par. Jo. 6, 84 γείτονα πέτρην ‖ 655 sq. cf. Arat. 736 ὅσσον
ἐπισκιάειν ‖ 656 cf. Nonn. D. 16, 15 ἑλικώδεα βόστρυχα χαίτης, etc. ‖ 659 f.
S. Soph. 813 | cf. S. Soph. 739 ‖ 659 sq. Opp. Hal. 4, 293 sqq. ἑλίσσεται … /
ὑγρὸς ἕλιξ … ἑρπύζει et Christod. 290 κεστὸς ἕλιξ; cf. etiam Theoc. 1, 55
ὑγρὸς ἄκανθος; Nonn. D. 18, 277 ἑλικώδεα κύκλον ἀκάνθης ‖ 661 cf. [Opp.]
Cyn. 3, 468 φαίδιμον, ἱμερόεν, τιθασὸν μερόπεσσι γένεθλον ‖ 666 cf. ft. Opp.
Hal. 1, 627 sq. θάλασσα … ὑποφρίσσουσα ‖ 667 cf. Orph. L. 177 ἀργεννοῖο
λίθοιο; SGO 22/35/02, 8 (Kanatha, 400 p. Chr.) ἀργεννῆσι … πλακέεσσι ‖
669 cf. Opp. Hal. 3, 583 μαρμαρυγὴν ἀκτῖσιν ‖ 669 sq. cf. Jo. Gaz. 2, 149
sq. ἀνδράσι πέμπει / μαρμαρυγὴ λαμπτῆρας ὀϊστεύουσα προσώποις; cf. et
Nonn. D. 2, 195 ἀστεροπὴ σκίρτησεν ‖ 670 similiter sonat Agath. A. P. 4, 3b,
6 Αὐσονίοις ἄκλητος | Nonn. D. 1, 146 προσώπῳ / ἀνδρομέῳ

654 ἐλιξοπόρην P: corr. Gr. ‖ 655 ὅσσον: corr. Duc (iam Scal) ‖ 657 αἰθούσσης
P: corr. Duc | περινείσεται οἴκους P: corr. Gr (περινίσσ- Ludw). ornamentum
in pariete explicatur (S. Soph. 649 ἐς μέσα τοίχων). ad impf. pro praes. cf.
e. g. S. Soph. 646 συναγείρετο; 660 ἀνελίσσετο ‖ 661 τριχεῖαν P: corr. Salm ‖
664 προκονήσοιο P: corr. Salm ‖ 670 ἐπεσκίρτησε: corr. Salm

φαίη τις φαέθοντα μεσημβρινὸν εἴαρος ὥρῃ
εἰσοράαν, ὅτε πᾶσαν ἐπεχρύσωσεν ἐρίπνην.   255
καὶ γὰρ ἐμὸς σκηπτοῦχος, ὅλης χθονὸς εἰς ἓν ἰούσης,
βάρβαρον Αὐσόνιόν τε πολύτροπον ὄλβον ἀγείρας
675   λάϊνον οὐκ ἔκρινεν ἐπαρκέα κόσμον ἐδέθλοις
ἀμβροσίου νηοῖο θεουδέος, ᾧ ἔνι πάσης
ἐλπίδος εὐφροσύνην ὑπεραυχέα θήκατο Ῥώμη·   260
ἀλλὰ καὶ ἀργυρέοιο χύδην οὐ φείσατο κόσμου.
ἐνθάδε Παγγαίοιο ῥάχις καὶ Σουνιὰς ἄκρη
680   ἀργυρέας ὤϊξαν ὅλας φλέβας· ἐνθάδε πολλοί
ἡμετέρων θημῶνες ἀνῴχθησαν ἀνάκτων.
καὶ γὰρ ὅσον μεγάλοιο πρὸς ὄρθριον ἄντυγα νηοῦ   265
χῶρον ἀναιμάκτοισιν ἀπεκρίναντο θυηλαῖς,
οὐκ ἐλέφας, οὐ τμῆμα λίθων ἢ χαλκὸς ὁρίζει,
685   ἀλλ᾽ ὅλον ἐθρίγκωσεν ὑπ᾽ ἀργυρέοισι μετάλλοις.

671 Nonn. D. 38, 19 Φαέθοντα μεσημβριὰς ‖ 671 sq. cf. Procop. Aed.
1, 1, 30 φαίης ἂν οὐκ ἔξωθεν καταλάμπεσθαι ἡλίῳ τὸν χῶρον, ἀλλὰ τὴν
αἴγλην ἐν αὐτῷ φύεσθαι, τοσαύτη τις φωτὸς περιουσία ἐς τοῦτο δὴ τὸ ἱερὸν
περικέχυται ‖ 673 vd. ad S. Soph. 214 | cf. [Apolin.] Ps. 49, 1 Γαῖαν ὅλην ...
εἰς ἓν ἀγείρας (et cf. infra) | Nonn. D. 41, 389 σκῆπτρον ὅλης Αὔγουστος ὅτε
χθονὸς ἡνιοχεύσει; cf. etiam Anon. A.P. 9, 672, 4 βασίλειαν ὅλης χθονός ‖
674 conferre possis Man. 2, 227 συναθροίζοντας πολὺν ὄλβον ‖ 675 cf.
Nonn. D. 18, 63 λίθων ... κόσμῳ ‖ 676 cf. S. Soph. 979 | ad sonum cf. Ap.
Rh. 1, 307 νηοῖο θυώδεος, etc. ‖ 678 Procop. Aed. 1, 1, 23 ὁ μὲν οὖν βασιλεὺς
ἀφροντιστήσας χρημάτων ἁπάντων ἐς τὴν οἰκοδομὴν σπουδῇ ἵετο (cf. etiam
Aed. 5, 5, 3 χρήματα γὰρ προέμενος [scil. Ἰουστινιανὸς] ἀριθμοῦ κρείττονα);
Anon. A.P. 1, 10, 3 sq. οὔ τινι φειδοῖ, / οὐ κτεάνων χατέουσα (τίνος βασίλεια
χατίζει;); cf. e.g. etiam GVI 859, 7 (Melus, III p. Chr.) ὅστις ἀφειδήσας
χρυσοῦ δωμήσατο σῆμ[α]; SGO 01/20/16, 17 (Miletus, 364 circiter p. Chr.)
οὔνεκ᾽ ἀφειδήσας κτεάν[ων] μεγαλαυχ[έϊ θ]υμῷ, etc. | similiter sonat Triph.
557 γαστέρος ὠμοτόκοιο χύδην ‖ 679 Colluth. 212 οὔρεα Παγγαίοιο | cf.
Ap. Rh. 1, 582 Σηπιὰς ἄκρη; Q.S. 7, 402 Σιγιὰς ἄκρη; Nonn. D. 3, 207 Πυθιὰς
ἄκρη ‖ 682 sq. cf. Procop. Aed. 1, 6, 14 ὅσον δὴ χῶρον τὸν ἀβέβηλον, ἐν
ᾧ τὰ ὄργια τὰ ἄρρητα τελεῖσθαι θέμις; cf. etiam Pamprep. fr. 3, 73 Livrea
χῶρον ὅσον νέφος ... ἐρύκει ‖ 683 cf. S. Soph. 197 ‖ 684 cf. Amb. 214 et
Procop. Aed. 1, 3, 3 τμήμασι λίθου Παρίου ‖ 685 cf. Amb. 168 | cf. 689; Amb.
62 et Nonn. D. 25, 392 ἀπ᾽ ἀργυρέου δὲ μετάλλου

671 ὥρης P: corr. Bekk (iam ὥραις Gr); cf. e.g. Opp. Hal. 4, 164 εἴαρος ὥρῃ;
Dion. Per. 833 εἴ. ὥ., etc. ‖ 677 ῥώμη P (def. Ludw): corr. Duc (iam Holst) ‖
682 ὄρθιον P: corr. Duc (vd. ad S. Soph. 460)

οὐδὲ μὲν οὐ μούνοις ἐπὶ τείχεσιν, ὁππόσα μύστην
ἄνδρα πολυγλώσσοιο διακρίνουσιν ὁμίλου, 270
γυμνὰς ἀργυρέας ἔβαλε πλάκας, ἀλλὰ καὶ αὐτοὺς
κίονας ἀργυρέοισιν ὅλους ἐκάλυψε μετάλλοις,
690 τηλεβόλοις σελάεσσι λελαμπότας, ἑξάκι δοιούς·
οἷς ἔπι, καλλιπόνοιο χερὸς τεχνήμονι ῥυθμῷ,
ὀξυτέρους κύκλοιο χάλυψ κοιλήνατο δίσκους, 275
ὧν μέσον ἀχράντοιο θεοῦ δείκηλα χαράξας
ἄσπορα δυσαμένου βροτέης ἰνδάλματα μορφῆς,
695 πῇ μὲν ἐϋπτερύγων στρατὸν ἔξεσεν ἀγγελιάων
αὐχενίων ξυνοχῆα κατακλίνοντα τενόντων
(οὐ γὰρ ἰδεῖν τέτληκε θεοῦ σέβας οὐδὲ καλύπτρῃ 280
ἀνδρομέῃ κρυφθέντος, ἐπεὶ θεός ἐστιν ὁμοίως
ἐσσάμενος καὶ σάρκα λυτήριον ἀμπλακιάων),
700 πῇ δὲ θεοῦ κήρυκας ὁδοὺς ἤσκησε σιδήρου
τοὺς προτέρους, πρὶν σάρκα λαβεῖν θεόν, ὧν ἀπὸ φωνῆς
ἐσσομένου Χριστοῖο διέπτατο θέσπις ἀοιδή. 285
οὐδὲ μὲν οὐδ᾽ αὐτῶν παραδέδρομεν εἴδεα τέχνη

---

687 cf. Nonn. Dion. 17, 389 πολυγλώσσῳ ... λαῷ, etc. ‖ 689 cf. v. 685 | cf. Nonn. D. 6, 79 et par. Jo. 6, 67 ὅλην ἐκάλυψε; ‖ 690 cf. S. Soph. 743 | Call. Aet. 1, fr. 25, 21 Mass. = 23, 19 Pf. ἑξάκι δοιά ‖ 691 cf. S. Soph. 765 | Nonn. D. 19, 80 τεχνήμονι ῥυθμῷ ‖ 693 cf. Amb. 40; 249; Eud. S. Cypr. 1, 221 ἀχράντοιο θεοῦ ‖ 694 Nonn. D. 5, 402 sq. μορφῆς / ἀνδρομέης ἴνδαλμα ‖ 695 Nonn. par. Jo. 1, 212 ἀγγελικῆς ... φάλαγγος ἐϋπτερον ἐσμὸν ὀδίτην; cf. etiam Jo. Gaz. 2, 13 τανύπτερον Ἀγγελιώτην ‖ 696 cf. S. Soph. 540 | Opp. Hal. 2, 341 αὐχενίοιο ... τένοντος, etc.; Nonn. D. 5, 13 αὐχενίους ... τένοντας, etc. ‖ 697 cf. S. Soph. 1019; Agath. A.P. 11, 379, 1 οὔ τις ... ἰδεῖν τέτληκεν | cf. e.g. Greg. Naz. carm. 1, 2, 34, 223 εἰς Θεοῦ σέβας ‖ 699 cf. Greg. Naz. carm. 2, 1, 1, 60 ἐσσάμενος χρόα καλόν (scil. diabolus!) | cf. S. Soph. 992 ‖ 701 cf. e.g. Greg. Naz. carm. 2, 1, 45, 183 (scil. Χριστὸς) σάρκα λαβών; 2, 2, 7, 199 sqq. Χριστός, / σάρκα λαβών | Antag. HE 160 ὧν ἀπὸ μῦθος ‖ 702 Nonn. par. Jo. 13, 81 θέσπις ἀοιδή

---

686 μόνοις P: corr. Gr (iam Scal) ‖ 688 γυμνᾶς P: corr. Duc (iam Scal, Holst) ‖ 689 ἀργυρέῃσιν P: corr. Gr (iam Scal) ‖ 692 ὀξυτόρους Xydis, iure dissens. Koder | τε κοιλήνατο P, τε punct. delet. ‖ 693 θεουδέι κηλαχαράξας, mg. γρ. δείκηλα χαράξας P ‖ 695 cf. e.g. Hesych. α 381 L. ἀγγελίης· ἄγγελος (cont. Friedl) ‖ 700 κήρυκηρυκας, priore κήρυ punct. deleto P ‖ 702 ὀσσομένου P: corr. Duc ‖ 703 αὖ τῶν Mein, sed cf. Ap. Rh. 1, 224 οὐδὲ μὲν οὐδ᾽ αὐτοῖο; Mel. HE 4012 οὐδὲ μὲν οὐδ᾽ αὐτόν; Dion. Per. 673 οὐδὲ μὲν οὐδ᾽ αὐτοί

οἷς κύρτος νεπόδων τε τὸ δίκτυον, οἵ τε χαμηλά
705 ἔργα βίου προλιπόντες ἀλιτρονόους τε μερίμνας
οὐρανίου βασιλῆος ἐφωμάρτησαν ἐφετμῇ
ἀνέρας ἀγρεύοντες, ἀπ᾽ ἰχθυβόλοιο δὲ τέχνης   290
ζωῆς ἀθανάτοιο καλὴν τανύσαντο σαγήνην.
ἄλλοθι δὲ Χριστοῖο κατέγραφε μητέρα τέχνη,
710 φέγγεος ἀενάοιο δοχήϊον, ἧς ποτὲ γαστήρ

704 cf. Nonn. Dion. 20, 385 δίκτυα ... νεπόδεσσιν ‖ 704 sq. cf. Greg. Naz.
carm. 2, 1, 1, 263 βιότου τε φυγὼν σαρκός τε μερίμνας; 2, 1, 88, 25 sq. ἔρριψα
γὰρ μερίμνας / ἀφ᾽ οὗ Θεῷ προσῆλθον; Nonn. D. 7, 64 ἀλλὰ λιπὼν βιότοιο
πολιφλοίσβοιο μερίμνας; Agath. A.P. 11, 382, 20 βιότου λῆγε μεριμνοτόκου;
GVI 590, 3 sq. (Roma, III p. Chr.) σπεῦδεν (scil. ψυχὴ) ὁδὸν θείην γὰρ
ἀποπρολιποῦσα μερίμνας / πευκεδανοῖο βίου; GVI 812, 3 (Athenae, II in. p.
Chr.) λιπόντα τὸν μοχθηρὸν ἀνθρώπ[ων βίον ‖ 705 Nonn. par. Jo. 20, 102
ἔργα βίου | cf. Paul. Sil. A.P. 7, 604, 3 sq. καὶ σὺ μὲν ἀμπλακίας βιότου ...
ἔκφυγες ‖ 705 sq. cf. ft. Greg. Naz. carm. 1, 2, 1, 497 ἐφωμάρτησεν ἀλιτραῖς ‖
707 Paul. Sil. A.P. 9, 764, 1 sqq. (de conopeo) οὐ βριαρόν τινα θῆρα, καὶ οὔ τινα
πόντιον ἰχθύν, / οὐ πτερὸν ἀγρεύω πλέγμασιν ἡμετέροις, / ἀλλὰ βροτοὺς
ἐθέλοντας | cf. Nonn. D. 20, 373 sq. ἰχθυβόλων ἐς ἀγῶνα / ἀγρεύσας |
Nonn. par. Jo. 18, 71 ἰχθυβόλου περὶ τέχνης (Merian-Genast, 96) ‖ 708 cf.
Nonn. par. Jo. 5, 114 ζωῆς ἀθανάτης; 12, 198 ζωὴν ἀθανάτην | cf. Greg.
Naz. carm. 1, 1, 27, 24 sqq. οἶδα δ᾽ ἐγὼ καὶ κόσμον ἔσω πίπτοντα σαγήνης, /
ᾧ Χριστοῦ βασιλῆος ὑποδρήσσοντες ἐφετμαῖς (cf. 706), / ἀνθρώπων ἁλιῆες
ἑὸν λίνον ἀμφὶς ἔθηκαν ‖ 709 Nonn. D. 19, 226 τέχνης ... κατέγραφε ... χείρ ‖
710 cf. S. Soph. 826 | Nonn. D. 37, 123 ἧς ἔτι γαστήρ (scil. equae!) ‖ 710 sq. cf.
e. g. Anon. A.P. 1, 38 οὐρανὸς ἡ φάτνη, καὶ οὐρανοῦ ἔπλετο μείζων· / οὐρανὸς
ἐργασίη τοῦδε πέλει βρέφεος; Anon. A.P. 1, 119, 5 sqq. ὡς λάβε μορφὴν /
ἀνδρομένην (cf. S. Soph. 697 sq.), καὶ γαστρὸς ἀμεμφέος ἔνδοθι κούρης /
κρύπτετο τυτθὸς ἐών, ὃν ἀπείριτος οὐ χάδε κύκλος; Jo. Geom. carm. 3, 4 ap.
L. Sternbach, Eos IV (1897), 159 μήτρα συνέξει δημιουργὸν τοῦ πόλου; Var.
88, 6 sq. (PG 106, 941A) δίσκου δὲ ταύτης (scil. Μαρίας) γαστρὸς ἥλιος νέος /
ἐξαυγάσει σοι δημιουργὸς ἡλίου; vd. sis etiam C. De Stefani, Eikasmos XIV
(2003), 283 | imit. ft. Musur. Cred., 2 sq. Οὐλύμποιο / καὶ χθονὸς ἐργατίνα (F.
Pontani, GRBS XLIII [2002/3], 201)

704 οἵ pro οἷς supponere mal. Ludw | κύτος P: κύρτος Duc | θαμῆνὰ P:
corr. Gr: θαμειά Ludw; at θαμειά male ad ἔργα referretur et praeterea
χαμηλά firmat, meo quidem consilio, Nonn. D. 5, 435 sqq. χαμαιγενέας
δὲ γυναῖκας / καλλείψας ἑτέροισι καὶ ὠκυμόρους ὑμεναίους / ἀθανάτην
ἐπόθησα ‖ 706 οὐρανίοο, γρ. οὐρανίου mg. P ‖ 707 δὲ P, def. Ludw: τε
Salm et edd. tantum non omnes ‖ 708 οὐάθανάτοιο P, α p. c. (i. e. οὐρανίοιο
scripturus erat) ‖ 710 φέγγος ἀεννάοιο P: corr. Duc (iam Scal)

γαστέρος ἐργατίνην ἁγίοις ἐθρέψατο κόλποις.
ἐς δὲ μέσας ἱεροῦ πλάκας ἔρκεος, αἳ περὶ φῶτας   295
εὐϊέρους τεύχουσι μεταίχμια, γράμμα χαράσσει
ἡ γλυφὶς ἓν πολύμυθον· ἀολλίζει γὰρ ἀνάσσης
715 οὔνομα καὶ βασιλῆος· ἴσον γε μὲν ὀμφαλοέσσῃ
ἀσπίδι μεσσατίοισι τύπον κοιλήνατο χώροις
σταυρὸν ἀπαγγέλλουσα. διὰ τρισσῶν δὲ θυρέτρων   300
ἔρκος ὅλον μύστῃσιν ἀνοίγεται· ἐν γὰρ ἑκάστῃ
πλευρῇ βαιὰ θύρετρα διέτμαγεν ἐργοπόνος χείρ.
720 χρυσείης δ᾽ ἐφύπερθε παναχράντοιο τραπέζης
ἄσπετος εὐρυκέλευθον ἐς ἠέρα πύργος ἀνέστη,
τετραπόροις ἁψῖσιν ἐπ᾽ ἀργυρέῃσι βεβηκώς.   305
κίοσι δ᾽ ἀργυρέῃσιν ἀείρεται, ὧν ἐπὶ κόρσης
ἀργυρέους ἵδρυσε πόδας τετράζυγος ἁψίς.
725 ὑψόθι δ᾽ ἁψίδων ἀνατείνεται οἷά τε κώνου
εἴκελον, ἀλλ᾽ οὐ πάμπαν ὁμοίϊον· οὐ γὰρ ἑλίσσει
νειόθεν εὐκύκλοιο περίτροχον ἄντυγα πέζης,   310
ἀλλά τις ὀκτάπλευρος ἔφυ βάσις, ἐκ δὲ κελεύθου
εὐρυτέρης κατὰ βαιὸν ἐς ὀξυκόρυμβον ἀνέρπει,
730 ὀκτὼ δ᾽ ἀργυρέας τανύει πλάκας· ἁρμονίης δέ

---

711 cf. e. g. Mel. HE 4322 ἐν κόλποις … διέτρεφεν; HE 4112–3 ἐν κόλποισιν
… ἔτρεφες; [Mosch.] epit. Bion. 84 ἔτρεφεν ἐν κόλποισι ‖ 712 sq. cf. Nonn.
D. 25, 413 sq. τοῖα μὲν εἰς μέσα νῶτα σοφὸς τεχνήσατο χαλκεύς / ἀσπίδος
εὐτύκτοιο | cf. Theocr. HE 3478 σακὸς δ᾽ εὐίερος [σακὸς K: ἔρκος P | δ᾽ εὐίερος
Toup: εὖθ᾽ ἱερὸν P] | cf. Orph. H. 41, 10 εὐϊέρῳ … μύστῃ ‖ 715 sq. Hom.
Il. 6, 118 ἀσπίδος ὀμφαλοέσσης, etc. ‖ 719 cf. App. Cougny IV 111, 1 χεὶρ
… ἀπέτμαγεν ‖ 721 cf. Greg. Naz. carm. 2, 1, 45, 273 sq. πυρσὸς ἀέρθη /
ἄσπετος | cf. Nonn. D. 33, 140 ἰθυκέλευθον ἐν ἠέρι; 9, 32 ἀντικέλευθον ἐς
οὐρανόν, etc. ‖ 722 Anon. A. P. 9, 696, 1 τετραπόροις ἁψῖσι; cf. S. Soph. 529 |
cf. Dion. Per 242 σχῆμα μὲν οὖν τρισσῇσιν ἐπὶ πλευρῇσι βέβηκεν ‖ 722 sqq.
cf. Hom. Il. 8, 42 sqq. ~ 13, 24 sqq. χρυσέῃσιν … χρυσόν … χρυσείην, etc. ‖
723 sq. cf. S. Soph. 560 sq. ‖ 726 [Opp.] Cyn. 3, 471 πόδες δ᾽ οὐ πάμπαν
ὁμοῖοι | cf. Amb. 64 ‖ 727 Nonn. D. 36, 209 περίτροχον ἄντυγα μαζοῦ et
41, 302 κύκλωσε περίδρομον ἄντυγι κόσμου ‖ 729 cf. S. Soph. 366 sq.; 493 sq.;
877 | Nonn. Dion. 26, 226 et 36, 358 ἑρπύζων κατὰ βαιόν ‖ 730 Opp. Hal. 1,
345 sq. δοιοὺς μὲν ἄνω πόδας … ἀντανύει

720 χρυσίης P: corr. Duc (iam Scal) ‖ 725 δ᾽ P (def. Ludw): θ᾽ tacite Bekk ‖
729 ὀξὺ κόρυμβον P: corr. Herm

ζευγνυμένης δολιχὴ ῥάχις ἵσταται· αἱ δὲ τριγώνοις
εἰδόμεναι μίσγουσι πόρους ὀκτάζυγος οἴμου   315
εἰς ἓν ἀγειρομένους κορυφῆς σημήϊον ἄκρης·
ὁππόθι καὶ κρητῆρος ὑπήραρεν εἰκόνα τέχνη,
735   χείλεα δὲ κρητῆρος ὑποκλασθέντα πετήλων
εἶδος ἐμορφώσαντο. μέσῳ δ' ἐνεθήκατο χώρῳ
ἀργύρεον στίλβοντα πόλου τύπον· ὑψόθι δ' αὐτοῦ   320
σταυρὸς ὑπερτέλλων ἀναφαίνεται· ἵλαος εἴη.
ἀψίδων δ' ἐφύπερθεν ἕλιξ πολύκεστος ἀκάνθης
740   πέζα διερπύζει νέατον περὶ πυθμένα κώνου·
ὀρθοτενεῖς δ' ἀκτῖνας, ἴσας εὐώδεϊ καρπῷ
ὄγχνης καλλικόμοιο, διακριδὸν ὑψόθι φαίνει   325
λαμπομένας σελάεσσιν· ὑπερτέλλουσι δὲ πέζης.

733 cf. Greg. Naz. A. P. 8, 99, 4 εἰς ἓν ἀγειρομένους, etc.; Paul. Sil. A. P. 5,
300, 1 εἰς ἓν ἀγείρων, etc. ‖ 734 cf. Amb. 70; Hom. Il. 4, 110 ~ 23, 712 ἤραρε
τέκτων ‖ 735 cf. e. g. Theoc. 1, 29 τῷ (scil. κισσυβίῳ) ποτὶ μὲν χείλη μαρύεται
ὑψόθι κισσός | cf. Agath. A. P. 5, 216, 1 ὑποκλασθέντα ‖ 736 Opp. Hal. 2,
176 μέσσῳ δ' ἐνεθήκατο λᾶαν ‖ 736 sq. Nonn. D. 19, 125 sq. μέσῳ παρέθηκεν
ἀγῶνι / ἀργύρεον, στίλβοντα, περίτροχον ‖ 737 cf. S. Soph. 422 | cf. e. g.
Anon. A. P. 14, 43, 1 πόλου μίμημα ‖ 738 cf. Nonn. D. 10, 281 et 15, 391
ἵλαος εἴη; cf. Amb. 302 ‖ 739 cf. S. Soph. 659 ‖ 740 cf. e. g. Sol. fr. 13, 10 W.²
ἐκ νεάτου πυθμένος; Syn. H. 1, 414 sq. νεάτου / πυθμένος; ad sonum cf. Opp.
Hal. 4, 36 νεάτης δ' ὑπὸ κεύθεσι λίμνης ‖ 741 cf. Nonn. D. 36, 364 et 44, 129
ἕλιξ εὐώδεϊ καρπῷ (cf. 739) ‖ 742 cf. e. g. GVI 1987, 5 = CEG 606 (Athenae,
IV a. Chr.) καλλικόμοις πτόρθοις βοτρυώδεος οἴνης ‖ 743 cf. S. Soph. 690; cf.
Ap. Rh. 3, 925 λαμπόμενον χαρίτεσσιν

731 τριγόνοις P: corr. Salm ‖ 732 mg. στιχ(οι) (bis) χ̄ P ‖ 735 τε P: corr. Gr,
prob. Ludw | πετήλῳ P: corr. Gr (iam πετήλου Duc) ‖ 740 πέζὰ διερπύζει et
mg. γρ. πέζαν ἐφ' ἑρπύζει P. variam lectionem aliquantulum fulcire vid. Ap.
Rh. 3, 137 sqq. χρύσεα μέν οἱ κύκλα τετεύχαται, ἀμφὶ δ' ἑκάστῳ / διπλόαι
ἁψῖδες περιηγέες εἰλίσσονται· / … ἕλιξ δ' ἐπιδέδρομε πάσαις / κυανέη; at πέζα
διερπύζει favent S. Soph. 660 ὑγρὰ διερπύζων et 845 πέζα καθέρπει (Friedl),
ne dicam Nonnum et seriores ἕλιξ plerumque adiectivo uti (ut exemplo utar,
cf. Opp. Hal. 4, 294 ἕλιξ [subst.] κισσοῖο et D. 12, 98 κισσὸς ἕλιξ [adiect.]; cf.
etiam ad S. Soph. 419): S. Soph. 659 (subst.) ex Opp. loc. illic laud. pendet ‖
742 φαίνει scil. πέζα, ut quidem vid. ‖ 743 ὑπερτέλλουσι δὲ πέζης suspectum:
ὑπερτέλλουσι τραπέζης Gr, quod propter asyndeton vix probari potest (cf.
enim e. g. S. Soph. 838): ft. σελάεσσιν, ὑπερτέλλει δὲ τραπέζης (scil. πέζα), cf.
S. Soph. 720 et Amb. 116

745 ὁππόθι δ᾽ ἀλλήλοισιν ἀρηρότα πείρατα πέζης
745 ἁρμονίην τεύχουσιν, ἐνιδρύσαντο παγέντας
ἀργυρέους κρητῆρας· ἐπὶ κρητῆρι δ᾽ ἑκάστῳ
πυρσοφόρους στήσαντο, λιπαυγέα δείκελα κηροῦ,   330
κόσμον ἀπαγγέλλοντα καὶ οὐ φάος· ἀργυρέοις γάρ
πάντοθι τορνωθέντα περιστίλβουσι μετάλλοις
750 φαιδρὰ λεαινομένοισιν· ἀπυρσεύτῳ δ᾽ ἀμαρυγῇ
ἀργυρέην ἀκτῖνα καὶ οὐ φλόγα κηρὸς ἰάλλει.
κίοσι δὲ χρυσέαις ἱερῆς πάγχρυσα τραπέζης   335
νῶτα κατηρείσαντο, κατὰ χρυσέων δὲ θεμείλων
ἵσταται, ἀφνειῶν δὲ λίθων ποικίλλεται αἴγλῃ.
755 πῇ φέρομαι; πῇ μῦθος ἰὼν ἀχάλινος ὁδεύει;
ἴσχεο τολμήεσσα μεμυκότι χείλεϊ φωνή,
μηδ᾽ ἔτι γυμνώσειας ἃ μὴ θέμις ὄμμασι λαῶν.   340

745 sq. cf. S. Soph. 421 sq. ‖ 746 cf. S. Soph. 880; Nonn. D. 14, 259 ἀργυρέους
κρητῆρας ‖ 747 cf. Paul. Sil. A. P. 5, 260, 2 πυργοφόρου δείκελον ‖ 748 sqq.
Nonn. D. 18, 82 sqq. χρύσεα δουρατέης ἐρυθαίνετο νῶτα καλύπτρης /
ἀφνειοῖς ὀρόφοισι· πολυσχιδέων δὲ μετάλλων / φαιδρὸν εὐψήφιδι πέδον
ποικίλλετο τέχνη ‖ 749 sq. cf. Nonn. D. 3, 183 ἀμαρύγματα φαιδρὰ
μετάλλων; 34, 217 φαιδρὰ ... νῶτα μετάλλων ‖ 750 sq. cf. e. g. Orph. L.
274 ἠΰτε περ κρύσταλλος ἄνευ πυρὸς ἐκ φλόγα πέμπεις; Nonn. D. 45, 346
ἀφλεγέας σπινθῆρας ἀπέπτυε θέσκελος αἴγλη; Jo. Geom. Var. 102, 1 sq. (PG
106, 947A) λίθοι / φλέγουσιν αὐγαῖς χωρὶς ἀνθράκων ‖ 751 cf. Nonn. D. 11,
23 ἀκτῖνας ἰάλλει (et 2, 516 πυρσὸν ἰάλλων; 17, 272 φέγγος ἰάλλων) ‖ 752 sq.
cf. S. Soph. 760; Nonn. D. 6, 20 νῶτα τραπέζης ‖ 754 cf. Nonn. D. 18, 71
μαρμαρέη ... αἴγλη ǀ cf. S. Soph. 805; Amb. 80; 162 ‖ 755 cf. ad S. Soph.
444 ǀ cf. e. g. Ael. fr. 227 Domingo-Forasté ἀχαλίνων λόγων ‖ 756 Nonn.
D. 1, 135 ἴσχεο, φωνή (cf. etiam Greg. Naz. carm. 2, 1, 34, 1 ἴσχεο, γλῶσσα
φίλη, omnia e celebri Call. Aet. III fr. 174, 4 sq. Mass. = 75 Pf.) ǀ Nonn. par.
Jo. 3, 94 τολμήεις ἐπέτασσε θεημάχον ἀνθερεῶνα ǀ Nonn. D. 1, 517 μεμυκότι
χείλεϊ ‖ 757 cf. e. g. Lucian. Merc. Cond. 29 ἃ μὴ θέμις ὁρῶντα; Man. 2, 199
ἃς οὐ πᾶσι βροτοῖς θέμις ἐν φρεσὶν ἴδμεν, etc. et adn. crit.

753 κατηρήσαντο P ‖ 755 ἀχάληνος mg. ἀχάλινος P ‖ 757 λάαν P, mg. γρ
λάων: corr. Herm (iam Scal), prob. Ludw coll. S. Soph. 327 sq. ἔπρεπεν
ἀμβροσίοιο θεοῦ προκέλευθον ἑορτῆς / ὑμετέροις λαοῖσι θύρην νηοῖο
πετάσσαι (itaque λαοί heic «profani», cf. Pfeiffer ad Call. fr. 115, 14 λαοῖσιν
et fr. 194, 30 λαοί]ς): λεύσσειν Friedl (haud quidem male, cf. enim Soph. OC
1641 sq. ἃ μὴ θέμις / λεύσσειν et praesertim Agath. A. P. 5, 297, 7 ἡμῖν δ᾽ οὐδὲ
φάος λεύσσειν θέμις)

μυστιπόλοι δ', ὑπὸ χερσίν, ὅσοις τόδε θεσμὰ κελεύει,
Σιδονίης φοίνικι βεβαμμένον ἄνθεϊ κόχλου
760 φᾶρος ἐφαπλώσαντες ἐρέψατε νῶτα τραπέζης,
τέτρασι δ' ἀργυρέῃσιν ἐπὶ πλευρῇσι καλύπτρας
ὀρθοτενεῖς πετάσαντες ἀπείρονι δείξατε δήμῳ   345
χρυσὸν ἅλις καὶ φαιδρὰ σοφῆς δαιδάλματα τέχνης.
ὧν μία μὲν ποίκιλλε σέβας Χριστοῖο προσώπου·
765 τοῦτο δὲ καλλιπόνοιο φυτεύσατο χείρεσι τέχνης
οὐ γλυφίς, οὐ ῥαφίδων τις ἐλαυνομένη διὰ πέπλων,
ἀλλὰ μεταλλάσσουσα πολύχροα νήματα πήνῃ,   350
νήματα ποικιλόμορφα, τὰ βάρβαρος ἤροσε μύρμηξ.
χρυσοφαὲς δ' ἀμάρυγμα βολαῖς ῥοδοπήχεος ἠοῦς
770 ἁπλοῖς ἀντήστραψε θεοκράντων ἐπὶ γυίων,

---

759 cf. Diosc. 5, 11 Fournet ἀδάμαντι βεβαμμένος ‖ **760** cf. sis Nonn. D.
40, 455 φᾶρος ἐφάψατε | cf. ad S. Soph. 752 sq. ‖ **762** cf. e. g. B. 3, 9 λ[αὸς
ἀπείρων suppl. Blass; orac. ap. Phleg. Trall. Mir. 2, 11 (188 Giannini) λ. ἀ.,
etc. ‖ **763** cf. Hom. Od. 13, 136 ~ 16, 231 ~ H. Hom. Ven. 139 χρυσόν τε ἅλις
ἐσθῆτά θ' ὑφαντήν ‖ **764** sqq. imit. ft. Georg. Pis. exp. Pers. 1, 139 sqq. τὴν
θείαν τε καὶ σεβάσμιον / μορφὴν ἐκείνην τῆς γραφῆς τῆς ἀγράφου, / ἣν χεῖρες
οὐκ ἔγραψαν — ἀλλ' ἐν εἰκόνι / ὁ πάντα μορφῶν καὶ διαπλάττων λόγος /
ἄνευ γραφῆς μόρφωσιν ‖ **765** cf. S. Soph. 691 ‖ **766** cf. Nonn. D. 43, 160
καί τις ἐλαυνομένη ‖ **766** sq. cf. Nonn. D. 25, 386 sq. τά περ κάμεν οὐρανίη
χείρ / ἀσπίδα δαιδάλλουσα πολύχροον ‖ **767** sq. cf. Nonn. D. 32, 120 sq.
ἐπαιθύσσουσα ... / φάσματα ποικιλόμορφα ‖ **769** cf. S. Soph. 635 | cf. H.
Hom. 31, 6 Ἠῶ ... ῥοδόπηχυν; Sapph. fr. 58, 19 V. βροδόπαχυν Αὔων; Eud.
S. Cypr. 1, 252 ῥοδόπηχυς ... Ἠώς

758 μυστιπόλοις dub. Gr «ut sit ὑμεῖς, ὅσοις τόδε θεσμὰ κελεύει, ἐρέψατε ν. τρ.
μυστιπόλοις ὑπὸ χερσὶν»; haud iniuria, quamquam cf. S. Soph. 168 ἀνέρες,
οἷσι μέμηλε θεουδέα θεσμὰ γεραίρειν | κελεύειϋ P, ν punct. delet. ‖ **768** ä P:
corr. Herm, Gerhard (iam Scal) | ἤρο//σε P (ft. σσε a. c.) | βόμβυξ mal. Gr;
at βάρβαρος add. poeta ut significet heic de novo genere formicae agi. cf.
etiam Nonn. D. 13, 213 μύρμηξ fine versus ‖ **769–770** βολαῖς ab ἀντέστραψε
pendet, cf. Nonn. D. 26, 213 sq. αἴγλη ... βολαῖς ἀντίρροπος Ἠοῦς; D. 27, 18
Ἠελίου ... βολαῖς ἀντίρροπος αἴγλη ‖ **770** mg. γρ. διπλοϊς P (prob. Gr; at cf.
Agath. A. P. 5, 294, 4 ἁπλοῖς ἐκταδίῃ)

καὶ Τυρίη πόρφυρε χιτὼν ἁλιανθεῖ κόχλῳ,
δεξιὸν εὐτύκτοις ὑπὸ νήμασιν ὦμον ἐρέπτων· 355
κεῖθι γὰρ ἀμπεχόνης μὲν ἀπωλίσθησε καλύπτρη,
καλὰ δ' ἀνερπύζουσα διὰ πλευρῆς ὑπὲρ ὤμου
775 ἀγκέχυται λαιοῖο· γεγύμνωται δὲ καλύπτρης
πῆχυς καὶ θέναρ ἄκρον. ἔοικε δὲ δάκτυλα τείνειν
δεξιτερῆς, ἅτε μῦθον ἀειζώοντα πιφαύσκων, 360
λαιῇ βίβλον ἔχων ζαθέων ἐπιίστορα μύθων,
βίβλον ἀπαγγέλλουσαν, ὅσα χραισμήτορι βουλῇ
780 αὐτὸς ἄναξ ἐτέλεσσεν ἐπὶ χθονὶ ταρσὸν ἐρείδων.
πᾶσα δ' ἀπαστράπτει χρυσέη στολίς· ἐν γὰρ ἐκείνῃ
τρητὸς λεπταλέος περὶ νήματα χρυσὸς ἑλιχθείς, 365
σχήμασιν ἢ σωλῆνος ὁμοίϊος ἤ τινος αὐλοῦ,
δέσμιος ἱμερόεντος ἐρείδεται ὑψόθι πέπλου,

---

771 cf. Amb. 215; Paul. Sil. A.P. 5, 228, 3 ἁλιανθεῖ φάρεα κόχλῳ; Nonn. D. 20, 21 πορφυρέη ... φάρεα κόχλῳ et 40, 304 καὶ Τυρίη ... φάρεα κόχλῳ (cf. infra) | Nonn. D. 7, 170 ἐπορφύροντο χιτῶνες; 47, 172 πορφύροντας ... χιτῶνας || 771 sq. Nonn. D. 40, 304 sqq. καὶ Τυρίη ... κόχλῳ / πορφυρέους σπινθῆρας ... ἐπ' αἰγιαλοῖσιν ἐρέπτων || 773 cf. ft. Nonn. D. 14, 380 ἀπεφλοίωσε καλύπτρην || 773 sq. cf. ft. Antip. Thess. GPh 261–2 αὔην με πλατάνιστον ἐφερπύζουσα καλύπτει / ἄμπελος et Agath. A.P. 5, 276, 2 sqq. χρυσεοπηνήτῳ (cf. 767) λαμπόμενον γραφίδι / ... ἐφεσσαμένη δ' ὑπὲρ ὤμων / ... τήνδε δὸς ἀμπεχόνην || 777 cf. Ap. Rh. 2, 685 μῦθον ... πιφαύσκων || 778 cf. e.g. Ap. Rh. 4, 89 μύθων ἐπιίστορας; Man. 2, 204 βίβλων ἐπιίστορας ἰρῶν | Nonn. par. Jo. 17, 13 ζαθέῳ ... μύθῳ || 779 cf. S. Soph. 301 || 779 sq. Nonn. D. 12, 43 sqq. πρώτην κύρβιν ὄπωπεν ... εἰν ἑνὶ πάντα φέρουσαν, ὅσα σκηπτοῦχος Ὀφίων / ἤνυσεν, ὅσσα τέλεσσε γέρων Κρόνος | imit. Const. Rhod. Ss. App. 532 sq. καὶ θαύματ' αὐτοῦ πάντα θαυματουργίας / θ' ἅπερ τέλεσεν (τέλεσσεν ?) ἐν βίῳ τῷδ' ἐμπρέπων || 780 Nonn Dion. 23, 22 ἐπ' ἰλύι ταρσὸν ἐρείσας | cf. ad S. Soph. 814 || 782 cf. Greg. Naz. A.P. 8, 105, 4 et carm. 2, 1, 45, 236 Σηρῶν (cf. 785) νήματα λεπταλέα (cf. etiam Nonn. D. 18, 215 νήματι λεπταλέῳ) | cf. ft. Call. Del. 263 χρυσῷ ... ἑλιχθείς || 782 sq. cf. Nonn. D. 10, 234 τρητὸν ... αὐλόν; 45, 43 αὐλὸς ... τρητοῖσι πόροις; 163 εὐτρήτων ... αὐλῶν || 783 huc ft. resp. Georg. Pis. Hex. 720 et 970 σωλῆνος δίκην || 784 cf. Amb. 283; Nonn. D. 25, 13 ὑψόθι πέπλου

771 τυρίη P: corr. Gr (iam Scal) || 772 ἐρέπτων «tegens» ut [Opp.] Cyn. 4, 262 ἔλινος καὶ κισσὸς ἔρεψεν (aliter Nonn. l. supra laud.: «carpens», sicut etiam par. Jo. 6, 177 ἐρέπτων)

785 ὀξυτέραις ῥαφίδεσσι δεθεὶς καὶ νήμασι Σηρῶν.
     ἱστάμενοι δ᾽ ἑκάτερθε δύω κήρυκε θεοῖο,
     Παῦλος, ὅλης σοφίης θεοδέγμονος ἔμπλεος ἀνήρ,   370
     καὶ σθεναρὸς κληδοῦχος ἐπουρανίων πυλεώνων,
     αἰθερίοις δεσμοῖσιν ἐπιχθονίοις τε κελεύων.
790 ὃς μὲν ἐλαφρίζει καθαρῆς ἐγκύμονα ῥήτρης
     βίβλον, ὁ δὲ σταυροῖο τύπον χρυσέης ἐπὶ ῥάβδου.
     ἄμφω δὲ στολίδεσσιν ὑπ᾽ ἀργυφέῃσι πυκάζει   375
     πήνη ποικιλοεργός· ἐπ᾽ ἀμβροσίων δὲ καρήνων
     νηὸς ἐκολπώθη χρύσεος, τριέλικτον ἐγείρων
795 ἀγλαΐην ἁψῖδος· ἐφεδρήσσει δὲ βεβηκὼς
     τέτρασι χρυσείοις ἐπὶ κίοσι. χείλεσι δ᾽ ἄκροις
     χρυσοδέτου πέπλοιο κατέγραφεν ἄσπετα τέχνη   380
     ἔργα πολισσούχων ἐριούνια παμβασιλήων·
     πῇ μὲν νουσαλέων τις ἀκέστορας ὄψεται οἴκους,
800 πῇ δὲ δόμους ἱερούς. ἑτέρωθι δὲ θαύματα λάμπει
     οὐρανίου Χριστοῖο· χάρις δ᾽ ἐπιλείβεται ἔργοις.
     ἐν δ᾽ ἑτέροις πέπλοισι συναπτομένους βασιλῆας   385
     ἄλλοθι μὲν παλάμαις Μαρίης θεοκύμονος εὕροις,

785 vd. ad S. Soph. 782 et Zehles ad Greg. Naz. carm. 1, 2, 2, 84 Σηρῶν καλὰ νήματα; huc ft. resp. Philagath. hom. 27, 3 νήματα … σηρῶν ‖ 786 Hom. Il. 9, 689 κήρυκε δύω ‖ 787 Nonn. par. Jo. 21, 116 σοφίης πλήθοντι … Πέτρῳ | Nonn. par. Jo. 5, 127 θεοδέγμονος ἔγκυον ὀμφῆς (scil. Ἰωάννην); cf. etiam Anon. A.P. 7, 343, 4 ἔμπλεον … θεσμῶν σοφίης τ᾽ ἀναπάσης ‖ 789 vd. ad S. Soph. 990 ‖ 790 sq. cf. Jo. Gaz. 1, 191 ἐγκύμονα βίβλον ἀφάσσων ‖ 791 cf. S. Soph. 506; 828; 882 | cf. e.g. Hom. Od. 16, 172 χρυσείη ῥάβδῳ ‖ 793 cf. Nonn. D. 48, 63 ἐπ᾽ ἀντιβίων δὲ καρήνῳ (et Ep. Gr. 1046, 74 Kaibel [Roma, II p. Chr.] = Marc. Sid. IGUR 1155 ἐξ ἀθανάτοιο καρήνου) ‖ 795 cf. e.g. Ap. Rh. 2, 1074 δώματος ἀγλαΐην ‖ 797 sq. cf. Q.S. 13, 469 ἄσπετον ἔργον, etc. ‖ 798 cf. e.g. Max. 472 γειοπόνων ἐρικυδέα … ἔργα | Opp. Hal. 4, 4 πολισσούχων βασιλήων; cf. etiam Agath. A.P. 9, 482, 5 Ζήνωνα πολισσοῦχον βασιλῆα et S. Soph. 162 ‖ 801 cf. S. Soph. 894; Greg. Naz. carm. 1, 1, 2, 54 Χριστοῖο … οὐρανίοιο; 1, 2, 17, 15 sq. οὐρανίοιο … Χριστοῦ | cf. Hom. Il. 14, 183 χάρις δ᾽ ἀπελάμπετο πολλή (cf. v. 800 λάμπει), etc. ‖ 803 cf. Anon. A.P. 1, 119, 8 παρθενικῆς θεοκύμονος

787 ἔμπλεως P: corr. Salm ‖ 792 ἀργυφέῃσι P ‖ 796 δὲ ἄκροις P: corr. Salm ‖ 798 ἐριούνια «bona», cf. Hesych. ε 5873 L. ἐριούνιος· πολυωφελής. ἀγαθός ‖ 800 ἑτέρωθι P: corr. Salm ‖ 801 bis leg. in P, ff. 24–5; f. 24 οὐρανίου ras. corr. ex οὐρανοῦ, mg. οὐρανίου

ἄλλοθι δὲ Χριστοῖο θεοῦ χερί· πάντα δὲ πήνης
805 νήμασι χρυσοπόρων τε μίτων ποικίλλεται αἴγλῃ.
πάντα μὲν ἀγλαΐῃ καταειμένα, πάντα νοήσεις
ὄμμασι θάμβος ἄγοντα· φαεσφορίην δὲ λιγαίνειν 390
ἑσπερίην οὐ μῦθος ἐπάρκιος· ἢ τάχα φαίης
ἐννύχιον φαέθοντα καταυγάζειν σέβας οἴκου.
810 καὶ γὰρ ἐμῶν πολύμητις ἐπιφροσύνη βασιλήων
ἀντιπόροις ἑλίκεσσι πολυγνάμπτοισι δεθείσας
πλεκτὰς χαλκελάτους δολιχὰς ἐτανύσσατο σειράς 395
λαϊνέης προβλῆτος ἀπ᾽ ἄντυγος, ἧς ἐπὶ νώτῳ
νηὸς ἀερσικάρηνος ἐρείσατο ταρσὰ καλύπτρης.
815 αἱ δὲ κατειβόμεναι περιμήκεος ἔκποθεν οἴμου
ἀθρόαι ἀΐσσουσι κατὰ χθόνα· πρὶν δ᾽ ἀφικέσθαι
ἐς πέδον, ὑψικέλευθον ἀνεκρούσαντο πορείην 400
καὶ χορὸν ἐκτελέουσιν ὁμόγνιον. ἐκ δέ νυ σειρῆς

---

804 cf. ft. Greg. Naz. carm. 1, 2, 9, 76 μεγάλοιο θεοῦ χερί ‖ 805 cf. S. Soph.
754; Amb. 80; 162 ‖ 808 Greg. Naz. carm. 1, 2, 1, 408 ἄρκιος ... μῦθος | cf.
S. Soph. 530; 831 ‖ 809 cf. S. Soph. 826; 918; vd. GVI 1952, 15 (Tanagra, V
p. Chr.) ἔννυχος ἠώς (G. Agosti, ZPE CXXI [1998], 53 sqq.); Nonn. D. 31,
150 sq. ἀλλοτρίῳ γάρ / ποιητῷ Φαέθοντι φαείνομαι ἡματίη Νύξ; Venant.
1, 1, 12 sine nocte continuata dies | cf. Anon. A.P. 1, 120, 4 τὸ τοῦ τόπου
σέβας ‖ 810 Opp. Hal. 2, 296 μῆτις ἐπιφροσύνης ‖ 811 Dion. Per. 1157 ἕλικές
τε πολυγνάμπτης ἑλίνοιο ‖ 811 sq. conferre possis Paul. Sil. A.P. 5, 255,
16 περιπλέγδην ... δησαμένους ‖ 812 cf. Hom. Od. 22, 175 ~ 192 σειρὴν
... πλεκτήν; Nonn. D. 26, 106 σειρῇσι πολυπλέκτοισι; 37, 25 εὐπλέκτοιο ...
σειρῆς | cf. Paul. Nol. 27, 390 pendentes lychni spiris retinentur aënis | cf.
H. Hom. Merc. 51 ἐτανύσσατο χορδάς ‖ 813 cf. S. Soph. 659 ‖ 814 cf. S.
Soph. 780; Amb. 242; Marc. Arg. GPh 1415 ταρσὸν ἔρεισον; Nonn. D. 23,
22 ταρσὸν ἐρείσας, etc. ‖ 815 sq. cf. Ap. Rh. 2, 224 ἔκποθεν ... καταΐσσουσι,
etc. ‖ 816 similiter sonat Marc. Arg. GPh 1457 ἄνθεα δ᾽ ἀντέλλουσι κατὰ
χθόνα ‖ 817 cf. Opp. Hal. 3, 136 ἐς πέδον | Nonn. D. 36, 349 ἀνεκρούσαντο
πορείην ‖ 818 cf. Nonn. D. 48, 967 καὶ χορὸν ... ἀνεκρούσαντο (cf. 817);
conferre possis Nonn. D. 24, 348 λαμπτῆρες ἀκοιμήτοιο χορείης

811 πολυγναμπτῆισι P | δεθείσαις P: corr. Salm ‖ 813 προβλῆτας mal. Gr, sed
cf. S. Soph. 659 λαϊνέης προβλῆτος ‖ 815 περιηγέος dub. Friedl (sed cf. S.
Soph. 821 ἀφ᾽ ὑψιπόροιο κελεύθου) | ἔκποθεν P: corr. Hermann (et cf. loc.
sim.) | οἴμου ex οἴκου ras. P, mg. οἴμου

ἀργυρέους στεφανηδὸν ἀπ' ἥρος ἥψατο δίσκους
820 ἐκκρεμέας περὶ τέλσα μέσου τροχάοντα μελάθρου.
οἱ δὲ καθερπύζοντες ἀφ' ὑψιπόροιο κελεύθου
ἀνδρομέων κυκληδὸν ὑπερτέλλουσι καρήνων. 405
τοὺς μὲν ἀνὴρ πολύϊδρις ὅλους ἐτόρησε σιδήρῳ
ὄφρα κεν ἐξ ὑάλοιο πυρικμήτοιο ταθέντας
825 οὐριάχους δέξαιντο καὶ ἐκκρεμὲς ἀνδράσιν εἴη
φέγγεος ἐννυχίοιο δοχήϊον. οὐδ' ἐνὶ δίσκοις
μούνοις φέγγος ἔλαμπε φιλέννυχον· ἀλλ' ἐνὶ κύκλῳ 410
καὶ μεγάλου σταυροῖο τύπον πολύωπα νοήσεις,
γείτονα μὲν δίσκοιο, πολυτρήτοισι δὲ νώτοις
830 ἄγγος ἐλαφρίζοντα σελασφόρον· εὐσελάων δέ
κύκλιος ἐκ φαέων χορὸς ἵσταται· ἢ τάχα φαίης
ἐγγύθεν Ἀρκτούροιο δρακοντείων τε γενείων 415
οὐρανίου Στεφάνοιο λελαμπότα τείρεα λεύσσειν.

819 cf. S. Soph. 837; Nonn. D. 29, 78 ἀπ' ἥρος || 819 sq. cf. ft. Anon. HE 3844
σφαιρηδὸν ... ἐπιτροχάοντα || 820 vd. ad S. Soph. 856 || 821 [Opp.] Cyn. 3,
496 sq. ὕπερθεν / ἥρος ὑψιπόροισιν ἐπιπλώουσι κελεύθοις (cf. S. Soph. 853);
Nonn. D. 2, 126 δι' ὑψιπόρου δὲ κελεύθου (Merian-Genast, 96), etc. || 822
Nonn. D. 20, 153 ἀνδρομέοισιν ... καρήνοις | cf. Amb. 116 || 823 Nonn. D. 17,
106 ἀνὴρ πολύϊδρις (iam Hom. Od. 15, 459 ἀνὴρ πολύϊδρις, etc.) | cf. [Opp.]
Cyn. 3, 321 ἐτόρησε ... σίδηρον || 825 Hom. Od. 24, 83 ἀνδράσιν εἴη || 826 cf.
S. Soph. 710; 809; 918 || 828 cf. S. Soph. 506; 791; 882 || 830 Nonn. par. Jo. 18,
18 λύχνων ἐνδομύχων ... ἄγγος (ἄγγος Tiedke: ἄλσος codd., def. Livrea)
et D. 40, 577 κρητῆρα σελασφόρον | Nonn. D. 25, 202 δαλὸν ἀερτάζοντα
σελασφόρον (cf. etiam Nonn. D. 2, 212 ἀστεροπὴν κούφιζε, σελασφόρον) ||
831 cf. S. Soph. 530; 808 || 831 sqq. cf. ft. Nonn. D. 5, 488 sq. φαίης δ' ὡς
παρὰ χεῦμα παλίμπορον Ὠκεανοῖο / ἑσπερίη (cf. 834) σελάγιζε (cf. 838) δι'
ὕδατος ὄμπνια Μήνη || 832 cf. Orph. A. 873 δρακοντείων ἀπ' ὀδόντων ||
832 sq. ad rem cf. schol. Q Arat. 73 (109, 17–9 Martin) ἔχει δὲ ὁ Στέφανος
ἀστέρας ἐννέα ἐν κύκλῳ κειμένους ὧν οἱ τρεῖς λαμπροὶ κατὰ τὴν κεφαλὴν τοῦ
ὄφεως Ἀρκτούρου | Nonn. D. 33, 373 (scil. δράκοντα) ἐγγὺς ἑοῦ Στεφάνοιο
φεραυγέος || 833 Nonn. D. 47, 468 οὐρανίου Στεφάνοιο | cf. Ap. Rh. 3, 1362
τείρεα λαμπετόωντα | Greg. Naz. carm. 1, 2, 2, 505 τείρεα λεύσσειν

819 ἐξήψατο scil. ἐπιφροσύνη (810) || 822 περιτέλλουσι P: corr. Salm || 824–825
ὄφρα-δέξαιντο laud. Suid. o 950 Adler (vd. praef. XII) || 825 δέξαιντο Suid.
(coni. iam Scal, Duc): δέξαντο P || 826 φέγγος P: corr. Salm || 828 μεγάλου[ς]
P || 832 δρακοντίων τε γενέων P: corr. Salm (qui δὲ supp. pro τε, quod rest.
Gr) || 833 οὐρανοῖο P, οὐρανίου mg. (cf. 801)

οὕτω μὲν κατὰ νηὸν ἑλίσσεται ἑσπερίη φλόξ,
835 φαιδρὸν ἀπαστράπτουσα· μέσῳ δ' ἐνὶ μείονι κύκλῳ
δευτατίου στεφάνοιο σελασφόρον ἄντυγα δήεις.
μεσσοπαγὲς ⟨δ'⟩ ἐπὶ κέντρον ἀπ' ἠέρος ἄλλος ὀρούσας   420
δίσκος ἑὺς σελάγιζε· φυγὰς δ' ἀπελαύνεται ὄρφνη.
ἐγγύθι δ' αἰθούσης παρὰ κίονας ἔνθα καὶ ἔνθα
840 μουνοφανῆ λαμπτῆρα διακριδὸν ἄλλον ἀπ' ἄλλου
ἑξείης ἀνέθηκαν, ὅλον δ' ἐπὶ μῆκος ὁδεύει
τηλεπόρου νηοῖο· κύτος δ' ὑπέθηκαν ἑκάστῳ   425
ἀργύρεον, πλάστιγγι πανείκελον, ᾧ ἔνι μέσσῳ
εὐφαέος κρητῆρες ἐφεδρήσσουσιν ἐλαίου.
845 οὐ μὴν ἰσοτενής τις ὅλοις μία πέζα καθέρπει,
πολλὰ δ' ἄναντα κάταντα σὺν ἀγλαΐῃσι νοήσεις
νήδυμα κυμαίνοντα· πολυστρέπτου δ' ἀπὸ σειρῆς   430
ἠερίαις βαθμηδὸν ἐπαστράπτουσι κελεύθοις.
οὕτω καὶ δικόρυμβον Ὑὰς σελάγισμα φαείνει

834 Dion. Per. 692 κατὰ νῶτον ἑλισσόμενος | Nonn. D. 28, 189 Ἑσπερίη
φλόξ ‖ 834 sq. Musae. 55 sq. ἡ δὲ θεῆς ἀνὰ νηὸν ἐπῴχετο παρθένος Ἡρώ,
/ μαρμαρυγὴν χαρίεσσαν ἀπαστράπτουσα προσώπου; Nonn. D. 32, 21
φαιδρὰ ... ἀμαρύγματα Κυπριδίη φλόξ ‖ 835 cf. S. Soph. 410 ‖ 837 Nonn.
D. 38, 313 sq. κέντρῳ / μεσσοπαγῆ | vd. ad S. Soph. 819 | Nonn. D. 22, 342
ἄλλος ὀρούσας; cf. et Jo. Gaz. 2, 168 ἄ. ὀ. ‖ 838 cf. Coripp. laud. Just. 4, 120
sq. flammasque pyropos / adflans et propria depellens luce tenebras; Venant.
1, 15, 55 sq. templa Mariae, / nox ubi victa fugit; Const. Manass. Chron.
35 sq. Lamps. καὶ σκότους ἡ στυγνότης / ἐφυγαδεύθη τῷ πυρσῷ τῶν
φωτοβολημάτων ‖ 839 sq. cf. Nonn. D. 34, 349 ἔνθα καὶ ἔνθα διακριδόν;
cf. etiam ad S. Soph. 298 ‖ 840 Opp. Hal. 4, 408 διακριδὸν ἄλλοθεν ἄλλα ‖
841 cf. Arat. 556 τόσον δ' ἐπὶ μῆκος ἑκάστη ‖ 846 Hom. Il. 23, 116 πολλὰ δ'
ἄναντα κάταντα | cf. e. g. Eur. El. 860 sq. οὐράνιον / πήδημα ... σὺν ἀγλαΐᾳ,
etc. ‖ 847 cf. Amb. 269; Greg. Naz. carm. 1, 2, 2, 225 εὔδια κυμαίνοντος |
cf. Orph. A. 1096 πολυστρέπτοισι κάλωσι ‖ 848 cf. S. Soph. 464 | cf. Nonn.
D. 24, 347 δαΐδες στοιχηδὸν ἐπαστράπτεσκον Ὀλύμπῳ ‖ 849 sq. ad rem cf.
schol. D Hom. Il. 18, 486/Zˢ(c) (499, 1–3 van Thiel) τὰς δὲ κατηστερισμένας
ἐν τῷ μετώπῳ τοῦ ταύρου Ὑάδας φασὶν εἰρῆσθαι, τὰς δὲ ἐπὶ τῆς ἡμιτόμου
Πληιάδας καλεῖσθαι

835 mg. στιχ ψ P ‖ 836 Στέφανος νότιος significare vid. (cf. Arat. 660
Στεφάνοιο ... δεύτερα κύκλα) ‖ 837 δ' add. Duc ‖ 839 αἰθούσης P: corr.
Duc | κίονος P: corr. Duc ‖ 845 mg. ἰσοτενής τις ὅλοις μία iter. P ‖ 849 malim
τοῖον ... δικόρυμβος, cf. Rhian. HE 3216 τοῖον σέλας ὄμμασιν αἴθει

850 ἡμιτόμου Ταύροιο καταγραφθεῖσα μετώποις.
ἀλλὰ καὶ ἀργυρέας τις ἴδοι νέας· ἐμπορίης δέ
φόρτον ἀερτάζουσι φαεσφόρον· ἐκκρεμέες δέ   435
εὐφαέος πλώουσι κατ' ἠέρος ἀντὶ θαλάσσης
οὐδὲ νότον τρομέουσι καὶ ὀψεδύοντα Βοώτην.
855 ἐς δὲ βαθὺ κρηπῖδος ἐδέθλιον ἀβρὰ νοήσεις
δούρατα δικραίροιο μέσον τροχάοντα σιδήρου,
ὧν ἔπι νηοπόλοιο φάλαγξ διανίσσεται αἴγλης   440
ἰθυπόροις κανόνεσσιν ἐρευθομένοισι δεθεῖσα.
ἀλλὰ τὰ μὲν περὶ πέζαν, ὅπη καὶ πυθμένας ἀβραί
860 κίονες ἱδρύσαντο, τὰ δ' ὑψόθεν εἰσὶ καρήνων
τοίχων μηκεδανῆσι παραστείχοντα κελεύθοις.
ναὶ μὴν οὐδ' ἀσέλαστα μάτην ἐλέλειπτο καρήνου   445
ταρσὰ βαθυστέρνοιο· περὶ προβλῆτι δὲ πέτρῳ
ἄζυγας εὐδίνητον ἐς ἄντυγα λαμπάδας ἄψας
865 χαλκείοις σταλίκεσσιν ἀνὴρ ἐνεδήσατο μύστης.

850 ad epith. cf. schol. MDΔVUA Arat. 167 (162, 11–2 Martin) ὥσπερ γὰρ ὀκλάσας ἐστίν, ἡμίτομος δέ, καὶ τοὺς ὀπισθίους οὐκ ἔχων πόδας, etc. ‖ 851 sq. cf. Paul. Sil. A.P. 10, 15, 6 φόρτον ... ἐμπορίης ‖ 852 sq. cf. Paul. Nol. 27, 391 sq. *medio in vacuo laxis vaga numina nutant / funibus, undantes flammas levis aura fatigat* ‖ 853 vd. ad S. Soph. 821 | Nonn. D. 6, 302 δι' οὔρεος ἀντὶ θαλάσσης ‖ 854 cf. e.g. Opp. Hal. 3, 59 λάβρους γὰρ τρομένουσι ... ἀήτας | Hom. Od. 5, 272 ὀψὲ δύοντα Βοώτην ‖ 856 vd. adn. crit. ‖ 858 cf. Paul. Sil. A.P. 6, 64, 4 καὶ κανόνα γραμμῆς ἰθυπόρου ταμίην; cf. etiam S. Soph. 310 ‖ 859 cf. Amb. 285; Ep. Gr. 810, 9 Kaibel (Sinuessa, aetas Romana) περὶ πέζαν | Nonn. D. 3, 168 ἀβρὰ μελιζομένης ... πυθμένι δάφνης ‖ 860 cf. S. Soph. 385 ‖ 861 cf. Amb. 78; cf. Nonn. D. 32, 213 μηκεδανὴν ... πορείην | Nonn. par. Jo. 9, 1 παραστείχων δὲ κελεύθου ‖ 863 cf. Hom. Il. 16, 407 πέτρῃ ἔπι προβλῆτι; Archil. fr. 41, 2 W.² πέτρης ἐπὶ προβλῆτος ‖ 864 Nonn. D. 6, 109 καὶ ζυγὸν εὐδίνητον ‖ 865 similiter fere sonat Nonn. D. 40, 452 ἴκρια δὲ σταμίνεσσιν ἀρηρότα δήσατε κύκλῳ

854 ὀψὲδύοντα P: corr. Gr, quamquam ft. etiam ὀψὲ δύοντα ferri potest, cf. app. loc. et Kost ad Musae. 213 ‖ 856 μέσον τροχάοντα «in der Mitte rund, kreisförmig»? Das ist nicht eindeutig» Friedl: hic autem v. sanus est, cf. Opp. Hal. 4, 499 εὐτροχάλοιο μέσον κατὰ χῶρον ἀλωῆς. itaque hoc Silentiarii v. μέσον «inter», sicut S. Soph. 693 ὧν μέσον; 881 μέσον ... ἄλσεος; aliter S. Soph. 820 (adiect.) | σηδήρου P: corr. Salm ‖ 857 διανείσεται P: corr. Ludw ‖ 861 παραστίχοντα P: corr. Duc (iam Scal) ‖ 862 ἐλέλιπτο P: corr. Duc (iam Scal)

DESCRIPTIO SANCTAE SOPHIAE 59

ὡς δ᾽ ὅτε παρθενικήν τις ἐὴν βασιληΐδα κούρην
ἀμφιέπων χαρίεντα κατ᾽ αὐχένος ὅρμον ἑλίξῃ   450
χρυσοδέτου στράπτοντα πυραυγέϊ λυχνίδος αἴγλῃ,
οὕτω ἐμὸς σκηπτοῦχος ἐπήραρεν ἄντυγι πάσῃ
870 φάεα κυκλοφόρητα, συνέμπορα πάντοθι πέζης.
ἔστι καὶ ἀργυρέαις ἐπὶ κίοσιν, ὑψόθι κόρσης,
στεινὴ πυρσοφόροισιν ἐπίδρομος οἶμος ὁδίταις,   455
πλησιφαής, φαιδροῖσιν ἀποστίλβουσα κορύμβοις·
κεῖνα γὰρ ἢ κώνοισιν ὀριτρεφέεσσιν ὁμοῖα
875 δένδρεά τις καλέσειεν ἢ ἀβροκόμοις κυπαρίσσοις.
εἰσὶ μὲν ὀξυκάρηνα, περιτροχάουσι δὲ κύκλοι
εὐρύτεροι κατὰ βαιόν, ἕως ἐπὶ λοίσθιον ἔλθῃς   460
ἄντυγος, ἢ περὶ πρέμνον ἑλίσσεται· ἐν δέ νυ κείνοις
ἄνθος ἀνεβλάστησε πυρισπόρον. ἀντὶ δὲ ῥίζης

866 [Opp.] Cyn. 4, 368 ὡς δ᾽ ὅτε παρθενική | Nonn. D. 34, 170 νέην
βασιληΐδα κούρην ‖ 866 sq. cf. Paul. Sil. A. P. 5, 272, 4 παρθένον ἀμφιέπων ‖
866 sqq. imit. Const. Rhod. Ss. App. 641 sqq. ὕλαις ἀπείροις μαρμάρων
πολυχρόων / καὶ λαμπρότησι τῶν μετάλλων τῶν ξένων / ἐπενδύσας (scil.
δόμου) τε καὶ καλῶς συναρμόσας, / ὁποῖα νύμφην κροσσωτοῖσι χρυσέοις;
cf. etiam Const. Manass. Chron. 3777 sqq. Lamps. τὴν πόλιν τὴν βασίλειον
ἀποκοσμῆσαι θέλων ... ὡς εἴ τις ἀβροστόλιστον ἀποκοσμήσει νύμφην ‖
867 vd. S. Soph. 258; cf. Nonn. D. 41, 229 χρύσεον οἷά περ ὅρμον ἐπ᾽ αὐχένι
θήκατο κούρης ‖ 867 sq. cf. Phil. GPh 2839–2840 ὁ ψελιώσας / αὐχένα
χρυσοδέτοις ... στεφάνοις ‖ 868 Nonn. D. 45, 123 sq. αἴγλῃ / λυχνίδος ‖
869 vd. ad S. Soph. 214 ‖ 870 cf. Opp. Hal. 2, 6 περιφαέα κύκλα ‖ 871 Nonn.
D. 33, 95 ὑψόθι κόρσης ‖ 872 cf. Nic. Alex. 191 στεινὴν ... οἶμον | Satyr.
A. P. 10, 13, 3 = FGE 343 ζεφύροισιν ἐπίδρομον, ἄλκαρ ὁδίταις ‖ 874 sq. cf.
Agath. A. P. 4, 3b, 23 κεῖνα γὰρ ἢ μῦθός τις ἀνέπλασεν ἢ διὰ τέχνης | cf.
e. g. Nonn. D. 21, 329 δένδρεα κεῖνα, etc. ‖ 874 sqq. cf. Dion. Per. 621 sq.
ἑτέρωθεν ἀλίγκιον εἴδεϊ κώνου, / ἑλκόμενον κατὰ βαιόν ‖ 875 cf. Theoc. 22,
41 καὶ ἀκρόκομοι κυπάρισσοι (cf. praef. XXVII, n. 60) ‖ 876 cf. Anon. A. P. 7,
338, 5 περιτροχάουσι δὲ θῆρες ‖ 877 cf. S. Soph. 729 | Nonn. par. Jo. 2, 54 ἕως
πέλε λοίσθιος ὥρη ‖ 878 Opp. Hal. 4, 287 περὶ πρέμνοισιν ἑλίσσεται | fine v.
Call. inc. lib. Aet. fr. 89, 5 Mass. = 178, 5 Pf. ἐν δέ νυ τοῖσι

866 ψλ mg. P ‖ 867 ἑλίξει P: corr. Friedl (iam Scal): ἑλίσσει vel ἕλιξεν Gr (illud
prob. Ludw, coll. Amb. 283 sqq. ὡς δ᾽ ὅτε τις ... ἑλίσσει) ‖ 869 οὕτως P: corr.
Salm ‖ 875 κυπαρίττοις, s. l. σσ, mg. κυπαρίσσοις P ‖ 878 ἐν δένοι κεῖνοις P
(ενδέν οικείνοις Salm, unde ἔνθεν ἐκείνοις Duc): corr. Friedl (iam Scal) | κείνοις
scil. κορύμβοις (873)

880 ἀργυρέους κρητῆρας ἴδοις ὑπένερθε παγέντας
δένδρεσι πυρσοκόμοισι. μέσον γε μὲν ἄλσεος ἁβροῦ
ἀμβροσίου σταυροῖο τύπος φαεσίμβροτον αἴθει 465
φέγγος, ἐϋγλήνοισι πεπαρμένον ἄμμασιν ἥλων.
μυρία δ᾽ αἰολόμορφον ἀνάκτορον ἐντὸς ἐέργει
885 ἄλλα πολυγνάμπτοισι μετάρσια φάεα σειραῖς·
καὶ τὰ μὲν αἰθούσῃσιν ἀναίθεται, ἄλλα δὲ μέσσῳ,
ἄλλα δὲ πρὸς φαέθοντα καὶ ἕσπερον, ἄλλα καρήνοις, 470
ἔκχυτον ἀστράπτοντα πυρὸς φλόγα· νὺξ δὲ φαεινή
ἡμάτιον γελόωσα ῥοδόσφυρός ἐστι καὶ αὐτή.
890 καί τις ἀνήρ, στεφάνοιο χοροστασίης τε δοκεύων
δένδρεα φεγγήεντα, λιπαλγέα θυμὸν ἰαίνει,

880 cf. ad S. Soph. 746 | cf. Anast. Traul. A.P. 15, 28, 2 ἑκάτερθε παγέντας
et Ap. Rh. 3, 965 ὑπένερθε πάγη πόδας ‖ 881 Nonn. D. 19, 191 ἐν ἄλσεσιν
ἁβρὸς ὀδεύων ‖ 882 cf. S. Soph. 506; 791; 828 | conferre possis Theoc. 2, 134
φλογερώτερον αἴθει ‖ 883 cf. S. Soph. 616 | cf. Hom. Il. 1, 246 ~ 11, 633 ἥλοισι
πεπαρμένον ‖ 883 sq. cf. Amb. 206 sq. ‖ 884 Opp. Hal. 3, 84 μυρία δ᾽ αἰόλα
τοῖα | cf. Hom. Il. 2, 617 ἐντὸς ἐέργει, etc. ‖ 884 sq. cf. Amb. 206 sq. ‖ 885 cf. ft.
Nonn. par. Jo. 18, 17 sq. χερσὶ πολυσπερέεσσι μετάρσιον ... λύχνων ... ἄγγος
ἀείρων ‖ 886 ad rhythm. cf. Nonn. D. 12, 292 καὶ τὰ μὲν ἀμπελόεντος ἀείδεται
ἀμφὶ κορύμβου ‖ 888 Procop. Aed. 1, 1, 30 φωτὸς περιουσία ... περικέχυται |
cf. e.g. Dion. Per. 329 πυρὸς φλογί ‖ 888 sq. vd. ad S. Soph. 809 et cf. etiam
[Opp.] Cyn. 1, 114 sq. Ἠὼς ... γαληνιόωσα ἡματίοισι δρόμοισιν; conferre
possis Eusth. Macr. 8, 5, 1 (96, 20–2 Marc.) ἐπεὶ δὲ νὺξ οὐδαμοῦ ... καὶ τὸ
ζητούμενον φῶς ἡμῖν προσεγέλασε ‖ 889 cf. Call. ? fr. 768, 1 Pf. ἠκαλέον
γελόωσα | cf. e.g. Hes. Op. 764 θεός νύ τίς ἐστι καὶ αὐτή (cf. ad S. Soph. 969) ‖
890 sq. Nonn. D. 44, 189 ἀφεγγέα νύκτα δοκεύων et 42, 279 αἰόλα δένδρα
δοκεύων ‖ 891 cf. Nonn. D. 26, 186 δένδρεα χαιτήεντα | cf. Theoc. 7, 29 θυμὸν
ἰαίνει, etc. ‖ 891 sqq. cf. ft. Cyrus A.P. 9, 808, 9 sq. ἐὸν μέγα θυμὸν ἰάνθη ... ἐπεὶ
εἴσιδεν ἄλλοθεν ἄλλα (cf. 896); [Opp.] Cyn. 3, 165 sqq. τερπόμενοι· γάνυται δὲ
... οὐδ᾽ ἀποπλάζονται, πρὶν ἀπὸ γλυκὺν ἵμερον εἶναι. / θυμὸν ... συνιαίνουσι

886 αἰθούσσησιν P: corr. Duc ‖ 887 δέ omitti posse cens. Herm, prob. Ludw,
coll. S. Soph. 258 sq. χρύσεον-χρῡσέην, 939 sq. πρῖν-πρίν, Amb. 143 sq. ἅλῐς-
ἅλῖς (cf. potiss. Schneider, Callimachea I 152 sqq. et N. Hopkinson, Glotta
LX [1982], 165–168; quorum exemplis accedant Ap. Rh. 2, 707 ἔτῐ-ἔτῑ; Mel.
HE 4222 πάλῐν πάλῑν; SGO 09/09/01, 2 (Klaudiu Polis, II p. Chr.) μόνος-
μόνος; Nonn. D. 1, 294 μετᾰ-μετᾱ; 5, 556 μετᾰ-μετᾱ; 21, 235 δίχᾱ-δίχᾰ);
at hoc genus productiones ἄλλᾱ πρ- rarae sunt, cf. praef. XXXV (22) |
καρήνοις susp. est Gr ‖ 890 δὲ δοκεύων P: corr. Duc ‖ 891 nisi cupias in
locum ἅπαξ λεγομένου λιπαλγέα sufficere λιπαυγέα, cf. 894 λαθικηδέα

ὃς δὲ πυρισπείρητον ἐπακτρίδα, θέλγεται ἄλλος 475
εἰσορόων λαμπτῆρα μονάμπυκα, σύμβολον ἄλλος
οὐρανίου Χριστοῖο νόον λαθικηδέα τέρπει.
895 ὡς δ᾽ ὅταν ἀννεφέλοιο δι᾽ ἠέρος ἄνδρες ὁδῖται
ἀστέρας ἄλλοθεν ἄλλον ἀναθρώσκοντας ἰδόντες
ὃς μὲν ἀποσκοπέει γλυκὺν Ἕσπερον, ὃς δ᾽ ἐπὶ Ταύρῳ 480
θυμὸν ἀποπλάζει, γάνυται δέ τις ἀμφὶ Βοώτην,
ἄλλος ἐπ᾽ Ὠρίωνα καὶ ἄβροχον ὁλκὸν Ἁμάξης
900 ὄμμα φέρει· πολλοῖς δὲ πεπασμένος ἀστράσιν αἰθήρ
ἀτραπιτοὺς ὤϊξεν, ἔπεισε δὲ νύκτα γελάσσαι·
οὕτω καλλιχόροιο κατ᾽ ἔνδια θέλγεται οἴκου 485

893 sq. cf. enc. duc. Rom. v. b, 13 sq. (Heitsch XXXVI) κ]αὶ ἐτέρπετο θ[υμ]ῷ /
εἰσορόων ‖ 894 cf. ad S. Soph. 801 ‖ 895 Nonn. D. 42, 6 ὡς δ᾽ ὁπότ᾽
ἀννεφέλοιο δι᾽ αἰθέρος ὀξὺς ὁδίτης (Merian-Genast, p. 95); cf. et Dion. Per.
531 οἷον ὅτ᾽ ἀννεφέλοιο δι᾽ ἠέρος εἴδεται ἄστρα ‖ 895 sqq. cf. Hom. Il. 8, 555
sqq. ὡς δ᾽ ὅτ᾽ ἐν οὐρανῷ ἄστρα φαεινὴν ἀμφὶ σελήνην / φαίνετ᾽ ἀριπρεπέα,
ὅτε τ᾽ ἔπλετο νήνεμος αἰθήρ· ... / πάντα δὲ εἴδεται ἄστρα, γέγηθε δέ τε
φρένα ποιμήν (cf. v. 898); Od. 6, 44 sq. αἴθρη / πέπταται ἀνέφελος, λευκὴ
δ᾽ ἐπιδέδρομεν αἴγλη (cf. S. Soph. 325; 904); ft. Lib. or. 11, 236 ἄλλο γὰρ
ἄλλοθεν τὸ μὲν θέλγει, τὸ δὲ ἐκπλήττει, καὶ τὸ μὲν κατέχει, τὸ δὲ ἐπισπᾶται
καὶ περικέχυται τοῖς ὀφθαλμοῖς αὐγὴ περιστρέφουσα τὸν θεατήν; imit. ut
vid. Const. Rhod. Ss. App. 261 οἷς ὥσπερ ἄστροις ἀγλαΐζεται πόλις; cf.
etiam Nic. Call. carm. 29, 62 sqq. τὸν Ἕσπερόν μοι καὶ τὸν Ἀρκτοῦρον
σκόπει, / σκόπει τὸν Ὠρίωνα, τὸν Κύνα βλέπε / καὶ τὸν Βοώτην ἴδε σὺν τῷ
Σειρίῳ; [Arsen. Archeop.] versus in Dom. Res. 38 sqq. (PG 140, 937–938)
κατίδοις ἄνω τὴν Ἄρκτον, / μεγάλην τε καὶ τὴν ἥττω, / στέφανον τῆς
Ἀριάδνης, / ζῳδιακὸν κύκλον ἴδοις / καθαρὸν σὺν τοῖς ζῳδίοις· / βορινὸν
κύκλον κατίδοις, / θερινὸν σὺν τούτῳ πάλιν ‖ 896 conferre possis Opp. Hal.
1, 189 sq. ἄλλοθεν ἄλλος / ἀμφιπερισκαίροντες; cf. Amb. 222 sq. ‖ 897 cf. ft.
Anon. A. P. 7, 62, 2 ἀστερόεντα θεῶν οἶκον ἀποσκοπέεις | Nonn. D. 7, 283
γλυκὺς Ἕσπερος ‖ 898 cf. Nonn. D. 34, 8 πλάζεται ... ἐμὸς νόος | cf. Ap.
Rh. 1, 777 sqq. κυανέοιο δι᾽ ἠέρος ὄμματα θέλγει ... γάνυται δέ τε (δέ τις
Maas) ἠίθεοιο / παρθένος ‖ 899 Nonn. D. 23, 295 καὶ ἄβροχον ὁλκὸν Ἁμάξης;
Musae. 214 κ. ἄ. ὁ. Ἁ. (Merian-Genast, 103); cf. S. Soph. 534 ‖ 900 cf. Greg.
Naz. carm. 2, 1, 34, 202 ὄμμα φέρει, etc. | cf. S. Soph. 627 ‖ 901 cf. Pamprep.
fr. 3, 74 Livrea ..].εριην δ᾽ ὤ[ι]ξεν ἀνήλυσιν (vd. Livrea ad loc.) ‖ 902 cf. S.
Soph. 546

893 ἄλλο P: corr. Duc ‖ 894 οὐραν//ίου P (οὐρανο- P ante corr.) | νόωι
λαθικηδέϊ, mg. γρ νόα λαθικηδέα τέρπει P: corr. Salm s. l.

ἀγλαΐης ἀκτῖνι φεραυγέος ἄλλος ἐπ' ἄλλη.
πᾶσι μὲν εὐφροσύνης ἀναπέπτ[αται] εὔδιος αἴθρη
905 ψυχαίην ἐλάσασα μελαγκρήδεμνον ὁμίχλην·
πάντας ἐπαυγάζει σέλας ἱερόν, εὖτε καὶ αὐτός
ναυτίλος οἰήκεσσι θαλασσοπόροισι κελεύων   490
(εἴτε λιπὼν ἄξεινα μεμηνότος οἴδματα Πόντου
πλαγκτοὺς ἀντιπόρων σκοπιῶν ἀγκῶνας ἑλίσσει,
910 ἐννύχιον μέγα τάρβος ἔχων γναμπτῇσι κελεύθοις,
εἴτε μετ' Αἰγαίωνα παρ' Ἑλλησπόντιον ὕδωρ
νῆα κατιθύνῃσι ῥοώδεος ἀντία δίνης,   495
δεχνύμενος προτόνοισι Λιβυστίδος ὄγκον ἀέλλης),

904 cf. S. Soph. 174 sq. | Theaet. A. P. 10, 16, 8 εὔδια πεπταμένης; cf. etiam S.
Soph. 354 ἀναπέπταται ἔνδια | cf. S. Soph. 533; Hom. Od. 6, 44 sq. αἴθρη /
πέπταται ‖ 905 Nonn. par. Jo. 9, 72 Χριστὸς ... ἐλάσας ἀλαωπὸν ὁμίχλην |
Nonn. par. Jo. 6, 67 μελαγκρήδεμνος ὁμίχλη (Merian-Genast, 96) ‖ 906 cf.
Orph. H. proem. 4 ἱερὸν σέλας; H. 7, 1 ἱ. σ.; Man. 6, 551 σέλας ἁγνόν | cf.
Anon. A. Pl. 362, 3 εὖτε καὶ αὐτή ‖ 906 sqq. imit. Const. Rhod. Ss. App.
321 sqq. τίς γὰρ θάλασσαν εἰσπλέων ταύτην ξένος / ἰδών τε ταῦτα πάντα
μακρὰν μακρόθεν / καὶ προσπελάσας τῇ πόλει τῇ παγκλύτῳ, / μὴ θάμβος
εὐθὺς ἔσχεν ἐκ θεωρίας ...; ‖ 907 et 915 cf. Nonn. D. 1, 90 ναυτίλος· – εἰσορόων
δέ ‖ 908 Nonn. D. 39, 179 μεμηνότα πόντον | cf. Opp. Hal. 1, 447 et 2, 259
οἴδματα πόντου ‖ 909 cf. Opp. Hal. 5, 146 πλαγκτὸν δρόμον εἰλίσσοιτο |
Dion. Per. 979 ἀγκῶνας ἑλίξας ‖ 909 sq. cf. Ap. Rh. 4, 1062 sq. ἑλίσσει /
ἐννυχίη ‖ 910 cf. e. g. S. Aj. 1211 sq. ἐννυχίου δεί-/ματος; cf. et Paul. Sil. A. P. 5,
293, 8 ἐννυχίου κύματος | cf. Greg. Naz. carm. 1, 2, 9, 63 ἔχων μέγα τάρβος;
cf. et Posidipp. HE 3182–3 = 133 A.-B. ἐν δὲ θαλάσσῃ / τάρβος | cf. S. Soph.
464; cf. Triph. 523 παλιγνάμπτοισι κελεύθοις ‖ 911 sq. cf. laud. prof. Smyrn.
97 (XXX Heitsch) παρὰ θῖνα ῥοώδεος Ἑλλ[ησ]πόντου ‖ 912 cf. Orph. A.
126 νῆα κατιθύνειν, etc. ‖ 913 cf. S. Soph. 426 | [Opp.] Cyn. 2, 147 δεχνύμεναι
κόλποισι νεήλυδος οἴδμα θαλάσσης; Nonn. D. 20, 131 δεχνύμενον ... ὄγκον |
e. g. Nonn. D. 10, 230 Λιβυστίδος ὄργανον Ἠχοῦς

903 ἀκτῖvι P: leg. Salm | ἄλλος ἔπαλληι P: leg. Friedl ‖ 904 ἀνάπεπτ[....] P:
suppl. Gr | εὔδιος αἴθρη P: leg. Friedl. (εὔδιος iam Gr) ‖ 905 μελαγκρηδεμνον
ὁμίχλην P: leg. Salm ‖ 906 αὐτὸÙ P ‖ 908 μεμηνότα P: corr. Salm ‖ 910 μετὰ
P: corr. Gr (iam Scal mg.) ‖ 911 αιγᵉῶνα, mg. laev. αἰγαίωνα, mg. dext. γρ
αἰγαίωνα P

οὐχ Ἑλίκην, οὐχ ἡδὺ φάος Κυνοσουρίδος Ἄρκτου
915 εἰσορόων οἴηκι φερέσβιον ὁλκάδα πάλλει,
ἀλλὰ τεοῦ νηοῖο θεουδέα λαμπάδα λεύσσων,
φορτίδος εὐτόλμοιο προηγέτιν, οὐχ ὑπὸ μούνοις   500
φέγγεσιν ἐννυχίοισι (τὸ γὰρ καὶ Πρωτέος ἀκταί
ἐν Φαρίῃ τεύχουσι Λιβυστίδος ἐς πόδα γαίης)
920 ἀλλὰ καὶ εὐδώροισι θεοῦ ζώοντος ἀρωγαῖς.
μίμνε μοι, ὦ σκηπτοῦχε, πολυχρονίους ἐπὶ κύκλους
ἐς φάος ἑσπέριόν τε καὶ ὄρθριον· εἰς σὲ γὰρ ἠώς   505
ἀμπαύειν, πολύυμνε, καὶ ἕσπερος οἶδε μερίμνας.
σοὶ λιμένες γλαυκῶπιν ἀποκρίνουσι γαλήνην

---

914 cf. Ov. Ep. 18, 149 *nec sequor aut Helicen aut qua Tyros utitur
Arcton* (et vd. ad 914 sqq.); rectius autem apud Silentiarium UMa et UMi
distinguuntur, cum autem Ov. tantummodo UMa, eamque duobus nomini-
bus, commemoret (vd. Kost ad Musae. 213 sqq.) | cf. e.g. Orph. A. 368 ἡδὺ
φάος; PLitGoodspeed 2 fr. f, 12 Meliadὸ φάος ἡδύ | Arat. 182 Κυνοσουρίδος
Ἄρκτου (cf. etiam Man. 2, 24 K. Ἄ.) || **914** sqq. Musae. 213 sqq. ὀπιπεύων,
οὐκ ὀψεδύοντα Βοώτην, / οὐ θρασὺν Ὠρίωνα καὶ ἄβροχον ὁλκὸν Ἀμάξης
/ … λύχνον, ἐμοῦ βιότοιο φαεσφόρον ἡγεμονῆα || **915** cf. Claud. Gild. 58
frugiferas … rates; cf. S. Soph. 232 | cf. e.g. Diosc. 10, 18 Fournet ἀεὶ κυβερνῶν
ἀκριβῶς τὴν ὁλκάδα || **916** cf. Jo. Gaz. 2, 66 λαμπάδα λεύσσει || **918** cf. S.
Soph. 826 (et 809) || **919** Anon. (Nonnus?) A.P. 9, 198, 1 ἐν Φαρίῃ | Christod.
138 γαίης … Λιβυστίδος | conferre possis Dion. Per. 814 ὑπὸ ζαθέης πόδας
Ἴδης || **920** Nonn. par. Jo. 1, 204 θεοῦ ζώοντος, etc. | cf. e.g. Greg. Naz.
carm. 1, 1, 9, 8 Θεοῦ … ἀρωγῆς || **921** Nonn. D. 11, 75 μίμνε μοι, etc. | cf.
Q.S. 12, 14 πολλὸν ἐπὶ χρόνον … μίμνε (impf.) || **921** sqq. consalutationes
imperatorum hexametris versibus reddit, sicut iam Opp. Hal. 2, 685 sq.
τούς (scil. Marcum et Commodum) μοι καὶ ῥύοισθε καὶ ἔμπεδον ἰθύνοιτε /
πολλαῖς ἐν δεκάδεσσιν ἑλισσομένων ἐνιαυτῶν; easdem formulas facete imit.
Theod. Prodr. Catomyom. 379 sq. ζώης ἀλύπως, εὐθαλῶς, εὐκαρδίως / ἐς
λυκάβαντας μήποτε πληρουμένους || **922** sq. Pamprep. fr. 4, 5 sq. Livrea ᾧ
ἔνι πάντων / π]ᾶσα πολυπλάγκτων μερόπων [ἀ]μπαύεται ὁρμή || **923** cf.
Nonn. D. 17, 74 et 47, 132 ἄμπαυμα μερίμνης; Maced. A.P. 5, 227, 3 = 4
Madden ἐμῆς ἀνάθημα μερίμνης an ἄμπαυμα? || **924** cf. e.g. Procop. Aed. 1,
6, 11 τὸ κῦμα … ἀποκρίνεται | vd. ad S. Soph. 294

---

914 οὐκ – οὐκ P: corr. Gr (iam Scal) || **916** λεύσων P: corr. Salm || **919** ἐν
Φαρίῃ «Alexandriae», cf. St. Byz. s. v. Φάρος (659, 13 Mein.) Φάρος δὲ καὶ ἡ
Ἀλεξάνδρεια ἐκαλεῖτο || **923** ἑσπέριος P (propter ἑσπέριον v. 922): corr. Salm

925 πᾶσαν ἐς ἀγχιάλοιο πόλιν χθονός· ἐκχύμενον δέ
     κῦμα περιστέλλοντες ὑπ' εὐκόλποισιν ἀγοστοῖς
     Νηρέος ἀφριόωσαν ὑποσσαίνουσιν ὁμοκλήν.   510
     καὶ ποταμῶν ὑπόειξε ῥόῳ βρυχώμενον ὕδωρ,
     οὐκέτι δ' ἁρπακτῆρα μιαίνεται ὁλκὸν ὁδίτης·
930 τὸν πρὶν ἀνικήτοισιν ἀγηνορέοντα ῥεέθροις
     Μυγδόνα Σαγγάριόν τις ἰδὼν Βιθυνίδι γαίῃ,
     νῶτα λιθοδμήτοισι διαζωσθέντα γεφύραις,   515

925 cf. ft. Dion. Per. 823 ἀγχίαλοι γεγαῶτες ἐπὶ χθονός ‖ **926** cf. Coripp. laud.
Just. 1, 104 sq. *portum quem geminae conplexant brachia ripae / moenibus
adpositis*; imagine autem versa de Tyro Nonn. D. 40, 324 sqq. καὶ πτόλιν
Ἐννοσίγαιος ἔχων ἀστεμφέι δεσμῷ / νυμφίος ὑδατόεις περινήχεται, οἷα
συνάπτων / πήχεϊ παφλάζοντι περίπλοκον αὐχένα νύμφης; de Beroe 41, 29
sq. καὶ ἔμβρυον αὐχένα κούρης / πήχεϊ μυδαλέῳ περιβάλλεται ὑγρὸς ἀκοίτης ‖
928 cf. Greg. Naz. carm. 1, 1, 20, 18 τοῖς δ' ὑπόειξε μέγας πόντος ὀρινόμενος |
cf. Hom. Il. 17, 264 βέβρυχεν μέγα κῦμα ποτὶ ῥόον ‖ **929** cf. Nonn. D. 22, 382
ῥόον ποταμοῖο μιαίνων; 39, 43 ῥέεθρα μιαινομένου ποταμοῖο ‖ **929** sqq. ad rem
cf. Procop. Aed. 5, 1, 3 τὰ κατὰ τὰς ὁδοὺς ἐπανορθοῦντι (scil. Ἰουστινιανῷ) …
ποταμοῦ γειτονήματι τοὺς παραπίπτοντας ἀποπνίγοντα; 5, 3, 6 (ἡ γέφυρα)
τὸν χειμάρρουν … κατὰ πολὺ ὑπεραίρουσα ἐν τῷ βεβαίῳ διασώζεται τοὺς
ταύτῃ ἰόντας; SGO 01/20/15, 3 sq. (Miletus, V p. Chr.) γέφυραν ποιήσατ'
ὁδίταις / ἄλκαρ χειμερίων πληθομένων ὑδάτων ‖ **930** cf. S. Soph. 948 | Nonn.
D. 40, 183 ἡ πρὶν ἀγήνωρ; FGE 1596–7 = GVI 896, 1 sq. (Thessalia, IV a.
Chr.) τῆσδέ ποθ' ἡ μεγάλαυχος, ἀνίκητος τε … ἐδουλώθη | conferre possis
Nonn. D. 27, 185 χεῦμα γεφυρώσαντες ὑπερφιάλου ποταμοῖο ‖ **930** sqq.
cf. Agath. A.P. 9, 641, 5 sq. (= SGO 09/06/04 [Nicomedia, 560/1 p. Chr.])
(Σαγγάριε) ὁ πρὶν δὲ σκαφέεσσιν ἀνέμβατος, ὁ πρὶν ἀτειρὴς / κεῖσαι λαϊνέῃ
σφιγκτὸς ἀλυκτοπέδῃ ‖ **931** cf. Ap. Rh. 2, 619 Βιθυνίδα γαῖαν ‖ **932** Nonn. D.
22, 175 λαϊνέης μέσα νῶτα διαξύοντα γεφύρης

925 ad postposit. praep. cf. Paul. Sil. A.P. 10, 15, 6 φόρτον ἐς (v. autem 925
ἐς «ἐν») | ἐγχυμένον P: corr. Gr: ἐγχυμένου Duc (ft. recte, cf. Opp. Hal. 5,
269 κῦμα … λύθροιο … ἐκχυμένοιο; Triph. 392 αἵματος ἐκχυμένου πέλαγος
καὶ κῦμα φόνοιο): ἐσχ. dub. Friedl ‖ **928** ὑπόϊξε P: corr. Salm ‖ **929** ὁδίταις P:
ὁδίταις negl. Friedl, iure; μιαίνεται pro μιαίνει poni vid. (an ob memoriam
Dion. Per. 101 καὶ μία δ' εἰς ἄνεμον τεκμαίρεται ὁλκὸν ἑκάστη?) ‖ **931** μυγδόνι
P: corr. Salm ‖ **932** λιθοτμήτοισι P: corr. Ludw

κρήγυον ἡμετέρων ἐπέων οὐ ῥυθμὸν ἐλέγξει.

ταῦτά σοι, ὀλβιόμοιρε, μάκαρ, δηναιὸν ἀέξει
935 ζωοφόρου λυκάβαντος ἐπεμβάδα· ταῦτα θριάμβοις
ἑσπερίοις Λιβυκοῖς τε καὶ ἠῴοισι γεραίρει
σὸν κράτος ὠκεανοῖο παρ' ἄντυγα· ταῦτα τυράννων   520
πολλάκις αὐτοφόνοιο χερὸς δηλήμονι τόλμῃ
αὐχένας ἐπρήνιξε πρὶν ἔντεσι χεῖρας ἑλίξῃς,
940 τῶν δὲ κατηλοίησε καρήατα πρίν σε πυθέσθαι
φῆμιν ἀπαγγέλλουσαν ἃ μὴ θέμις. εἴποτε γάρ σοι
βαιὸν ἐλινύσασα Δίκη παρὰ ποσσὶ κομίσσῃ   525
ἀντιβίων τινὰ φῶτα, κατευνάζεις μὲν ἀέλλας

933 cf. Dion. Per. 895 sq. οὐδ' ἂν ἔμοιγε / μύθου ἅτε ψευσθέντος ἀνὴρ
ἐπιμωμήσαιτο ‖ 934 Anon. A. Pl. 62, 1 ταῦτά σοι, ὦ βασιλεῦ Μηδοκτόνε
(scil. Ἰουστινιανέ), δῶρα κομίζει ‖ 934 sqq. cf. S. Soph. 58 ‖ 936 cf. e.g. Hom.
Od. 8, 29 ἠὲ πρὸς ἠοίων ἢ ἑσπερίων ἀνθρώπων ‖ 937 Maec. GPh 2495
σὸν κράτος; Nonn. D. 2, 592 σ. κ. ‖ 938 [Opp.] Cyn. 4, 290 αὐτοφόνοισιν
... χερσί | cf. Phil. GPh 3015 ἄφρονι τόλμῃ ‖ 938 sq. cf. Nonn. D. 23, 88
πολλάκι ... κατεπρήνιξε ‖ 939 cf. Nonn. D. 28, 64 αὐχένα ... κατεπρήνιξε |
cf. Nonn. D. 23, 6 χεῖρας ἑλίξας, etc. ‖ 939 sq. cf. Nonn. D. 11, 88 πρήνιξεν
ἀλοιηθέντα ‖ 942 cf. Hom. Il. 13, 579 μετὰ ποσσὶ κυλινδομένην ἐκόμισσεν |
ad sigmatism. cf. Nonn. D. 48, 378 παρὰ ποσσὶν ἀνάσσης ‖ 942 sq. cf. Prisc.
pan. Anast. 172 sq. tyrannos / ante pedes vestros mediis circensibus actos;
Georg. Pis. exp. Pers. 2, 223 sq. καὶ τοῖς ποσίν σου τοῖς πανημέροις τάχος /
τὸν πρὶν στρατηγὸν εἰσάγουσι δέσμιον ‖ 943 cf. Nonn. par. Jo. 5, 22 τινὰ
φῶτα ‖ 943 sq. Nonn. D. 48, 943 χόλον ... κατεύνασεν

933 κρήγυον heic «verum», ut e.g. Hesych. τ 1089 Cunn. τὸ κρήγυον· τὸ
ἀληθές | ἑλίξει P, mg. γρ ἐλέγξει et ζτ. τὴν ἔννοιαν τοῦ στίχου; ordo autem
est οὐκ ἐλέγξει «non improbabit» (τὸν) κρήγυον ῥυθμὸν ἡμετέρων ἐπέων.
correctionem ἐλέγξει comprobat Hom. Il. 9, 522 μὴ σύ γε μῦθον ἐλέγξῃς ‖
934 mg. στίχ(οι) ὦ P ‖ 934–935 efficient ut diu (δηναιὸν: absolute) vivas:
siquidem ἀέξει sanum est (cf. S. Soph. 949 ἀέξεις) ‖ 937 ὠκεανοιο παρ αντυ-
γα ταυτα P.: leg. Friedl ‖ 938 δηλήμονι P: leg. Salm ‖ 939 ἑλίξεις P: corr.
Friedl (iam Scal) ‖ 942 ἐλήνύσασα P | κομίσσοι P: corr. Gr

66   DESCRIPTIO SANCTAE SOPHIAE

εὐθὺς ἀναγκαίοιο χόλου, στρεπτὴν δὲ γαλήνην
945 εὐθὺς ἄγεις, καὶ δεσμὸς ὁ χάλκεος ὁ πρὶν ἐέργων
ἀνέρα ποιναίοισιν ἐν ἄμμασιν, εὐθὺς ἀνοίγει
αὐχενίην κληῖδα· σὺ δ᾽ ἵλαον ὄμμα τανύσσας   530
τὸν πρὶν ἐριδμαίνοντα σέθεν ζυγόδεσμον ἀράξαι
ἀντὶ φόνου ζωστῆρας ἐς αἰγλήεντας ἀέξεις.
950 κερδαίνεις δ᾽ ὅσα τύμβος ἀμείλιχος εἶχε καλύψαι
γυῖα τεοῦ θεράποντος· ἀφ᾽ ὑμετέρης δὲ γαλήνης
νικηθείς, τρισέβαστε, πολὺ πλέον ἠὲ σιδήρῳ   535
εἰς σὲ μεταστρεφθεῖσαν ὅλην φρένα δέσμιος ἕλκει,
ἐκ δὲ φόβου πρὸς ἔρωτα τεὸν καὶ πίστιν ἀΐξας
955 ὑμετέροις ἐθέλοντα λόφον δούλωσε λεπάδνοις·
οἶσθα γὰρ ὅσσον ἔρως κρατερώτερός ἐστιν ἀνάγκης,
οἶσθα καὶ ὡς νομίοισιν ἐν ἄνθεσι πολλάκι ταῦρος   540

945 cf. Amb. 281; Greg. Naz. carm. 1, 2, 1, 603 δεσμὸς ἐέργει ‖ 945 sqq. cf.
Paul. Sil. A. P. 5, 217, 3 sqq. χάλκεα ... τείχεα καὶ δεσμοὺς ... ὅλας κληῖδας ‖
947 Nonn. D. 21, 206 αὐχενίη κληῖδι | cf. Nonn. D. 17, 60 et par. Jo. 13, 91
ἵλαον ὄμμα φέρων; Syn. H. 5, 75 sq. ἵλαον οὖας / τάνυσον ‖ 948 cf. S. Soph.
930 | Nonn. D. 42, 155 δεσμὸν ἀράξας ‖ 949 cf. e.g. Jul. Aegypt. A. P. 7,
581, 1 ἀντὶ φόνου | cf. Agath. A. P. 1, 36, 3 (= SGO 03/02/51, 3 [Ephesus,
VI p. Chr.]) ζωστῆρα μαγίστρου; imit. ft. Coripp. laud. Just. 2, 115 *balteus
effulgens* ‖ 950 cf. e.g. Hom. Il. 9, 158 Ἀΐδης ... ἀμείλιχος | εἶχε καλύψαι «a
late usage» Whitby 1985, 228: cf. quidem Nonn. par. Jo. 4, 47 εἶχεν ὁπάσσαι ‖
953 Nonn. D. 35, 200 sq. μεταστρεφθεῖσα ... εἶλκεν (et Opp. Hal. 4, 270 sq.
φρένα ... ἕλκεσθαι) | cf. Greg. Naz. carm. 1, 2, 2, 481 ὅλην φρένα; Nonn. D.
1, 534 ὅ. φ., etc. | Nonn. D. 15, 28 δέσμιον ἕλκων ‖ 954 sq. cf. Nonn. par. Jo.
3, 84 πίστιν ἐς ἀστυφέλικτον ἑκούσιον αὐχένα κάμπτων ‖ 955 cf. S. Soph. 158
sq.; Nonn. D. 20, 125 sq. κυβερνήτειρα λεπάδνων / εἰς λόφον ἡμιόνων; 29,
368 δέσμιον αὐχένα δοῦλον ἐπεσφήκωσε λεπάδνῳ, etc. ‖ 957 sq. Pamprep.
fr. 3, 118 Livrea καλαύ[ροπι] πέ̣[μπετ]ο (Wil: πείθετ]ο Page) ταῦρος

944 στρεπτὴν P: susp. est Gr «nisi tacitos residentis maris orbes intellexit,
aut ἀέλλας εἰς γαλήνην μεταστρεφομένας respexit. An σεπτήν i. e. σεμνήν?»;
ad coni. cf. e. g. Leon. HE 2306 στεπτοῖς Salm: στρεπτ- P: σεπτ- Boissonade;
at στρεπτὴν ferri posse docent Hom. Il. 15, 203 στρεπταὶ ... φρένες ἐσθλῶν
(Friedl); Q. S. 9, 520 sq. οἶδα γὰρ ὡς ⟨σ⟩τρεπτὸς (Rhodomann: τρ- codd.)
νόος ἀνδράσι γίνεται ἐσθλοῖς et potiss. schol. A Il. 9, 497b (II 504, 43–4
Erbse) στρεπτοί· εὐμετάστρεπτοι καὶ ἵλαοι τοῖς μετανοοῦσι ‖ 947 αὐχενίτην
P: corr. Gr ‖ 948 ἀράξαι P (agn. Ludw): ἀράξας edd. omnes ‖ 952 τρισέβαστε
P ‖ 956 ὅσον P: corr. Salm

πειθόμενος σύριγγι καλαύροπος ἦχον ἀλύσκει.

ἔνθεν ἀεὶ καμάτοιο τεοῦ προκέλευθος ἀνέστη
960 Χριστὸς ἄναξ, βουλὰς δὲ κυβερνητῆρι χαλινῷ
σεῖο κατιθύνει κρατερόφρονας, εἴτ᾽ ἐπὶ χάρμην
φάσγανα γυμνῶσαι τελέθει χρέος εἴτε καλύψαι·   545
ὅς σε καὶ ἀρητῆρα θεουδέα δῶκεν ἑλέσθαι
ῥηϊδίως κραναὴν ἀρετῆς τετράζυγος οἶμον
965 πᾶσαν ἐπιτροχάοντα, τὸν ἠγαθέοισι θοώκοις
Ῥώμης οὐρανίη τις ἐφήρμοσεν ἔνθεος ὀμφή.

ἀλλὰ τροπαιοφόρων τε καὶ εὐπτολέμων σέθεν ὕμνων   550
βαιὸν ἀποκλίναντες ἐπιτρέψωμεν ἀοιδήν
σεμνὸν ἐς ἀρητῆρα· τεὸς δέ τίς ἐστι καὶ αὐτός
970 ὕμνος, ἄναξ. νίκη γὰρ ἀμοιβαδὸν ἄλλοθεν ἄλλη
εὐπτολέμοις καμάτοισι καὶ ἀστυόχοις ἐπὶ μόχθοις
ὑμετέροις στέφος ἁβρὸν ἐπεστήριξε καρήνοις.   555

958 Anon. A. Pl. 74, 4 sq. οὐδὲ συῶν ἀγέλη ἐπιπείθεται ἀνδρὶ νομῆϊ, / πρὶν καὶ ἐριγδούποιο καλαύροπος ἦχον ἀκούσῃ (Whitby 1985, 227); cf. etiam Him. 48, 32 λόγος δὲ εὐθύνει τὰ σύμπαντα, οὐδὲν σιδήρου δεόμενος· οἶδα δὲ ἐγὼ καὶ ποιμένας, ὅσοι προβατεύειν χρηστοί, ὀλίγον μὲν χρωμένους καλαύροπι, ποιμαίνοντας δὲ τὰ θρέμματα τῇ σύριγγι || **959** cf. Marian. A.P. 9, 626, 5 ἔνθεν ἀεί || **959** sq. cf. e.g. Anon. A.P. 1, 8, 1 Χριστὸν παμβασιλῆα φίλοις καμάτοισι γεραίρων (scil. Ἰουστινιανός) | ἀνέστη / Χριστός vix fortuitum vid.; cf. Greg. Naz. carm. 1, 1, 23, 10 sq. ἀναστάς / Χριστὸς ἄναξ || **960** Nonn. D. 37, 207 κυβερνητῆρι χαλινῷ (iam [Opp.] Cyn. 1, 96 κυβερνητῆρα χαλινόν) || **960** sq. cf. e.g. Q.S. 1, 360 κρατερόφρονι βουλῇ || **961** Triph. 382 ἐπὶ χάρμην; Nonn. D. 26, 215 ἐ. χ. || **962** cf. e.g. Nonn. par. Jo. 9, 19 πέλει χρέος ἔργα τελέσσαι || **963** Procop. Aed. 1, 1, 26 καὶ αὐτοῦ δὲ τοῦ βασιλέως τὸν νοῦν εἰκότως ἄν τις ἀγασθείη τούτου δὴ ἕνεκα, ὅτι δὴ ἐκ πάντων ἀνθρώπων ἐς τῶν πραγμάτων τὰ σπουδαιότατα τοὺς καιριωτάτους ἀπολέξασθαι ἔσχε | Anon. A.P. 1, 119, 1 θεουδέος ἀρητῆρος || **964** cf. Nonn. D. 4, 346 κραναῆς ... πορείης || **964** sq. cf. ft. Opp. Hal. 5, 64 sq. θάλασσαν / πᾶσαν ἐπιστείχουσι || **965** cf. Greg. Naz. carm. 2, 2, 7, 5 θώκων ... ἠγαθέοισι || **966** cf. Nonn. D. 7, 161 ἔνθεον ὀμφήν, etc. || **967** cf. S. Soph. 135 sqq. || **968** cf. Amb. 83 || **969** Hes. Op. 764 θεός νύ τίς ἐστι καὶ αὐτή || **969** sq. cf. Anon. A.P. 1, 8, 3 sq. θεράπουσι γὰρ εὖχος ὀπάζων / αὐτῷ δή τις ἄνακτι φέρει πολυκυδέα τιμήν || **970** vd. ad Amb. 263 || **971** cf. Agath. A.P. 4, 3 b, 22 εὐπτολέμοις σταχύεσσι | cf. S. Soph. 977 || **972** Nonn. D. 33, 99 στέφος ἁβρόν | Nonn. D. 38, 291 ἐπεστήριξε καρήνῳ

964 κραναῆν – τετράζυγος̄ P || **966** ἐφήρμωσεν P: corr. Salm || **967** mg. σημ(είωσαι) ση(μεῖον) ὡρ(αίως) Παῦ(λος) P, leg. Friedl || **968** sq. mg. ἔπαινος εἰς τὸν πατριάρχην P || **972** στέφεος P: corr. Salm

καὶ γὰρ ὅτε, σκηπτοῦχε, νόου βιοδώτορι βουλῇ
ὑμετέροις τεμένεσσι μέγαν κληρώσαο μύστην,
975 εὐθὺς ἀλιτρονόοιο κατήριπε δαίμονος ὁρμή,
εὐθὺς ὅλων παθέων χαλεπὴν ἐτρέψαο χάρμην,
εὐθὺς ἐπ' ἀστυόχοις καμάτοις ἀνεδήσαο νίκην.   560
ἀλλά μοι ἱμερόεσσαν ὑποστήριξον ἀκουήν
καὶ σύ, πάτερ πολύυμνε, θεουδέος ἡγέτα νηοῦ.
980 σῇ μὲν ὑπὸ σφρηγῖδι φυλάσσεται εὖχος ἀνάκτων,
σεῖο δ' ὑπ' εὐχωλῇσι κατάπτερος ἔθνεα Νίκη
κοιρανίης ὑπέθηκε πολισσούχοισι λεπάδνοις.   565
καὶ τὰ μὲν ἀντιτύποισιν ἐπαυχήσαντα βοείαις
ἔγχος ἄγει βασιλῆος ὑπ' ἴχνεσιν, ἄλλα δὲ Ῥώμῃ
985 μυρία βαρβαρόφωνα συνήλυθον ἔθνεα γαίης
ὑμετέρης ἀΐοντα σέβας, τρίλλιστε, γαλήνης.
χθιζὰ μελαγγυίοισιν ὑπ' ἀνδράσιν ἔνθεον αὐλήν   570
στεινομένην ἐνόησα· τεῆς δ' ἀπὸ θέσπιδος αὐδῆς
θελγόμενοι ψυχήν τε καὶ αὐχένα πρόφρονι βουλῇ
990 οὐρανίοις ἔκλιναν ἐπιχθονίοις τε θοώκοις.

---

973 cf. Nonn. par. Jo. 10, 133 βιοδώτορι μύθῳ ‖ **975** cf. Porph. fr. 329, 21
Smith δαῖμον ἀλιτρονόων ψυχῶν διάδημα λελογχώς ǀ cf. e.g. Or. Sib. 3, 331
δαίμονος ὀρμῆς ‖ **976** cf. S. Soph. 598 ǀ cf. e.g. Greg. Naz. carm. 2, 2, 1, 217
παθέων … βαρὺν κλόνον ǀ Call. Dian. 124 χαλεπὴν ἐμμάξεαι ὀργήν et cf.
ad v. 991 ‖ **977** cf. S. Soph. 971 ǀ cf. Nonn. D. 19, 295 ⟨ὑπ⟩εδύσατο νίκην
(ἀνεδήσατο ν. Lobeck); Agath. Hist. 2, 22, 5 ἀνεδήσατο νίκας (et Procop.
Vand. 2, 27, 11 ἀναδήσασθαι κλέος) ‖ **979** cf. ad S. Soph. 676 ‖ **980** Nonn. D.
41, 143 εὖχος ἀνάκτων (iam Greg. Naz. A.P. 8, 97, 5 εὖ. ἀ.) ‖ **981** cf. S. Soph.
1028 ǀ conferre possis Anon. A.P. 9, 647 Ῥώμη παμβασίλεια … Νίκη … σε
φυγεῖν ἄπτερος οὐ δύναται ‖ **982** cf. S. Soph. 227 ‖ **982** sq. cf. S. Soph. 141 ‖
985 cf. e.g. Or. Sib. 3, 516 ἐθνῶν βαρβαροφώνων ǀ vd. ad S. Soph. 240 ‖ **986**
cf. ft. Call. Cer. 138 ἵλαθί μοι, τρίλλιστε ‖ **987** cf. ft. Nonn. D. 44, 35 et 45,
358 Πενθέος αὐλή ‖ **988** cf. Nonn. par. Jo. 5, 54 θέσπιδι φωνῇ, etc.; Christod.
244 θέσπιδος ὀμφῆς ‖ **988** sq. cf. Georg. Pis. Sev. 454 sq. (Ἡρακλεῖος) λόγοις
… / ἅπαντα θέλγων τῶν φρενῶν τὰ θηρία (scil. τοὺς βαρβάρους) ‖ **990**
cf. S. Soph. 789; cf. App. Cougny VI 81, 9 τρεῖς μὲν ἐπιχθονίοις, τρεῖς δ'
οὐρανίοισι θεοῖσι

980 σφρηγῖδι i.e. «benedictione, signo crucis», cf. Lampe s.v. σφραγίς B. ‖
984 Ῥώμη P: corr. Duc ‖ **987** μελαγγυίοισιν P ‖ **988** αὐλῆς P: corr. Gr. ‖
989 βουλα ut vid. P a.c.

τλήμονες, οἵ μὴ χεῖρα τεὴν δέξαντο καρήνοις,
χεῖρα δυσαντήτων ἐλατήριον ἀμπλακιάων,   575
χεῖρα λιποκτεάνοισιν ἐπαρκέα, χεῖρα τιθήνην
ὀρφανικῶν, πάσης τε κατευνήτειραν ἀνάγκης.
995 καὶ γὰρ ἀπ' ὠδίνων σε σαοφροσύνη τε καὶ αἰδώς
ἐλπίδος οὐρανίης ἱεραῖς ξύνωσε πορείαις.
λιτὰ δέ σοι καὶ δόρπα καὶ ὀμφήεσσα μενοινή,   580
λιτὰ δέ σοι βλεφάρων ἀμαρύγματα, λιτὰ δὲ ταρσῶν
ἴχνια σῶν, καὶ λιτὸν ἔπος σέο χείλεα πάλλει.
1000 οὐ μὲν ἐπισκυνίοιο κατηφιόωσαν ὀμίχλην
ἀμφιέπεις, Χριστῷ δὲ γεγηθότα θυμὸν ἀέξεις,
ἤπιον εὐάντητον ἄγων σέλας· ἐν δὲ προσώποις   585
μειλίχιον μείδημα παρήϊα σεμνὰ χαράσσει.

991 cf. Call. Dian. 124 σχέτλιοι, οἷς τύνη χαλεπὴν ἐμμάξεαι ὀργήν et cf. v.
976 (cf. etiam Alph. GPh 3572 τλήμονες οἷς ἀνέραστος ἔφυ βίος) ‖ 992 cf.
S. Soph. 699 ‖ 993 cf. e. g. Men. Sam. 16 τοῖς δεομένοις τὰ μέτρι' ἐπαρκεῖν
ἐδυνάμην; Nonn. par. Jo. 12, 23 ἀκτεάνων ἀλέγιζεν, etc. ‖ 994 cf. Nonn.
D. 33, 225 κατευνήτειρα κυδοιμοῦ ‖ 995 Musae. 33 σαοφροσύνη δὲ καὶ
αἰδοῖ (Merian-Genast, 103) ‖ 996 cf. Greg. Naz. carm. 2, 1, 1, 287 ἐλπίσιν
οὐρανίῃσι; 551 οὐρανίῃσιν ἐν ἐλπίσιν; 2, 1, 45, 282 ἐλπίδος … ἐπουρανίης |
cf. Nonn. D. 5, 266 ξύνωσε κελεύθῳ ‖ 997 cf. Agath. A.P. 9, 644, 3 λιτὰ δέ
σοι καὶ δεῖπνα (in carmine de latrina!); cf. etiam Antiph. GPh 755 λιτὰ δὲ
δειπνῶν ‖ 998 Nonn. D. 7, 249 βλεφάρων ἀμαρύγματα ‖ 998 sq. cf. Nonn. D.
4, 131 ἴχνια ταρσῶν; Colluth. 135 ἴ. τ. ‖ 1001 cf. e. g. Hom. Il. 13, 494 θυμὸς
… γεγήθει | cf. e. g. Nonn. D. 20, 285 θυμὸν ἀέξει (ad sonum cf. GVI 690, 5 =
IGUR 1195 [Roma, II-III p. Chr.]) τεθνειότι θεσμὸν ἀέξων) ‖ 1002 cf. Nonn.
D. 35, 316 ἵλαον εὐάντητον | cf. Max. 451 ἄγοι σέλας

997 «ὀμφήεσσα μενοινή hic ineptissime interponitur» Gr; sanum autem vid.
et cf. ft. Rufin. A.P. 5, 27, 3 sq. = 9 Page γαῦρα φρονήματα … καὶ σοβαρῶν
ταρσῶν … σπατάλῃ ‖ 999 βάλλει tempt. Gr («πάλλει offendit»); est autem
ἔπος subi., non χείλεα (cf. e. g. Nonn. D. 19, 219 Μάρων … δάκτυλα πάλλων,
etc.): cf. ceterum v. 1003 μείδημα παρηῖα … χαράσσει ‖ 1000 κατ' ἠπιόωσαν
mg. γρ κατ' ἠπιόωντι ὀμίχλην P: corr. Duc (cf. tamen F. Vian, orthographica
[Nonnos de Panopolis … tome IX, Paris 1990], 356) ‖ 1002 σέβας dub. Gr; at
σέλας et ὀμίχλην (v. 1000) inter se opponuntur (Friedl) ‖ 1002 sq. χαράσσει
«crispat»; sicut undae tranquillum crispant mare, ita vultum eius γαληνόν
risus crispat, cf. [A.] Pr. 89 sq. ποντίων τε κυμάτων / ἀνήριθμον γέλασμα;
Antip. Sid. HE 438–9 θάλασσα … φρικὶ χαρασσομένη, etc.

ταῦτα δὲ πρηϋνόοιο φέρεις σημήϊα θυμοῦ·
1005 ἐσσὶ γὰρ εὐθίκτοισιν ἀνέμβατος ἴχνεσιν ὀργῆς,
ἑδρήσσων ἀτίνακτος ἐπ᾽ ἀφλοίσβοιο γαλήνης.
πάντα μὲν ὑλαίων ἀπεσείσαο πήματα μόχθων,   590
εὐσεβίης δ᾽ ὀχετηγὸν ἐνηέα θυμὸν ἀνοίγων
συμπαθὲς ἀνδρομέοισιν ἐπ᾽ ἄλγεσιν ὄμμα τιταίνεις.
1010 οὐδὲ λιπερνήτης τελέθει βροτὸς ὃν σὺ νοήσῃς·
αὐτίκα γὰρ καθαροῖο νόου θημῶνα πετάσσας
Λυδὸν ἐριχρύσοιο παρέδραμες ὄλβον ἀναύρου,   595
ἔκχυτον ἐκ παλάμης ποταμόρρυτον ὄλβον ὀπάζων.
πάντα μὲν ὠγυγίων τε καὶ ὁπλοτέρων κλέα μόχθων
1015 ἐξεδάης, πᾶσαν δὲ ποσὶν καθαροῖσιν ὁδεύεις
ἀτραπιτὸν λειμῶνι θεουδέϊ· σὰς δὲ μερίμνας

1004 Jul. Aegypt. A.P. 7, 592, 5 πρηϋνόου κραδίης μέγα δεῖγμα ‖ 1006 Nonn.
D. 10, 125 ἀφλοίσβοιο ... γαλήνης ‖ 1007 cf. e.g. Or. Sib. 11, 308 sq. πῆμα /
μόχθων ‖ 1008 Nonn. par. Jo. 4, 99 εὐσεβίης ὀχετηγός (Merian-Genast, 96); cf.
etiam Const. Manass. Chron. 3428 Lamps. ὀχετοὺς ἔβλυσεν εὐποιίας | Greg.
Naz. carm. 2, 2, 3, 176 ἐνηέα θυμόν ‖ 1009 vd. adn. crit. ‖ 1010 Call. Hec. fr.
41 Hollis οὐδ᾽ ... εἰμὶ λιπερνῆτις ‖ 1011 Greg. Naz. carm. 1, 2, 17, 17 καθαροῖο
νόου ‖ 1012 Nonn. D. 34, 213 Λυδῶν ἄσπετον ὄλβον, ὅσον Πακτωλὸς ἀέξει
(et Bianor GPh 1734 ὄλβον Πακτωλοῦ ῥεύματι δεξάμεναι) ‖ 1012 sq. cf. Claud.
Cos. Olybr. Prob. 48 sqq. *praeceps illa manus fluvios superabat Hiberos /
aurea dona vomens ... quantas per Lydia culta / despumat rutilas dives
Pactolus harenas*; Const. Manass. Chron. 6011 sqq. Lamps. ψυχαγωγῶν
τοὺς ἐνδεεῖς, ὀλβίζων τοὺς ἀπόρους ... καὶ χρυσορρείθροις νάμασιν ἀρδεύων
τοὺς διψῶντας (scil. Michael IV) ‖ 1013 cf. S. Soph. 234 | cf. Hom. Od. 19, 161
κῦδος (v. l. ὄλβον) ὀπάζει etc. ‖ 1014 cf. Christod. 378 ὠγυγίων κλέα φωτῶν

1004 φέρει P: corr. Salm ‖ 1009 ἐπί non a συμπαθές verum a τιταίνεις pendere
ostendit Nonn. D. 39, 256 ἄσμενον ὄμμα τίταινεν ἐπ᾽ εὐθύρσῳ Διονύσῳ ‖
1010 νοήσεις P: corr. Friedl ‖ 1012–1013 ὄλβον–ὄλβον def. Whitby 1985,
226, cf. ad loc. sim. (conferre possis etiam Man. 2, 246 sq. Ζεὺς δ᾽ ἄρ᾽ ἐν
Ἑρμείαο τόποις πολύολβον ἔθηκεν, / ... ὄλβον) ‖ 1013 ποταμήρρυτον P:
corr. Gr (cf. S. Soph. 234 et Ludw, 23) ‖ 1015–1016 quaenam ista ἀτραπιτός
sit, non liquet: potest sane ad virtutem vel pietatem referri (cf. potiss. Anon.
A.P. 1, 10, 36 εὐσεβίης ξύμπασαν ἀεὶ πατέουσα πορείην nec non et Antip.
Sid. HE 427 ἀτραπιτὸν ... σαοφροσύνας; Orph. L. 80 sq. ἀνθεμόεντα ...
ἀρετῆς λειμῶνα; [Apolin.] Ps. 50, 13 σοφίης ... ἀταρπούς), potest autem
etiam ad Eutychii eruditionem (cf. GVI 1001, 7 sq. [Rhodus, 100 a. Chr.] καὶ
βύβλου πάσης ἐδάην ἰθεῖαν ἀταρπόν / εὑρεῖν), cf. vv. 1014 sq.

ἰθυνόῳ πλάστιγγι κανὼν σταθμήσατο μύστης.　　600
ἔνθεν ὑπ' ἀχράντοισι νόον μελεδήμασι θέλγων
ὤνιον οὐ τέτληκας ἰδεῖν σέβας, οὐδὲ καρήνοις
1020　ἐμπορίην ἱεροῖσιν ἐφήρμοσας, οὐδὲ βεβήλοις
ἀνδράσιν οἶμον ἔδειξας ἀνέμβατον. εἰ δέ σε δώροις
πρηῢς ὑποσσαίνων τις ὀΐσσεται ἐς χάριν ἕλκειν,　　605
βριθὺς ὁμοκλητῆρι χαλέψαο τόν γε χαλινῷ,
ὅσσον ἀποσμῆξαι κραδίης νέφος, ὅσσον ἐλέγξαι
1025　χρυσὸν ἀτιμηθέντα, καὶ ἀφραίνοντα διδάξαι
ὡς καθαρὸν καθαροῖσι θέμις τεμένεσσι θαμίζειν.
ἀλλὰ μένοις καὶ σκῆπτρον ἐμοῦ βασιλῆος ἀέξων　　610
σαῖς, μάκαρ, εὐχωλῆσι· μένοις δ' ἀλιγείτονι Ῥώμῃ
πᾶσαν ἁμαρτινόου βιότου σμώδιγγα καθαίρων.

1017 cf. Jo. Gaz. 2, 329 σοφῇ πλάστιγγι ‖ 1018 Ap. Rh. 3, 4 μελεδήμασι
θέλγεις ‖ 1019 cf. S. Soph. 697 ‖ 1020 cf. ft. Nonn. par. Jo. 2, 87 ἐμπορίης
δόμον ἁγνὸν ἐμοῦ τελέσητε τοκῆος ‖ 1021 Nonn. par. Jo. 7, 139 ἀνέμβατον
οἶμον ‖ 1023 vd. adn. crit. ‖ 1024 cf. e.g. Lib. or. 9, 12 νέφους τε ἀφαιροῦσαν
τοῦ κατὰ τῶν προσώπων | cf. Amb. 184 | Nonn. par. Jo. 3, 115 σμήχων …
κραδίης ῥύπον | cf. Greg. Naz. carm. 1, 1, 4, 38 κραδίης … ζόφος ‖ 1025 cf.
e.g. Hom. Il. 18, 475 χρυσὸν τιμῆντα; Greg. Naz. carm. 1, 2, 1, 619 τιμήεις
χρυσός ‖ 1026 Greg. Naz. carm. 2, 1, 55, 21 ὡς καθαρὸς καθαροῖσι | cf. e.g.
Nic. Alex. 578 ἐν δονάκεσσι θαμίζων ‖ 1027 sq. cf. Anon. A. Pl. 72, 7 sq. =
Agath.? (cf. Al. Cameron, CR XVIII (1968), 21 sq.) ἔμπεδος ἀλλὰ μένοις,
Βυζαντιὰς ἄτρομε Ῥώμα, / θεῖον Ἰουστίνου κάρτος ἀμειψαμένα ‖ 1028 cf. S.
Soph. 981 | cf. Opp. Hal. 2, 41 σοί τε, μάκαρ σκηπτοῦχε et vd. ad Amb. 302
sqq. ‖ 1029 cf. Amb. 45

1023 ὁμοκλητῆρι … χαλινῷ «minitanti freno», nimirum ex Nonn. D. 14, 263
ἀπειλητῆρι χαλινῷ (cf. e.g. Hesych. o 768 L. ὁμοκλητῆρες· ἀπειλητῆρες);
quamquam etiam «minitanti ore» vertere possis, cf. Nic. Ther. 234 et schol.
Alex. 117 (68, 1 Geym.) χαλινοῖς] τοῖς στόμασι; ὁ. … χ. exitum hexametri
sapit, h. e. ὁμοκλητῆρι χαλινῷ | χαλέψαιο P: corr. Salm | nisi mavis τόνγε:
τόνδε Gr (iam Scal) ‖ 1024 ἀπὸ σμῖξαι P, mg. σμῆξαι P ‖ 1029 στίχ(οι) [ϡ] P

ΤΟΥ ΑΥΤΟΥ ΕΚΦΡΑΣΙΣ ΤΟΥ ΑΜΒΩΝΟΣ ΛΕΧΘΕΙΣΑ ΙΔΙΑΖΟΝΤΩΣ ΜΕΤΑ ΤΗΝ ΠΡΩΤΗΝ ΠΑΡΟΔΟΝ ΤΗΝ ΜΕΓΑΛΗΝ ΕΝ ΤΩΙ ΠΑΤΡΙΑΡΧΕΙΩΙ

    ἔχεις ἅπασαν, ὦ βασιλεῦ, τὴν ἐλπίδα,
    προσθεὶς τὸ λεῖπον τῷ νεῷ τῷ παγκάλῳ.
    οὐκοῦν, ἄριστοι, προσφόρως καὶ νῦν ἐγὼ
    ἥκω τὸ λεῖπον προστιθεὶς τῷ βιβλίῳ.
5   καλὸν γὰρ ἂν εἴη τοὺς λόγους τῷ δεσπότῃ
    συνδημιουργεῖν τὸν νεὼν τὸν τοῦ Λόγου.
    εὖ γ᾽ ὦ θέατρον, εὖ γε τῆς προθυμίας
    τῆς εἰς τὸ κρεῖττον· οὐ γὰρ οἶμαι νῦν ἐμοὶ
    τὸν νοῦν προσέχοντες, ἀλλὰ τοῦ νεὼ χάριν
10 θέατρον ἔσται καὶ πανήγυρις πάλιν.
    εὖ γ᾽ ὦ θέατρον· τρὶς γὰρ ἤδη συγκαλῶν
    καὶ τῶν συνήθων ἐξαναστήσας πόνων
    οὔπω σκυθρωπὸν εἶδον ὑμῶν οὐδένα,
    οὐκ ἀσχολίαν τιθέντα προύργιαιτέραν.
15 ἔστιν γὰρ οὐδὲν μικρόν, οὐδ᾽ εἰ μικρὸν ᾖ,
    τῶν τοῦ μεγίστου βασιλέως καὶ τοῦ νεὼ
    τοῦ πᾶσαν ἡμῖν ἐμποήσαντος χάριν
    τρυφῆς τε μακρᾶς εὐσεβεῖς πανηγύρεις·
    ὃς πᾶσι σεμνὴν ἐμβαλὼν εὐθυμίαν
20 πᾶσαν κεκίνηκε λογικὴν ἀηδόνα,

---

3 sq. imit. Agath. A. P. 4, 3a, 19 sq. δεῖπνον ἠρανισμένον / ἥκω προθήσων ἐκ νέων ἡδυσμάτων ‖ 13 cf. Ar. Lys. 707 τί μοι σκυθρωπὸς ἐξελήλυθας δόμων; (Viljamaa, 89) ‖ 14 Ar. Lys. 20s. ἀλλ᾽ ἕτερά τἄρ᾽ ἦν τῶνδε προύργιαίτερα / αὐταῖς (Viljamaa, 89) ‖ 15 cf. Greg. Naz. carm. 1, 2, 2, 272 μὴ μικρὸν ἐν κακίῃ θείης ποτὲ μηδὲ τὸ μικρόν ‖ 20 huc ft. resp. Const. Rhod. Ss. App. 285 ἄκουε λοιπὸν τῆς ἐμῆς ἀηδόνος | cf. e. g. Christian. carm. 1, 29 sq. (XLV Heitsch) προβάτων / λογικῶν; Georg. Pis. exp. Pers. 3, 328 λογικῆς ποίμνης; Nic. Call. carm. 29, 20 λογικῶν ἀνθέων

iuxta inscript. στιχ(οι) ↑ ‖ 9 προσέχοντας, mg. τες P: συνεληλύθατε vel q. sim. subaud. (Friedl): προσέχει τις Gr, propter anacoluthon ‖ 15 bis script., primum ἔστιν γὰρ μικρὸν οὐδὲν κτλ. deinde ἔστιν γὰρ οὐδὲ μικρὸν κτλ. ‖ 17 ἐμποιήσαντος P ı ras. delet. | χαρὰν Gr

ὥσπερ φανέντος ἔαρος, ἐξῳχηκότος
χειμῶνος, ἤδη πᾶς τότε κλάδος τρέφει
εὔφωνον ἠχοῦς ποικίλης μελῳδίαν.
πέφυκε τοίνυν μικρὸν οὐδὲν τοῦ νεώ·
25 ἔστι γὰρ ἀληθῶς παμφόρου τρυφῆς θέα.
οὐκοῦν πρόσειμι τῷ σεβασμίῳ τόπῳ,
ὃν ὁ βασιλεὺς ἔναγχος ἐξειργασμένος
κάλλιστον εἶναι χωρίον τοῖς βιβλίοις
τῶν μυσταγωγῶν ἱερούργηκεν λόγων.

30 ὑμνοπόλοι Χριστοῖο θεουδέες, ὧν ὑπὸ φωνῆς
πνεύματος ἀχράντοιο μετ᾽ ἀνέρας ἤλυθεν ὀμφή
ἀνδρομέην Χριστοῖο διαγγέλλουσα λοχείην·
ἠδ᾽ ὁπόσοι μετὰ τύμβον ἀκήρατον ἔθνεσι γαίης
σύμβολα κηρύσσοντες ἀνεγρομένοιο θεοῖο 5
35 πᾶσαν ἐφαιδρύνασθε κατηφέος ἄντυγα κόσμου,
τυφλὸν ἀμειδήτοιο νέφος σκεδάσαντες ὀμίχλης·
οἳ ξίφος, οἳ μάστιγα βιοφθόρον, οἵ τε καμίνους

21 sqq. cf. [Mel.] A.P. 9, 363, 1 sq. et 16 χείματος ἠνεμόεντος ἀπ᾽ αἰθέρος
οἰχομένοιο / πορφυρέη μείδησε φερανθέος εἴαρος ὥρη ... πάντη δ᾽ ὀρνίθων
γενεὴ λιγύφωνον ἀείδει || 26 cf. App. Cougny III 308, 4 τῷ σεβασμίῳ
τόπῳ || 30 huc ft. resp. Theod. Metoch. carm. 2, 186 sq. Treu ὦ σφέες ὕμμες
χαίρετε, μάκαρες ἄνδρες ἄνακτος / ὑμνοπόλοι Χριστοῖο | Nonn. par. Jo. 13,
144 παμφαέος Χριστοῖο θεουδέες ἐστὲ μαθηταί || 31 cf. [Apolin.] Προθ. 54
πνεύματος ἀχράντοιο || 32 Nonn. D. 9, 103 Διὸς ... ἀπαγγέλλουσα λοχείην;
27, 233 Βακχείην πυρόεσσαν ἀπαγγέλλουσα λοχείην || 33 cf. Ap. Rh. 4, 722
ἠδ᾽ ὁπόθεν μετὰ γαῖαν | cf. ad S. Soph. 240 || 35 cf. Rom. Mel. 17, 11, 9
ἐφαιδρύνθη ἡ κτίσις κατιδοῦσά σε τὸν κτίστην; conferre possis Nonn. par.
Jo. 5, 138 κείνου μαρτυρίησιν ἐφαιδρύνασθε φανέντος | Nonn. D. 41, 387
ἄντυγα κόσμου || 36 cf. Hom. Il. 17, 649 ἠέρα μὲν σκέδασεν καὶ ἀπῶσεν
ὀμίχλην; Procl. H. 4, 6 ἀποσκεδάσαντες ὀμίχλην, etc. || 37 sqq. Ep. Gr. 1064,
5 sqq. Kaibel (Constantinopolis, VI saec.) τὸν οὐ πυρὸς ἀτμὸς ἀνάπτων, /
οὐ ξίφος, οὐχ ἑτέρη βασάνων ἐτάραξεν ἀνάγκη, / ἀλλὰ θεοῦ τέτληκεν ὑπὲρ
Χριστοῖο δαμῆναι

24 πέφοικε P: corr. Bekk || 29 τὸν μυσταγωγῶν ... λόγων P || 30 mg. ἀρχὴ τῆς
ἐκφράσεως τοῦ ἄμβωνος | ὗπο P: corr. Gr: ἀπὸ dub. Friedl, coll. S. Soph.
701 || 35 ἐφεδρύνασθαι P: corr. Bekk

ἀσπασίως ἔτλητε, καὶ οὐκ ἐκλίνατε κωφοῖς
αὐχένας εἰδώλοισι, βάσιν δ' ἐστήσατε θυμοῦ   10
40 ἔμπεδον ἀχράντοιο θεοῦ περὶ μάρτυρι τιμῇ·
οἷς πλέον ἠελίοιο μόρου ζείδωρος ἀνάγκη
ἐλπίσιν ἀφράστοισιν ἐφήνδανεν, οὕς ποτε λύθροις
λουσαμένους ἰδίοισι βιαρκέος ἀντὶ λοετροῦ
Χριστὸς ἄναξ ἔστεψε, καὶ αἱμαλέοισι ῥεέθροις   15
45 ψυχαίης ἐκάθηρεν ὅλην σμώδιγγα καλύπτρης·
δεῦρο, χοροὺς στήσασθε καὶ εὐαγέεσσιν ἀοιδαῖς
σύνθροον ἡμετέρῃσι μέλος πλέξασθε χορείαις·
ὑμέτερος γὰρ χῶρος ἀείδεται, ὁππόθι πολλή
θεσπεσίαις βίβλοισιν ἀκήρατος ἔγρεται ἠχώ.   20
50 ἔστι τις εὐρυπόροιο κατ' ἔνδια μέσσα μελάθρου
ἁβρὸς ἰδεῖν καὶ μᾶλλον ἐς ἀντολίην τι νενευκώς
πύργος ἀκηρασίοισιν ἀπόκριτος ἤθεσι βίβλων,

38 Opp. Hal. 1, 740 ἀσπασίως τέτληκε; Paul. Sil. A.P. 5, 248, 8 τλαίην
φάσγανον ἀσπασίως ‖ 38 sq. cf. Posidipp. HE 3175 = *131, 2 A.-B. εἴδωλον
... κωφόν; LXX Hb. 2, 18, 3 εἴδωλα κωφά; Coripp. laud. Just. 3, 377
surdae ... figurae ‖ 39 sq. cf. Hom. Il. 10, 93 sq. ἦτορ / ἔμπεδον ‖ 40 cf. S.
Soph. 693; Amb. 249 ‖ 41 Nonn. D. 12, 23 Ἠέλιε ζείδωρε; cf. par. Jo. 18,
132 Ἰησοῦν ἐθέλοντα φερέσβιον εἰς μόρον ἕλκων ‖ 42 cf. Nonn. D. 17, 381
ἐλπίσιν ἀπρήκτοισιν; Pamprep. fr. 3, 40 Livrea ἐλπίσιν εὐαρότοισι φερέσβιον
(cf. 41 ζείδωρος) ὄγμον ἀφάσσει (cf. ad S. Soph. 232) ‖ 42 sq. cf. Nonn. D.
15, 351 λελουμένον ... λύθρῳ; 32, 238 θελήμονι λούσατο λύθρῳ ‖ 44 cf. S.
Soph. 960; Nonn. par. Jo. 7, 141 Χριστὸς ἄναξ ἔστηκε | cf. Greg. Naz. carm.
2, 1, 11, 1601 sq. αἵματος τοῦ τιμίου / ῥοαῖς ‖ 45 cf. S. Soph. 1029 ‖ 46 cf.
Antip. Sid. HE 282 εὐαγέων ... ὕμνων; Greg. Naz. carm. 1, 2, 1, 357 sq.
ἀοιδαῖς / ... εὐαγέεσσι καθαρμοῖς, etc. ‖ 46 sq. cf. Colluth. 4 sq. ἐς χορὸν
Ἰδαίῃσιν ἐπεντύνεσθε χορείαις, / δεῦτε et praesertim Agath. A.P. 4, 3b, 55
sq. δεῦρο, μάκαρ Θεόδωρε, σοφὸν στήσαντες ἀγῶνα / παίγνια κινήσωμεν
ἀοιδοπόλοιο χορείης ‖ 47 cf. ad S. Soph. 165 ‖ 48 cf. Verg. G. 1, 11 sq. ferte
simul Faunique pedem Dryadesque puellae: / munera vestra cano ‖ 49 cf.
ad S. Soph. 146 | cf. Musae. 315 ἀνέγρετο πάντοθεν ἠχή ‖ 50 cf. Amb. 229;
[Apolin.] Ps. 25, 15 ἔδος ... μελάθρων ‖ 50 sq. Opp. Hal. 1, 155 sq. ἔστι δέ τις
πέτρῃσιν ἁλικλύστοισι μεμηλώς, / ξανθὸς ἰδεῖν, κεστρεῦσι φυὴν ἐναλίγκιος
ἰχθύς ‖ 52 conferre possis Anon. A.P. 9, 660, 1 χῶρος ἐγὼ θεσμοῖσιν
ἀνειμένος | cf. Greg. Naz. carm. 1, 1, 35, 10 ἀκηρασίης ἀπὸ βίβλου

38 κουφοις P, mg. γρ κωφοῖς ‖ 46 στήσασθαι P: corr. Bekk ‖ 47 πλέξασθαι P:
corr. Bekk (iam Holst πλέξασθάι) ‖ 50 mg. ἀρχή

ὄρθιος ⟨ἐν⟩ βάθροις, διδυμάοσιν ἀμβατὸς οἴμοις,
ὧν μία μὲν ποτὶ νύκτα τιταίνεται, ἡ δὲ πρὸς ἠῶ.　　25
55　εἰσὶ γὰρ ἀλλήλῃσιν ἐναντίαι, ἀμφότεραι δέ
εἰς ἕνα χῶρον ἄγουσιν ἴσον περιηγέϊ κύκλῳ.
ἐνθάδε γὰρ κύκλῳ μὲν ἐοικότα χῶρον ἑλίσσει
λᾶας ἔεις· οὐ μὴν περιηγέϊ πάντοσε τόρνῳ
ἴσος ἔφυ, βαιὸν δὲ συνέρχεται, εἰσόκε πέτρου　　30
60　ἄντυγα μηκύνειε. πρὸς ἑσπερίην δὲ καὶ ἠῶ
ἐκπροθέων κύκλοιο λίθου μηκύνεται αὐχήν,
ἐμβεβαὼς βαθμοῖσιν. ὑπ᾽ ἀργυρέοις δὲ μετάλλοις
ἄχρις ἐπὶ ζωστῆρα καλοὺς ἱδρύσατο τοίχους
θεῖος ἄναξ, κεράεσσιν ἐοικότας. οὐ γὰρ ἑλίσσει　　35
65　ἄργυρον ἐν λάϊγγι περίδρομον· ἀλλ᾽ ἵνα μέσσῳ
κύκλον ἀναπτύξασα πανόλβιον ἀργυρέη πλάξ
τοῖχον ἀπιθύνῃσι, διαρκέα κύκλα πετάσσας
ἴδρις ἀνὴρ ἑκάτερθε πόρους βαθμῖδος ἀνοίγει.

---

53 cf. Amb. 210 ‖ **54** cf. Dion. Per. 92 sq. τιταίνεται … / πρὸς βορέην ‖
56 conferre possis Q. S. 10, 53 τοὺς δ᾽ ἄγεν εἰς ἕνα χῶρον; 14, 641 εἰς ἕνα
χῶρον ἄγεσκε | Opp. Hal. 4, 251 περιηγέϊ κύκλῳ; Greg. Naz. carm. 1, 2, 2,
220 π. κ.; ft. imit. Jo. Geom. carm. 65, 7 Van Opstall κύκλον, περιηγέα ‖ **57** sq.
cf. Hes. Th. 145 κυκλοτερὴς ὀφθαλμὸς ἔεις ἐνέκειτο μετώπῳ ‖ **58** Opp. Hal.
2, 375 περιηγέϊ πάντοθεν ὁλκῷ et Dion. Per. 157 τόρνῳ ἐειδόμενον περιηγέος
ἄμματι τόξου; huc ft. resp. Jo. Geom. carm. 65, 6 sq. Van Opstall καὶ ξείνην
τορνώσας ἀταρπιτὸν ἀμφιελίσσεις / οὐρανὸν ἐς κύκλον, περιηγέα πάντοθι
ναστόν ‖ **59** sq. cf. Jo. Gaz. 2, 176 μηκύνασα … ἄντυγα μίτρης ‖ **62** cf. ad S.
Soph. 685 ‖ **62** sq. huc ft. resp. Const. Rhod. Ss. App. 115 sq. ψηφὶς δὲ τοῖχον
ὡράϊζε καὶ πλάκες / ἐκ τῶν μετάλλων τῶν ἀρίστων ἡγμέναι ‖ **64** cf. Marian.
A. P. 9, 657, 4 θεῖος ἄναξ | Dion. Per. 162 κεράεσσιν ἐοικώς / cf. S. Soph. 726 ‖
65 sqq. cf. Opp. Hal. 5, 142 ἐν μεσάτῳ τροχοειδέα κύκλα ‖ **67** cf. Nonn. D.
18, 292 διαυγέα Κύδνον ἐάσσας ‖ **67** sq. cf. Nonn. D. 37, 670 sqq. διαυγέα
κυκλάδα μίτρην … χαλκεύς ‖ **68** Opp. Hal. 1, 345 ἴδρις ἀνήρ; 3, 211 ἴ. ἀ.

53 ⟨ἐν⟩ add. Gr, prob. Ludw, coll. Amb. 213 βάθροισιν … ἔνθεσαν (et cf.
praesertim v. 62 ἐμβεβαὼς βαθμοῖσιν); cf. sis Eur. fr. 360, 47 Kannicht
τρίαιναν ὀρθὴν στᾶσαν ἐν πόλεως βάθροις: ὀρθάδιος Salm (cf. praef., XIX) ‖
58 bis legitur, ff. 32 et 33 | ἑῆς utrimque P: corr. Gr (ἔεις Gr, Friedl) ‖ **65–
67** ἵνα … ἀπιθύνῃσι Ludw: ἐνὶ … ἀπιθύνεισι P: ἀργυρέη πλάξ (65) et ἀλλ᾽ ἐνὶ
μέσσῳ (66) transp. et ἀπιθύνοντα pro ἀπιθύνεισι Friedl (coll. Jul. Aegypt.
A. P. 6, 67, 1 ἀπιθύνοντα πορείας)

οὐδὲ μὲν ἀφράκτοις ἱερῶν ἐπὶ χείλεσι βαθμῶν   40
70 τάρβος ἔχει κατιόντας, ἐπήραρε δ' ἔρκεα τέχνη
λάϊνα παμφανόωντα· τόσον δ' ὑπερέσχεθε βάθρων
ὅσσον ἀπιθύνειν βροτέην χέρα· ταῦτα μεμαρπώς
μόχθον ἐλαφρίζει τις ἐς ὄρθιον οἶμον ἀνέρπων.
λοξοτενεῖ δ' ἑκάτερθεν ἐφιδρυθέντα κελεύθῳ   45
75 βαθμοῖς μεσσατίοις συναέξεται ἠδ' ἀπολήγει.
ναὶ μὴν οὐδ' ὅγε λᾶας ἐτώσιος· οὐδὲ γὰρ αὕτως
ἄγριον ἠλιβάτου κορυφῆς τμήξαντο κολώνην
μηκεδανῆς τανύμετρον ἀπιθυντῆρα κελεύθου·
ἀλλὰ καὶ εὐτέχνοισιν ὅλος φαιδρύνεται ἔργοις   50
80 καὶ φύσιν αἰολόμορφον ἔχων ποικίλλεται αἴγλῃ.
τοῦ μὲν ἐπὶ τροχάουσι διαμπερὲς οἶά τε δῖναι,
πῆ μὲν ἴσαι κύκλοισιν ἀτέρμοσι, πῆ δέ γε κύκλων
βαιὸν ἀποπλαγχθέντας ὑπεκτανύουσιν ἑλιγμούς.
ἔστι δὲ πῆ μὲν ἔρευθος ἰδεῖν κεκερασμένον ὤχρῳ,   55
85 πῆ δὲ καλὸν βροτέοισι σέλας στονύχεσσιν ὁμοῖον.

---

69 sq. conferre possis Nonn. par. Jo. 7, 48 sq. χείλεα λύσας, / τάρβος Ἰουδαί-
ων ‖ 70 sq. cf. Triph. 205 λάϊνον ἕρκος ‖ 70 cf. sis Triph. 285 τάρβος ἔχειν;
SGO 21/22/06, 1 μηκέτι τάρβος ἔχοιτε λοετροφόρου ἀσαμίνθου (Gadara,
455 circiter p. Chr.) | cf. ad S. Soph. 734 ‖ 72 cf. Anon. App. Cougny III
312, 4 χεὶρ βροτέη ‖ 73 Anon. A. P. 9, 815, 3 μόχθον ἐλαφρίζει | cf. Hes. Op.
290 ὄρθιος οἶμος ‖ 74 cf. ad S. Soph. 631 sq. ‖ 75 Hom. Il. 6, 149 ἧ μὲν φύει ἧ
δ' ἀπολήγει (cf. etiam Man. 4, 612 ἄρξεται, ἢν ἀπολήγῃ) ‖ 76 cf. Amb. 213
et Hom. Il. 17, 633 αὕτως ... ἐτώσια; Ap. Rh. 2, 880 ἐτώσιον ... αὕτως ‖
77 Ap. Rh. 4, 444 ἄγριον ἠλιβάτοιο | cf. Orph. A. 2 ἠλιβάτου κορυφῆς ‖
78 Nonn. D. 13, 423 μηκεδανήν, περίμετρον | cf. S. Soph. 861 ‖ 79 Anon.
A. P. 1, 10, 15 εὐκαμάτοις ἔργοισιν ... φαίδρυνε ‖ 80 similiter sonat Nonn.
D. 24, 325 καὶ βίον αἰολόμορφον Ἔρως | cf. S. Soph. 754; 805; Amb. 162 ‖
81 Dion. Per. 148 τοῦ δ' ἤτοι λοξαὶ μὲν ἐπιτροχάουσι κέλευθοι ‖ 82 cf. Anon.
carm. vir. herb., 158 et 213 (LXIV Heitsch) ἀτέρμονα κύκλον; Nonn. D. 7,
191 et 38, 250 ἀ. κ. ‖ 83 Phil. GPh 2919 βαιὸν ἀποπλανίην; cf. S. Soph. 968

71 τόσσον P: corr. Bekk (iam Holst) ‖ 74 λοξοτενῆ P: corr. Gr ‖ 75 μεσσατί-
οις quia gradus utrimque ἔρκεσι clauduntur | scil. ἔρκεα ‖ 81 τῷ μὲν ἐπιτρο-
χάουσι pr. Gr (et cf. ad loc.) ‖ 82 ἀτέρμοσιν P, ν punct. delet. ‖ 83 ἑλιγμοῖς P
‖ 85 τ' ὀνύχεσσιν P: corr. Herm (ad στονύχεσσιν, i. e. ὀνύχεσσιν, cf. [Opp.]
Cyn. 3, 232 et schol. ad loc.)

ἄλλοθι ⟨δ'⟩ ὁρμηθεῖσα πρὸς ἀργεννὸν σέλας αἴγλη,
ἠρέμα μιμνάζουσα, χάριν μιμήσατο πύξου
ἠὲ μελισσήεντος ἐπήρατον εἰκόνα κηροῦ,
ὃν καθαραῖς προχοῇσι βροτοὶ νίζοντες ἐρίπναις   60
90 πολλάκι τερσαίνουσιν ὑπ' ἠελιώτιδας αὐγάς·
ὃς δὲ μεταΐσσει μὲν ἐς ἄργυφον, εἰσέτι δ' οὔπω
τρέψεν ὅλην χροιὴν ἔτι λείψανα χρύσεα φαίνων.
τοῖος καὶ δολιχῶν ἐτέων κεχρωσμένος ὁλκοῖς
χροιὴν ἀργυφέην ἐλέφας ἐπὶ μῆλον ἐλαύνει.   65
95 πῇ δὲ πελιδνωθεῖσαν ἔχει χάριν· οὐδὲ γὰρ αὔτως
δῖα φύσις προλέλοιπε πελιδνήεσσαν ἀλᾶσθαι
χροιήν, ἀλλ' ἐπέμιξεν ἐΰγραφα δαίδαλα πέτρῃ.
ἀργεννὴ δ' ἐπὶ τοῖσι πολύτροπος ἄνθεος αὐγή
ἀμφιθέει· πῇ μὲν γὰρ ἐπέρχεται εὐρέϊ χώρῳ   70

---

86 cf. Antip. Thess. GPh 664 ἀργεννῶν ... σελάων ‖ 88 cf. Nonn. D. 13,
183 Ὑμηττοῖο μελισσήεντας ἐναύλους (vd. Livrea ad Colluth. 23); huc ft.
resp. Const. Rhod. Ss. App. 653 ἐκ δ' αὖ Γαλατῶν κηρομόρφους συνθέτας |
Paul. Sil. A.P. 5, 266, 5 ἐπήρατον εἰκόνα (cf. etiam SGO 22/35/02, 15
[Kanatha, 400 p. Chr.] πολυήρατον εἶδος) ‖ 90 cf. Jul. Aegypt. A.P. 7, 601, 3
ἠελιώτιδος αἴγλης ‖ 91 sq. cf. (de alio marmore) Plin. Nat. 36, 13 corallitico
... candore proximo ebori et quadam similitudine et Sidon. Apoll. pan.
Maior. 37 sq. Nomadum lapis additur istic, / antiquum mentitus ebur ‖ 93
cf. ft. [Opp.] Cyn. 2, 69 τοῖος καί | cf. Nonn. D. 35, 73 πολυσπερέων ἐτέων
στροφάλιγγα; conferre possis etiam Nic. Ther. 226 δολιχοῦ ὑπὸ πείρασιν
ὁλκοῦ; Nonn. D. 35, 77 ἀενάοιο χρόνου κυκλούμενος ὁλκῷ ‖ 95 Call. Hec.
fr. 72, 1 Hollis ἡ δὲ πελιδνωθεῖσα (eadem versus sede) ‖ 97 cf. Pl. Phdr. 240b
ἐπέμιξεν ἡ φύσις ἡδονήν τινα οὐκ ἄμουσον | vd. S. Soph. 605 ‖ 98 cf. Max. 504
αἴγλαις ἀργεννῇσι

86 ἄλλοθεν Scheindler (cf. adn. crit. ad Amb. 202) | δ' add. Gr ‖ 87 μηλίζουσα
Gr (conferre enim possis Nic. Ther. 172 sq. χροιὴ ... μηλινόεσσα; at ὁρμηθεῖσα
et μιμνάζουσα inter se opponuntur) ‖ 89 ἐρίπνης Friedl (at ft. ἐρίπναις cum
τερσαίνουσιν coniung., cf. Eur. Hipp. 127 sqq. φάρεα / ποταμία δρόσῳ
/ τέγγουσα, θερμᾶς δ' ἐπὶ νῶτα πέτρας / εὐαλίου κατέβαλλ') ‖ 91 ὅς i. e.
λᾶας | εἰς P: corr. Bekk (iam Holst) ‖ 93–94 δολιχῶν ἐλέφας ... ἐτέων ἐπὶ
μῆλον lapsu Friedl ‖ 97 χρυὴν P: corr. Bekk (χροίην Holst) | mg. στίχ(οι)
ᾱ ‖ 99 ἐπέρχεται: possis ἐέϊδεται, scil. ἀώτῳ, cf. 101 φαείνεται; cf. tamen
ἀμφιθέει. si v. sanus est, lucem heic summis digitis suspensam, croceis
maculis intrare, signif.

100 ἀκροβαφὴς κροκέοιο πελιδνήεντος ἀώτῳ,
πῇ δ' ὑπολεπτυνθεῖσα φαείνεται, ἶσα δὲ μήνῃ
ἀρτιγενεῖ περὶ λεπτὰ κεράατα φέγγος ἑλίσσει.
ἄγχι δὲ πετραίης Ἱερὴ πόλις ἐστὶν ἐρίπνης,
ἥτις ἑὸν περίπυστον ἐφήρμοσεν οὔνομα πέτρῳ.   75
105 πᾶν δὲ τὸ καλλιθέμειλον ἕδος πετραῖον ἐκεῖνο,
ἔνθα σοφῶν ἀνάγουσι θεηγόρα δήνεα βίβλων,
ὀκτὼ δαιδαλέοισιν ἐφήρμοσε κίοσι τέχνῃ,
ὧν δύο πρὸς βορέην, δύο δ' ἐς νότον εἰσὶν ἀήτην,
καὶ δύο πρὸς φαέθοντα, δύο πρὸς ἐδέθλια νυκτός,   80
110 ὥς κεν ἀνοχλίζοιτο, γένοιτο δὲ νειόθι πέτρης
οἷά περ ἄλλο μέλαθρον, ὅπῃ σοφίης ὑποφῆται
ἵλαον ἀγλαόπαιδα προεντύνουσιν ἀοιδήν.
ἔστι δὲ τοῖς μὲν ἔνερθε τέγος, τοῖς δ' ὑψόθεν οὖδας.
καὶ τὸ μὲν ἐκταδίοισιν ἶσον πεδίοισι νοήσεις   85
115 ἀκλινὲς ἀμφὶ πέδιλα βροτῶν· τὸ δ' ἔνερθε λαχήνας
λαοτόμος κοίληνεν, ὑπερτέλλει δὲ καρήνων
εὐϊέρων κυρτωθὲν ἄνω τεχνήμονι κόσμῳ,
οἷα κραταιρίνοιο κεκυφότα νῶτα χελώνης,

---

101 cf. ft. Arat. 166 λεπτὰ φαείνονται; 894 λεπτὰ φαεινόμενοι ‖ 101 sq. [Opp.]
Cyn. 4, 123 κέρας ἀρτιτόκοιο σελήνης ‖ 102 cf. Christod. 7 ἔλισσε δὲ φέγγος
ὀπωπῆς; Nonn. D. 28, 187 σέλας … ἑλίσσων ‖ 104 cf. Antip. Sid. HE 428
ἥρμοσε πέτρᾳ ‖ 105 cf. Musae. 71 καλλιθέμεθλον … κατὰ νηόν; SGO 22/35/02,
12 (Kanatha, 400 p. Chr.) πύργους … καλλιθεμείλους ‖ 105 sq. Dion. Per. 839
sqq. (γυναῖκες) αἵ περὶ κεῖνο / θεῖον ἕδος … / ὀρχεῦνται; Greg. Naz. carm. 2, 1,
13, 68 τὸ σεπτὸν … σοφῶν ἕδος, ἕρκος ἀρίστων (q. ft. imit. S. Soph. 220) ‖ 108
Dion. Per. 275 ἡ μὲν πρὸς βορέην, ἡ δ' ἐς νότον ‖ 108 sq. cf. Nonn. D. 14, 7 εἰς
Νότον, εἰς Βορέην, εἰς Ἕσπερον, εἰς κλίσιν Ἠοῦς ‖ 109 cf. Ap. Rh. 4, 630 ἐδέθλια
Νυκτός ‖ 110 cf. Ap. Rh. 1, 990 ἀπειρεσίῃσι … νειόθι πέτρης ‖ 111 Anon. A.P. 1,
10, 67 ὑμνοπόλος σοφίης ‖ 112 cf. Opp. Hal. 2, 41 sq. ἀγλαόπαιδι γενέθλῃ / …
ἡμετέρῃσιν ἀοιδαῖς | Hom. Od. 12, 183 ἔντυνον ἀοιδήν, etc. ‖ 116 cf. S. Soph.
822 ‖ 117 huc ft. resp. Georg. Pis. Hex. 99 ὑψουμένην ἄνωθεν ἢ κυρτουμένην
(scil. σφαῖραν) | vd. ad S. Soph. 614 ‖ 118 cf. P-W n. 52, 3 κραταιρίνοιο χελώνης
| Nonn. D. 15, 5 κεκυφότα νῶτα; Christod. 6 κ. ν.

101 οἷα P: corr. Gr ‖ 103 πόλις ἱερὰ τῆς Φρυγίας ἐν ᾗ τιμᾶται ὁ μέγας
ἀπόστολος Φίλιππος mg. P ‖ 106 δίνεα P: corr. Herm ‖ 109 δύω πρὸς ἐ.
Ludw ‖ 115 πέδηλα P: corr. Bekk | λαχήσας P: corr. Gr ‖ 118 mg. γρ οἷα κατ'
αἰρινοῖο P | κεκυφῶτα P: corr. Bekk (iam Holst)

ἤ τις ὑπὲρ πήληκος ἀνορθωθεῖσα βοείη,   90
120 πύρριχος εὐδίνητον ὅθ᾽ ἄλμασιν ἀνέρα πάλλει.
   ὀκριόεν δὲ μέτωπον ὅλης λάϊγγος ἐκείνης
   πάντοθεν ἀργυρέοισι διεζώσαντο μετάλλοις,
   ὁππόθι δαιδαλοεργὸς ἀνὴρ γλωχῖνι σιδήρου
   δένδρεα ποικιλόμορφα καὶ ἄνθεα καλὰ χαράσσων   95
125 ἀβρὰ πολυπτόρθων ἐνεθήκατο φύλλα κορύμβων.
   πᾶσι δ᾽ ὁμῶς βάθροις τε καὶ οὐδεΐ κίοσί τ᾽ αὐτοῖς
   ἴδρις ἀνήρ, ἀδόνητα θεμείλια πάντα φυλάσσων,
   λαϊνέης ὑπένερθε βάσιν κρηπῖδος ἐγείρει,
   ἀνδρομέου ποδὸς ὕψος ὑπερτέλλουσαν ἀρούρης.   100
130 ὄφρα δ᾽ ἀνευρύνωσι θεμείλια κεῖνα μελάθρου,
   ἡμιτόμους ἑκάτερθε μέσην περὶ γαστέρα κύκλους
   λάεσιν ἀμφεβάλοντο, περιτμηγέντι δὲ χώρῳ
   κίονας ἐστήσαντο διασταδόν, ἥμισυ κύκλου
   ἀμφιπεριστέψαντας. ὅλη δ᾽ εὐρύνετο γαστήρ   105
135 τέτρασιν ὀλβίστοις ὑπὸ κίοσιν ἔνθα καὶ ἔνθα,
   ἐς νότον ἐς βορέην τε. τὸ δὲ σπέος εἴκελον οἴκῳ
   ἀμφιέλιξ ἑκάτερθεν ὑφ᾽ ἔρκεΐ λᾶας ἐέργει.

119 sq. cf. Nonn. D. 27, 118 sq. καὶ τροχαλοὺς δρηστῆρας εὐσκάρθμοιο βοείης, / ἴδμονας εὐπήλεκος ἐνναλίοιο χορείης ‖ 120 cf. e.g. Nonn. D. 28, 96 ὀρχηστῆρα παλινδίνητον | Nonn. D. 28, 292 sqq. οἷον ὅτε … Πύρριχος … ἄλμα χορείης ‖ 121 conferre possis Call. Aet. fr. 110, 7 Mass. ὀκριόειν ἔδαφος ‖ 123 Hes. Op. 411 et 413 cont. Wifstrand, 20. vd. etiam Amb. 291 | cf. Damoch. A.P. 6, 63, 7 γλωχῖνα σιδήρου; Opp. Hal. 5, 364 τριγλώχινος … σιδήρου ‖ 123 sq. cf. Nonn. D. 43, 200 γλωχῖνι … χαράσσων ‖ 125 cf. e.g. Nonn. D. 14, 237 ἄργυφα πορφυρέοις ἐνεθήκατο ταρσὰ κοθόρνοις, etc. | cf. Nonn. par. Jo. 15, 12 πολυπτόρθοιο κορύμβου ‖ 127 Opp. Hal. 5, 679 sq. ἀστυφέλικτα … θεμείλια νέρθε φυλάσσων ‖ 127 sq. Call. Ap. 64 θεμείλια … ἐγείρειν ‖ 128 cf. e.g. Eur. IT 997 κρηπῖδας … λαΐνας [Theoc.] 23, 58 sq. λαϊνέας | κρηπῖδος | cf. Opp. Hal. 5, 48 ὑπένερθεν … κρηπῖδα ‖ 132 cf. Amb. 164; e.g. [Opp.] Cyn. 4, 245 νεβρίσι δ᾽ ἀμφεβάλοντο ‖ 133 cf. Rh. I 642, 1 Walz κιονίδες τινὲς διασταδὸν κατὰ στίχον στηρίζονται ‖ 135 cf. ad S. Soph. 298 ‖ 136 ft. imit. Philagath. hom. 27, 3 ὁ ναὸς δὲ ἅπας …, ὥσπερ τὰ ἄντρα, ἠρέμα συνεπηχεῖ ‖ 137 cf. Opp. Hal. 2, 364 ὑφ᾽ ἔρκεΐ | cf. ft. Hom. Il. 12, 201 λαὸν ἐέργων

120 i.e. πυρρίχῃ, ut vid.: πύρριχον Gr ‖ 124 χαράσσω P: corr. Bekk (iam Holst) ‖ 128 γρ ἐρείδει mg. (cf. ad 127 sq.)

τοὺς μὲν ἀνὰ Φρύγα χῶρον ἐς ἔνδια Μυγδόνος ἄκρης
λαοτόμοι σθεναρῇσιν ἀνεστήσαντο μακέλλαις 110
140 κίονας ἱμερόεντας· ἰδὼν δέ τις ἄνθεα πέτρης
ἐξενέποι κρίνα λευκὰ ῥόδων καλύκεσσι μιγῆναι
καὶ μαλακοῖς πετάλοισι μινυνθαδίης ἀνεμώνης,
πῇ μὲν ἅλις ῥοδόεντα καὶ ἠρέμα λευκὰ μετάλλῳ,
πῇ δ᾽ ἅλις ἀργινόεντα καὶ ἠρέμα πυρσὰ φανέντα· 115
145 πῇ δὲ μίγα σχίζουσι διὰ φλέβας ἶνες ἀραιαί
τῇ καὶ τῇ κατὰ βαιόν· ἐν ἀλλήλαις δὲ χυθεῖσαι
εἴκελα πορφύρουσι Λακωνίδος αἵματι κόχλου.
πρῶτα μὲν ἀμφιέλισσαν ὑπὸ κρηπῖδα βαλόντες,
δαιδαλέην, καμπτοῖσιν ἀποστίλβουσαν ἑλιγμοῖς, 120
150 λαΐνέους στήσαντο πεπηγότας ὑψόθι βωμούς,
Βοσπορίης τμηγέντας ἀπ᾽ εὐλάϊγγος ἐρίπνης.
λευκὰ δ᾽ ἀπαστράπτουσι, καὶ εἰ σποράδεσσι κελεύθοις
σκίδναται ἀργινόεντι περὶ χροῒ κυανέη φλέψ.
δισσάκι μὲν πισύρεσσιν ὑπὸ πλευρῇσιν ἑκάστῳ 125

---

138 cf. Nonn. D. 45, 61 Μυγδονίῳ Φρύγα κῶμον | cf. Opp. Hal. 4, 371 ἔνδια
πέτρης ‖ **140** sq. cf. e.g. Musae. 59 sq. ἢ τάχα φαίης / Ἡροῦς ἐν μελέεσσι
ῥόδων λειμῶνα φανῆναι ‖ **141** cf. Theoc. 11, 56 κρίνα λευκά; Anon. A.P.
9, 580, 4 κ. λ. | cf. Anacreont. 51, 7 sq. τὰ λευκὰ / ῥόδοις κρίνα πλακέντα |
cf. Cyrus A.P. 7, 557, 3 ῥόδων καλύκεσσιν ‖ **141** sq. Rufin. A.P. 5, 74, 34 =
28 Page ἔστι κρίνον ῥοδέη τε κάλυξ νοτερή τ᾽ ἀνεμώνη ‖ **142** Nonn. D. 15,
355 μινυνθαδίην ἀνεμώνην ‖ **143** cf. Triph. 669 ἠρέμα λευκαίνουσα ‖ **144** cf.
Zon. GPh 3489 ἠρέμα φοινιχθείς; Dion. Per. 1122 ὑπηρέμα πορφυρέουσαν ‖
145 cf. Ap. Rh. 3, 762 sq. ἀραιὰς / ἶνας ‖ **147** cf. Nonn. D. 37, 574 sq. αἵματι
… / αἰόλα πορφύρουσα | Nonn. D. 40, 308 αἵματι κόχλου ‖ **149** cf. S. Soph.
629 | Anon. A.P. 5, 26, 1 = FGE 1062 κυανέησιν ἀποστίλβουσαν ἐθείραις ‖
150 cf. SGO 01/19/02, 10 (Didyma, II circiter a. Chr.) βωμὸν λαΐνειον ‖
152 Procop. Aed. 1, 1, 60 τὸ λευκὸν ἀπαστράπτει ‖ **152** sq. cf. e.g. Procop.
Aed. 1, 10, 20 λευκὸν δὲ τῶν πλειόνων τὸ εἶδος (scil. μαρμάρων), οὐ λιτὸν
μέντοι, ἀλλ᾽ ὑποκυμαίνει κυαναυγεῖ ὑπογεγραμμένον μεταξὺ χρώματι ‖
153 cf. Nic. Ther. 328 sq. περὶ χροῒ καρφομένη θρὶξ / σκίδναται (cf. praef.
XXVII, n. 59) ‖ **154** cf. Dion. Per. 887 πισύρεσσι ἐπὶ πλεύρῃσι; 1130 π. ἐ. π.

145 «junge διασχίζουσι» Gr, recte: cf. enim Arat. 334 ἔκρινε διά; 940 ἔζωσε
διά; Man. 2, 75 τμήγων μέσσον διὰ Καρκίνον ‖ **149** καλυπτοῖσιν P: Bekk

155 βωμῷ λαοτύπος χάριν ἔξεσεν, αὐχένα δ᾿ αὐτοῖς
     κυκλοτερῆ γλυφάνοισι χάλυψ ἔσφιγξε τορείης,
     ὄφρα κεν ἀστυφέλικτον ἀρηρότι νειόθι κίων
     ἴχνος ἐφιδρύσειε βαλὼν περιηγέϊ βωμῷ.
     ἀγλαΐη δ᾿ ἐγέλασσεν ὅλου κατ᾿ ἐδέθλια νηοῦ   130
160 κίονος ἱδρυθέντος ἐϋξέστῳ ἐπὶ βωμῷ,
     οἷον ὅτ᾿ ἠελίοιο νέον περάτης ἀνιόντος
     λευκὸν ἐρευθομένῃσι νέφος ποικίλλεται αὐγαῖς.
     οὕτω μὲν πισύρεσσι περισταδὸν ἥμισυ κύκλου
     κίοσιν ἀμφεβάλοντο· τὸ δ᾿ ἥμισυ κίοσιν ἄλλαις   135
165 τέτρασι κυκλώσαντες ἐτορνώσαντο χιτῶνα
     λάϊνον ἱμερόεντα πέριξ εὐεργέος ἄντρου.
     κίοσι δ᾿ ἐν πισύρεσσι μεταίχμια τρισσὰ δοκεύων,
     καὶ τάδε τοῖς Ἱερῆς πόλιος θρίγκωσε μετάλλοις
     λαοτόρος πολυΐδρις, ὑπὲρ κρηπῖδος ἐδέθλων   140
170 βαιὸν ἐπιγναμφθέντα καλὸν περὶ λᾶαν ἑλίσσων·
     ἔπρεπε γὰρ καὶ πέτρον ἐς ἱερὸν οὔνομα νεύειν
     καλὸν ἀκηρασίοιο πέδον στέψαντα μελάθρου.
     ὑστατίῳ δ᾿ ἐνέθηκε θύρην εὐπηγέα χώρῳ
     ἠρέμα γυρωθεῖσαν, ὅθεν κατ᾿ ἐδέθλιον ἄντρου   145
175 εὐϊέροις βίβλοισιν ἀνειμένος ἔρχεται ἀνήρ.

157 Nonn. Par. Jo. 18, 48 ὄφρα κεν ἀστυφέλικτον ‖ **158** cf. Opp. Hal. 2, 375 ἀμφιβαλὼν περιηγέι … ὁλκῷ; 4, 251 περιηγέι κύκλῳ ‖ **159** cf. Paul. Nol. 27, 387 *ecce vides quantus splendor velut aede renata / rideat* ‖ **160** cf. Christod. 1 ἐϋγλύπτῳ ἐπὶ βωμῷ; Triph. 445 sq. ἐϋξέστων ἐπὶ βάθρων / … πολυκνίσσων ἐπὶ βωμῶν ‖ **161** cf. Arat. 241 βορέαο νέον κατιόντος | cf. Ap. Rh. 1, 1281 (ἠὼς) ἐκ περάτης ἀνιοῦσα, etc. ‖ **161** sq. cf. Ap. Rh. 4, 125 sq. νεφέλη ἐναλίγκιον, ἥ τ᾿ ἀνιόντος / ἠελίου φλογερῇσιν ἐρεύθεται ἀκτίνεσσιν ‖ **162** cf. Nonn. D. 29, 102 λευκὸν ἐρευθομένου, etc.; Claud. Cos. Olybr. Prob. 90 *album puniceo*, etc. | cf. S. Soph. 754; 805; Amb. 80 ‖ **164** cf. ad Amb. 132 ‖ **165** sq. Hom. Il. 3, 57 λάϊνον … χιτῶνα; cf. et Nonn. par. Jo. 10, 118 πετρήεντι … χιτῶνι ‖ **166** conferre possis Androm. 103 (LXII Heitsch) εὐεργέος ἄρτου ‖ **168** cf. S. Soph. 685 ‖ **171** cf. Nonn. D. 16, 69 sq. ἔπρεπε γὰρ … ἔχειν ‖ **173** Triph. 90 ἐνέθηκε θύρην ‖ **175** cf. Hom. Il. 10, 341 ἔρχεται ἀνήρ; Nonn. par. Jo. 1, 107 ἔρχεται ἀνήρ

160 bis habet P, ff. 35 et 36 ‖ **163** ἡμισυκύκλοῦ iter. mg. P ‖ **166** εὐερκέος dub. Gr ‖ **172** στέψοντα Gr

σχήματα δὲ σπήλυγγος ὁμοία πάντα νοήσεις,
ἔς τε νότον Γαράμαντα καὶ εἰς Ἀριμασπὸν ἀήτην
κίοσι καὶ κρηπῖδι καὶ ἕρκεϊ. τοῖς δὲ θυρέτροις
οὐχ ἕνα χῶρον ἔθεντο δαήμονες, ἀλλὰ τὸ μέν που   150
180   ἑσπέριον, τὸ δ᾽ ἔπηξαν ἑῴϊον· ἑσπέριον μέν
πρὸς βορέην, νοτίη δὲ πυλὶς φαέθοντα δοκεύει.
ἕρκεα δ᾽ οὐκ ἰσόμετρα πεπηγόσι κίοσιν ἔστη,
ἀλλὰ τὰ μὲν χαρίεντος ὑπερτέλλουσιν ἐδέθλου
ὅσσον ἀποκρύπτειν ὑπὸ κεύθεσιν ἀνέρας ἄντρου·   155
185   οἱ δὲ βαθυγλύπτοισι καρήασι κίονες ὀκτώ
ἕρκεος ἐξανέχουσι, καὶ εἰ βάσιν ἔμπεδον ἄμφω
ἰσοτενῆ κρηπῖδι μιῇ στήσαντο δομαίῃ.
χρυσεοκολλήτοις δὲ περιστίλβουσι καρήνοις
ὄλβια μαρμαίροντες, ἴσα χρυσαυγέϊ δίσκῳ   160
190   ἠελίου προβλῆτας ὀϊστεύοντος ἐρίπνας.
πάντα δ᾽ ὑπερτέλλοντα καρήατα κυκλάδι κόσμῳ
δουρατέη στεφάνωσε περίδρομος ὑψόθεν ἄντυξ,
ὥς κεν ἐπιζεύξειε μιῇ στροφάλιγγι δεθέντας
κίονας, εἰ καὶ ἕκαστος ἀπόκριτός ἐστιν ἑκάστου·   165

---

176 cf. Greg. Naz. carm. 1, 2, 16, 25 ὁμοία πάντα ‖ **179** cf. e. g. Greg. Naz.
carm. 1, 1, 4, 56 sq. φῶτες ἔθηκαν / ... δαήμονες | cf. e.g. Paul. Sil. A.P.
5, 241, 5 ἀλλὰ τὸ μέν που ‖ **180** cf. Nonn. D. 38, 389 ἑῴιος, ἑσπέριος δέ ‖
181 cf. Jo. Gaz. 2, 77 ἐς Φαέθοντα δοκεύει | ft. imit. Const. Rhod. Ss. App.
103 sq. οἱ δ᾽ αὖ φέριστοι κίονες μεσημβρίαν / ἀποβλέπουσι καὶ καλὰς πνοὰς
νότου ‖ **184** cf. S. Soph. 1024 | cf. Hes. Th. 483 ἄντρῳ ἐν ἠλιβάτῳ, ζαθέης
ὑπὸ κεύθεσι γαίης ‖ **185** sq. cf. sis Ap. Rh. 3, 216 sq. κίονας, οἵ περὶ τοίχους /
ἑξείης ἄνεχον ‖ **187** Nonn. D. 37, 99 ἀνεστήσαντο δομαίοις ‖ **189** cf. Nonn.
D. 34, 281 ἴσον τροχοειδέϊ δίσκῳ ‖ **190** cf. Nonn. D. 39, 219 ἀγχιάλοισιν
ὀϊστεύοντες ἐρίπναις; Pamprep. fr. 3, 76 Livrea ἤστραψεν ὀϊστεύουσα
κολώνας (scil. αὐγὴ ...] ... ἠελίου) | Nonn. D. 40, 4 προβλῆτος ἐρίπνης ‖
191 sq. cf. Nonn. D. 41, 302 Ὠκεανὸν κύκλωσε περίδρομον ἄντυγι κόσμου ‖
192 cf. [Opp.] Cyn. 4, 90 περίτροχον ἐστεφάνωσαν | cf. S. Soph. 472

---

177 versum mg. iterum scr. P ‖ **181** βορείην P: corr. Bekk (iam Holst) | νοτίη:
ratio «eoum» vel q. sim. requirit, unde ἑτέρη coni. Gr ‖ **186** ἕρκὸς P | ἄμφω
i. e. ἕρκος et κίονες (Friedl): susp. Gr, qui ἀμφίς prop. (contra quidem Nonni
artem metricam) ‖ **189** ὄλβια μαρμαίροντες P, β in ras. (ft. ὄλα scripserat):
iterum ὄλβια μαρ | μαίροντες mg. P ‖ **194** mg. στίχ(οι) ρ̄

195 ἧς ἔπι πυρσοκόρυμβα πεπηγότα δένδρεα δήεις
ἀργυρέων στράπτοντα χύδην πυρὸς ἄνθος ὁράμνων.
οὐ μὴν ἢ κε τύχησιν ἀπόπλανος ἔδραμεν ὄρπηξ,
ἀλλ᾽ ἀνέχει κατὰ κόσμον ἴσος πολυάντυγι κώνῳ,
βεβριθὼς σελάεσσιν· ἀπ᾽ εὐρυπόροιο δὲ κύκλου   170
200 αἰὲν ὑποκλέπτων ἐπὶ λοίσθιον ὀξὺς ἀνέρπει·
ἔνθα δὲ τερμιόεντα καλὸν ζωστῆρα νοήσεις,
πάντοθι σαπφείροιο καταχρωσθέντα κονίῃ
καὶ χρυσέοις κισσοῖο περιστεφθέντα πετήλοις.
πρὸς δὲ δόμον ζεφύροιο καὶ ἐς πτερὸν αἴθοπος εὔρου   175
205 δοιοὺς ἐγκατέπηξαν ἐπ᾽ ἄντυγος ἔνθα καὶ ἔνθα
σταυροὺς ἀργυρέους, ὅθι μυρία φάεα πυρσῶν
ἄμμασιν ἀκροέλικτος ὁμιλαδὸν ἧλος ἐέργει
γυρὸν ἐϋγνάμπτοιο καλαύροπος εἶδος ἑλίσσων.
τόσσα μὲν ἀμφικέλευθος ἔχων φαιδρύνεται ἄμβων·   180
210 τόνδε γὰρ οὕτω χῶρον ἐφήμισαν ἀμβατὸν οἴμαις
θεσπεσίαις, ὅθι λαὸς ἐπίσκοπον ὄμμα τιταίνει
εἰσαΐων ἄχραντα θεουδέος ὄργια μύθου.
οὐδὲ μὲν οὐ βάθροισιν ἐτώσιον ἔνθεσαν αὔτως

195 sq. conferre possis Const. Manass. Chron. 4721 sq. Lamps. τὰ κατάχρυσα
καὶ τηλαυγοῦντα δένδρα, / χρυσίου τῇ χλωρότητι πυρράζοντα μακρόθεν ‖
196 v. l. Hom. Il. 9, 212 πυρὸς ἄνθος; Or. Chald. fr. 34, 2 des Places π. ἄ.,
etc. ‖ **197** cf. S. Soph. 639 ‖ **199** Nonn. D. 24, 82 ἀπ᾽ εὐρυπόροιο δὲ κόλπου ‖
200 Nonn. D. 6, 78 ὀξὺς ἀνέρπων ‖ **201** cf. S. Soph. 487 ‖ **201 sq.** Dion. Per.
1105 καλὴν πλάκα σαπφείροιο | ft. imit. Georg. Pis. Hex. 1211 τὸν χρυσὸν
εἰς σάπφειρον ἐμπεπλεγμένον ‖ **202** cf. Nonn. D. 37, 594 περιστρωθέντα
κονίῃ ‖ **203** cf. Dion. Per. 573 κισσοῖο … κορύμβοις | cf. Nonn. D. 6, 131
περιστεφθέντα καλύπτρῃ ‖ **204** Nonn. D. 18, 327 et 21, 325 παρὰ πτερὸν
αἴθοπος Εὔρου ‖ **205** cf. Nonn. D. 37, 355 et 43, 274 ἐπ᾽ ἄντυγι … πῆξας |
cf. ad S. Soph. 298 ‖ **206 sq.** cf. S. Soph. 883 sq.; 884 sq. ‖ **211** cf. Greg. Naz.
carm. 1, 1, 27, 73 ἐπίσκοπον ὄμμα τίθησιν | vd. ad S. Soph. 531, 1009; cf. e. g.
Triph. 371 ὄμμα τιταίνει; Nonn. D. 22, 62 ὄ. τ., etc. ‖ **212** cf. S. Soph. 431 |
Nonn. D. 41, 382 sq. ὄργια φωνῆς … ἄχραντα ‖ **213** vd. ad Amb. 76

196 mg. γρ πάρος ἄνθ(ος) ‖ **200** λύσθιον P: corr. Bekk (iam Holst) ‖
202 πάντοθἔν P ‖ **210** οἴμοις Ludw (cf. S. Soph. 732; 872 et praesertim Amb.
53). at θεσπέσιαι οἶμαι ft. «litterae divinae», cf. Amb. 49 et Nonn. D. 39, 359
θεσπεσίῃ … ἀοιδῇ ‖ **213** οὐδὲ μὲν οὐδὲ P: corr. Friedl

τμῆμα λίθων, λεπτὰς δὲ κατ' ἀργεννοῖο χυθείσας   185
215   ἵνας ἐσαθρήσει τις, ἴσον δ' ἀλιανθέϊ κόχλῳ
νήδυμα πορφύρουσιν· ἐπ' ἀτρίπτοισι δὲ πέτροις
ἀνδροδόκων ἀκμῆτα ῥάχιν τρηχύνατο βάθρων
λαοτόρος, στήριγμα ποδῶν ἀμετάτροπον ἴσχων,
μή τις ὀλισθήσαντα καταιβάτις οἶμος ὁδίτην   190
220   ὑψόθεν ἁρπάξασα κατ' οὔδεος ἄστατον ἄξῃ.
οὕτω μὲν κατὰ κόσμον ἐπασσυτέρῃσι πορείαις
λᾶας ἐπεμβαίνων ὑποχάζεται ἄλλος ἀπ' ἄλλου,
ὅσσον ἀναθρώσκων τις ἀμοιβαδὸν ἴχνος ἐρείσῃ.
ὡς δὲ θαλασσαίοισιν ἐν οἴδμασι νῆσος ἀνίσχει,   195
225   δαιδαλέη σταχύεσσι καὶ ἀμπελόεντι κορύμβῳ
καὶ θαλερῷ λειμῶνι καὶ εὐδένδροισιν ἐρίπναις·
τὴν δὲ παραπλώοντες ἐπολβίζουσιν ὁδῖται,
ἄλγεα βουκολέοντες ἁλικμήτοιο μερίμνης·
οὕτω ἀπειρεσίοιο κατ' ἔνδια μέσσα μελάθρου   200
230   λάεσι πυργωθεὶς ἀναφαίνεται ὄρθιος ἄμβων,
δαιδάλεος λειμῶνι λίθων καὶ κάλλεϊ τέχνης.
ναὶ μὴν οὐδ' ὅγε πάμπαν ἀπόκριτος ἐς μέσον ἔστη
χῶρον, ἁλιζώνοισιν ὁμοίιος ἤθεσι νήσων·
ἀλλ' ἄρα μᾶλλον ἔοικεν ἁλιρροθίῳ τινὶ γαίῃ,   205

214 vd. ad S. Soph. 684 || 215 vd. ad S. Soph. 771 || 216 Theodorid. HE 3570
πέτρος … ἄτριπτος || 218 cf. Or. Sib. 1, 139 στήριγμα ποδῶν; Nonn. D. 43,
30 ποδὸς στήριγμα || 219 cf. Nonn. par. Jo. 2, 64 καταιβάτιν οἶμον ὁδεύων ||
222 sq. cf. S. Soph. 896 || 223 cf. ad S. Soph. 296; vd. adn. crit. || 225 cf.
Nonn. D. 12, 317 ἀμπελόεντι κορύμβῳ, etc. || 226 cf. e.g. Anon. A.P. 9,
788, 10 θαλερῶν πεδίων λείμακες | cf. S. Soph. 525 || 227 cf. Nonn. D. 2,
160 ἐποικτείρωσιν ὁδῖται || 227 sq. cf. Jo. Gaz. 1, 178 sq. ὄφρα βαρυτλήτων
ἀχέων ξύσαντες ἀνάγκην / πευκεδανοῦ βιότοιο παραπλώωσι κελεύθους ||
228 cf. Agath. A.P. 5, 297, 3 sq. μερίμνης / ἄλγεα (cf. etiam Anon. A.P. 9,
458, 1 ἄλγεα πικρὰ θαλάσσης) || 229 vd. ad Amb. 50 et cf. S. Soph. 526 ||
231 cf. ad S. Soph. 618 | cf. Nonn. D. 5, 56 sq. τέχνης / κάλλεϊ λαΐνέῳ ||
232 Nonn. D. 19, 237 εἰς μέσον ἔστη, etc.; Jo. Gaz. 1, 62 ἐς μ. ἔ. || 233 cf. Nonn.
D. 48, 37 ἁλιζώνοιο … ῥάχιν ἰσθμοῦ

214 τιχυθείσας litteris τι puncto deletis P || 216 ὑπ' P: corr. Friedl || 223 ἀνα-
θρώσκοντι ξ, ς in ras. P | ἐρείσει P: corr. Friedl: ἐρεῖσαι Ludw (cf. quidem
Greg. Naz. carm. 2, 1, 42, 8 οὐδ' ὅσον … ἴχνος ἐρεῖσαι): ἐρείδει possis, cf.
Opp. Hal. 3, 129 ὑψόσ' ἀναθρώσκων κεφαλὴν ἀζηχὲς ἐρείδει

235 ἦν πολιοῦ προβλῆτα δι' οἴδματος ἰσθμὸς ἐλαύνει
μεσσατίοις πελάγεσσι, μιῆς δ' ἀπὸ δέσμιον ἀρχῆς
ὀχμάζων ἀνέκοψεν ἀληθέα νῆσον ὁρᾶσθαι·
ἡ δὲ θαλασσαίοισιν ἐπιπροθέουσα ῥεέθροις
ἴσθμιον ἀγχιάλοιο καθήψατο πεῖσμα κολώνης. 210
240 τοῖος ἰδεῖν ὅδε χῶρος· ἀφ' ὑστατίου γὰρ ὀρούσας
ἀντολικοῦ βαθμοῖο πολὺς διανίσσεται αὐλῶν,
εἰσόκεν ἀργυρέην περὶ δικλίδα ταρσὸν ἐρείσῃ
μηκεδανῇ κρηπῖδι θυηπόλον ἕρκος ἀράσσων.
τοίχοις δ' ἀμφοτέρωθε διείργεται. οὐ μὲν ἐκείνοις 215
245 ἕρκεσιν ὑψιτενεῖς ἔβαλον πλάκας, ἀλλ' ὅσον ἀνδρός
ὀμφάλιον ζωστῆρα παρισταμένοιο χαράξαι.
ἔνθεν ὑποτροπάδην χρυσέην εὐάγγελος ἀνήρ
βίβλον ἀερτάζων διανίσσεται· ἱεμένης δέ
πληθύος ἀχράντοιο θεοῦ κατὰ μύστιδα τιμήν 220
250 χείλεα καὶ παλάμας ἱερὴν περὶ βίβλον ἐρεῖσαι,
κύματα κινυμένων περιάγνυται ἄσπετα δήμων.

235 cf. e.g. [Aristid.] 25, 3 λιμένες … προβλῆσι λίθοις εἰς τὸ πέλαγος
ἐξανεστηκότες | cf. Q.S. 3, 588 πολιοῖο δι' οἴδματος | conferre possis Greg.
Naz. carm. 1, 2, 1, 278 sq. προίησιν … δι' οἴδματος ‖ 236 cf. Opp. Hal.
5, 46 μεσσοπόροις … πελάγεσσι ‖ 236 sq. cf. e.g. Max. 544 δεσμοῖσιν …
ὀχμάζοιτο | Procop. Aed. 4, 10, 4 Χερρόνησος γάρ, ὡς τὸ εἰκός, ὀνομάζεται,
ἰσθμῷ διειργομένη βραχεῖ, μὴ νῆσος παντάπασιν εἶναι ‖ 238 cf. Orph. A. 1080
ἐπιπροθέουσα διὰ … ῥεέθρου ‖ 239 cf. Ap. Rh. 2, 159 sq. δάφνη … ἀγχιάλῳ
… πρυμνήσι' ἀνῆπτο | Dion. Per. 879 sq. κολώνης / οὔρεος ἀγχιάλοιο |
cf. e.g. Greg. Naz. carm. 2, 1, 2, 12 πέτρης … πείσματ' ἀναψάμενος, etc. ‖
240 cf. sis Jo. Gaz. 1, 335 τοίη μὲν τελέθεσκεν ‖ 241 Opp. Hal. 1, 550 στεινοῖο
μόγις διανίσσεται αὐλοῦ (πολύς et μόγις similiter sonabant) | cf. Dion. Per.
39 πολλὸς … αὐλῶν | cf. Dion. Per. 136 στενὸς ἔρχεται αὐλῶν; Nonn. Dion.
41, 37 ἕλκεται αὐλῶν ‖ 242 cf. Opp. Hal. 1, 201 εἰσόκεν εὐερκῆ μεγάρων
ὑπὲρ οὐδὸν ἀμείψῃ; [Opp.] Cyn. 1, 513 εἰσόκε τέρμα πόνοιο καὶ εἰς βαλβῖδα
περήσῃ | vd. ad S. Soph. 814 ‖ 245 sq. [Opp.] Cyn. 4, 387 ὅσσον ἐπ' ὀμφαλὸν
ἀνδρός ‖ 249 cf. S. Soph. 693; Amb. 40 ‖ 251 cf. Greg. Naz. carm. 2, 1, 11,
1327 sqq. ὁ δ' ἀντεπήει δῆμος οἰδαίνων ἅπας, / – ψάμμος θαλασσῶν ἢ νιφὰς
ἢ κυμάτων / κινήματ', etc.

235 προβλῆτι P: corr. Bekk ‖ 244 ἀμφοτέρωθι Gr ‖ 249 τιμ in ras., γρ
μύστιδα τιμὴν mg. P ‖ 251 κινυμένων: υ in ras.

καί ῥ' ὁ μὲν ἀμφιπλῆγι τιταίνεται εἴκελος ἰσθμῷ
χῶρος, ἀπιθύνων πρὸς ἀνάκτορα σεμνὰ τραπέζης
ἄνδρα καταθρῴσκοντα βαθυκρήμνου περιωπῆς·   225
255 Θεσσαλικῇ δ' ἑκάτερθεν ὅλην χλοερώπιδι πέτρῃ
ἀτραπὸν ἐφράξαντο. πολὺς δ' ὑπὸ λάεσι λειμών
ὄμμασιν ἱμερόεσσαν ἄγει χάριν· ἀμφὶ δ' ἑκάστῃ
Θεσσαλικῇ λάϊγγι παρίσταται οἷά τις ἄλλος
κίων ἰσοτενής, περιηγέσιν οὔ τι κυλίνδροις   230
260 εἰδόμενος· φαίη τις ἀνὴρ γραμμῇσι μεμηλώς
σχῆμα κύβου μεθέπειν περιμήκεος οὐκ ἰσοπλεύρου
κίονας· ἁρμονίην δὲ Μολοσσίδος ἐνθάδε πέτρης
λαοτόροι ζεύξαντες ἀμοιβαδὸν ἄλλον ἐν ἄλλῳ
πέτρον ἐνεσφήκωσαν. ἀπὸ Φρυγίης δὲ κολώνης   235
265 λαοτύπος καὶ τούσδε λίθους ἐτμήξατο τέκτων.
ἔνθα δὲ βουκολέοντα μεληδόνας ὄμματα βάλλων
πῇ μὲν ἴδοις καλὴν ὀφιώδεα σύρματα πέτρην
ἀμφιπεριπλάζουσαν, ἐϋγνάμπτοις δὲ πορείαις
νήδυμα κυμαίνουσι· παρ' ἀλλήλας δὲ ταθείσας   240
270 πυρσὴν ἀργυφέην τε καὶ ἀμφοτέρων τινὰ μέσσην

---

253 cf. Amb. 294 || **255** cf. S. Soph. 388 || **255** sq. conferre possis Ap. Rh. 1, 546
ἀτραπὸς ὡς χλοεροῖο διειδομένη πεδίοιο || **256** cf. ad S. Soph. 618 || **257** cf.
Thgn. 1319 χάριν ἱμερόεσσαν || **259** cf. SGO 01/20/20, 3 (Miletus, V–VI p.
Chr.) κίων ὑψιτενής || **261** Dion. Per. 277 σχῆμα πέλοι κώνου πλευρῆς ἴσον
ἀμφοτέρησιν | cf. Nonn. Dion. 7, 243 μεθέπει ... μορφήν, etc. || **263** Nonn.
par. Jo. 4, 84 ἀμοιβαδὸν ἄλλον ἐπ' ἄλλῳ; conferre licet et Nonn. D. 26, 223
ἀμοιβάδες ἄλλυδις ἄλλαι; Marian. A. P. 9, 668, 5 ἐπεμβαδὸν ἄλλος ἐπ' ἄλλῳ;
S. Soph. 970 || **266** cf. Greg. Naz. carm. 1, 2, 2, 248 ὄμματα βάλλων, etc. ||
266 sqq. Nonn. D. 16, 15 sqq. πῇ μὲν ὀπιπεύων ἑλικώδεα βόστρυχα χαίτης /
... / πῇ δὲ ... στίλβοντα δοκεύων / αὐχένα γυμνωθέντα, σέλας πέμποντα
Σελήνης || **267** cf. Nonn. D. 46, 367 πετρήεσσαν ... ὀφιώδεα μορφήν || **267** et
272 cf. Nonn. D. 7, 101 sq. ὡς στέφος ἑρπηστῆρα ... ὀφιώδεα μίτρην || **268**
Nonn. D. 14, 373 πολυγνάμπτῳ δὲ πορείῃ || **269** vd. ad S. Soph. 847 | cf. Jo.
Gaz. 1, 324 αἱ δὲ ταθεῖσαι || **270** cf. S. Soph. 75 sq. et vd. potissim. Hopkinson
ad Call. Cer. 5

---

253 ἀνάκτορα ex -ου, ut vid. || **256** λάεσσι P: corr. Bekk (iam Holst) ||
261 ἰσοπλεύρους P: corr. Gr || **263** ἐπ' Holst || **269** κυμαίνουσι scil. σύρματα,
inconcinne quidem; cf. 272 ἑρπυστῆρι δρόμῳ σπείρημα | καθείσας P: corr. Gr

χροιὴν ἀμβολάδην τις ἀμοιβαδὸν ὁλκὸς ἑλίσσων
ἀγκύλον ἑρπυστῆρι δρόμῳ σπείρημα κυλίνδει·
πῇ δὲ σεληνήεντα καὶ ἀστερόεντα νοήσεις
γραμμαῖς ἀλλοπρόσαλλα φύσει σφρηγίσματα πέτρης.   245
275 ἀλλὰ καὶ ἐκταδίοις ἐπὶ χείλεσιν ἔρκεος ἄλλην
τῆς αὐτῆς γεγαυῖαν εὐπρήωνος ἐρίπνης
μηκεδανὴν λάϊγγα καθήρμοσαν, ὄφρα κεν εἴη
νειόθι μὲν κρηπῖδος ἐνιδρυνθεῖσα θεμείλοις
πέτρης Θεσσαλικῆς βάσις ἔμπεδος, ὑψόθι δ᾽ ἄλλῳ   250
280 ἅμματι πετρήεντι κατάσχετος· ἀλλὰ καὶ αὐτάς
πλευρὰς τετρατόμοις ὑπὸ κίοσι δεσμὸς ἐέργων
ἄτροπον ἀστυφέλικτον ἐπ᾽ οὔδεϊ πυθμένα πήσσει.
ὡς δ᾽ ὅτε τις Τυρίοιο πολύχροος ὑψόθι πέπλου
νήματα χρυσοέλικτα περίδρομα πάντοθι βάλλων   255
285 πῇ μὲν ὅλην περὶ πέζαν ἀρηρότα κόσμον ἑλίσσει,
πῇ δὲ καλὸν πέπλοιο περὶ στόμα· πῇ δέ γε χειρῶν
ἀμφοτέρων ἔστεψε διήλυσιν· ἀγλαΐη δέ
πάντοθεν εὐλείμων ἐαρόχροα νήματα πέπλου
ἀμφὶς ἔχει, χρυσέου δὲ μίτου σέλας ἄλλον ἐπ᾽ ἄλλῳ   260

271 cf. ad S. Soph. 558 | cf. e. g. Parm. 28 B 1, 19 D.-K. ἄξονας … ἀμοιβαδὸν
εἰλίξασαι | Dion. Per. 198 ὁλκὸν ἑλίσσει; 733 ὁ. ἑ.; Nonn. D. 12, 326 ὁλκὸν
ἑλίξας ‖ 271 sq. cf. Dion. Per. 123 ἑλίσσεται ἀγκύλος ἕρπων ‖ 273 ad
rhythmum et sonum cf. Nonn. D. 31, 242 οὐρανὸν ἀμπελόεντα μετ᾽
ἀστερόεντα καλέσσω ‖ 276 cf. S. Soph. 636 sq.; Nonn. D. 14, 383 πρηῶνι …
ἐρίπνης; 18, 61 πρηῶνα … ἐρίπνης et praesertim Colluth. 102 ὑπὸ πρηῶνος
ἐρίπνην ‖ 277 cf. Nonn. D. 11, 325 ὄφρα κεν εἴην, etc. ‖ 280 cf. Nonn. D. 45, 2
χάρματι λυσσήεντι κατάσχετος ‖ 281 cf. S. Soph. 945 ‖ 282 Nonn. D. 45, 295
ἄτρομον ἀστυφέλικτον | [Apolin.] Ps. 47, 15 ἀστυφέλικτον ἐπήξατο πυθμένα
ποιμήν ‖ 283 vd. ad S. Soph. 784; cf. Jo. Gaz. 1, 283 ὑγρόχροος ὑψόθι νώτου
‖ 284 cf. sis Nonn. D. 33, 62 πάντοθι πάλλει ‖ 285 vd. ad S. Soph. 859 | cf.
Greg. Naz. carm. 1, 1, 3, 43 κόσμον ἑλίσσων, etc. ‖ 287 sq. cf. SGO 01/12/11,
4 (Halicarnassus, IV/V p. Chr.) πάντοθεν ἠγλάϊσαν | cf. Paul. Sil. A. P. 10,
15, 2 εὐλείμων … χάρις ‖ 287 sqq. cf. Nonn. D. 24, 264 καὶ μίτον Ἀγλαΐη καὶ
νήματα δῶκεν ἀνάσσῃ

272 ἀγκύλον ἑρπιστῆρα P ‖ 274 σφραγίσματα P: corr. Gr ‖ 278 νηόθι P:
corr. Bekk ‖ 282 ἀστυφέλικτος P: corr. Gr (cf. loc. sim.) | πυθμένα: θ in ras.,
πυθμένα iterum scr. mg. P ‖ 286 πέ//πλοιο P ‖ 287 πάντοθεν bis scr. P, heic
post δέ et initio v. seq.

290 ὄλβον ἐπανθίζον περὶ κάλλεϊ κάλλος ἐγείρει·
 οὕτω ποικιλοεργὸς ἀνὴρ χλοεροῖσι μετάλλοις
μαρμαρυγὴν ἱεροῖο βαλὼν χρυσαυγέα πέτρου
ἀμφοτέροις ἀμάρυγμα φαάντερον εὗρεν ἀνάψαι.
ἀντολικὸν δ' ἐπὶ τέρμα, παρ' ἕρκεα σεμνὰ τραπέζης,   265
295 ἰσθμὸν ἀποτμήξαντο, διήλυσιν ὄφρα κελεύθου
ὠκυτέρην τεύξωσι παρερχομένοισιν ὁδίταις.
τοῖα μὲν ἀγλαόδωρος ἐμὸς σκηπτοῦχος ἐγείρει
ἔργα θεῷ βασιλῆϊ. πολυστέπτοις δ' ἐπὶ δώροις
καὶ σέλας ἀστυόχοιο ἑῆς ἀνέθηκε γαλήνης   270
300 νηὸν ὑπὲρ πολύυμνον, ὅπως θεοδέγμονι βουλῇ
ἔμπνοον ἱδρύσειε γέρας κοσμήτορι κόσμου,
Χριστῷ παμβασιλῆϊ. σὺ δ' ἵλαος ἵλαος εἴης,
παμφαὲς ἀχράντου τριάδος σέβας, ἄστεϊ Ῥώμης
καὶ ναέταις καὶ ἄνακτι καὶ ἱμεροδερκέϊ νηῷ.   275

291 vd. ad Amb. 123 || 293 cf. Anon. A.P. 9, 806, 3 εὗρε τελέσσαι ||
294 cf. S. Soph. 420 | cf. Amb. 253 || 296 Anon. A.P. 9, 374, 1 = FGE 2076
παρερχομένοισιν ὁδίταις; Nonn. par. Jo. 9, 50 π. ὁ. || 297 cf. e.g. Nonn. D.
18, 87 τοῖα ... σκηπτοῦχος ἐδείκνυε; Christod. 405 τοῦτο ... ἔδειξεν ἐμὸς
σκηπτοῦχος | cf. Nonn. D. 7, 85 ἀγλαόδωρος ἐμὸς πάις, etc. || 300 cf. Nonn.
par. Jo. 7, 150 θεοδέγμονι θυμῷ || 301 cf. Anon. A.P. 1, 10, 43 Κωνσταντῖνον,
ἑῆς κοσμήτορα Ῥώμης || 302 vd. Sundermann ad Greg. Naz. carm. 1, 1, 2,
455 | cf. S. Soph. 738 || 302 sqq. Opp. Hal. 2, 40 sqq. (δαίμονες) πανίλαον
ἦτορ ἔχοιεν / σοί τε, μάκαρ σκηπτοῦχε, καὶ ἀγλαόπαιδι γενέθλῃ / καὶ λαοῖς
σύμπασι καὶ ἡμετέρῃσιν ἀοιδαῖς et cf. S. Soph. 1028 || 303 cf. Diosc. 11, 41
Fournet ἀχράντου Τριάδος || 303 sq. cf. SGO 02/06/11, 2 (Stratonicea, V p.
Chr.) πᾶσιν ὁμοῦ ναέταις ἄστεϊ τ' ἡμετέρῳ; 21/23/04 ἄστει καὶ ναέτῃσι καὶ
ἐσσομένοισι πολίταις (Gerasa, 535/6 p. Chr.); M.Ç. Şahin, Ep. Anat. XLI
(2008), 66 nr. 32, 7 ἄστει καὶ ναετῆρσι (Stratonicea, V–VI p. Chr.)

290 ἐπανθίζων P: corr. Keydell (cf. praef., XXXVI, n. 108) || 295 ἀπετμή-
ξαντο Ludw || 299 νέης Gr propter hiat.; ἑῆς deff. Friedl, 118 (coll. Nonn.
par. Jo. 19, 13 κοίρανον ἠσπάζοντο ἑῇ), Ludw; adde sis Greg. Naz. carm. 2,
1, 1, 618 ἀσπασίως καὶ χεῖρα ἑήν; Q.S. 1, 468 ἱστὸν ἐπεντύνεσθε ἑῶν, etc. ||
304 στίχ(οι) ὁμοῦ ᾱς ἡρωικ(οὶ) καὶ ἰαμβικοὶ ρ̄ν P mg.

CODICIS PALATINI ORTHOGRAPHIA ET MENDA LEVIORA

DESCRIPTIO SANCTAE SOPHIAE

8 κινὼν ‖ 31 σοῦ ǀ προ ἀσπίζοντι ‖ 60 πάντ᾽ ἀρίστης ‖ 65 παρὰδράμοις ‖ 73 νεῷ ‖ ὑπὸκειμένων (2 ε s. l.) ‖ 100 ἀπὸ φαίην ‖ 104 τὶς ‖ 105 σὺν ἐξισοῦσθαι ǀ νεῷ ‖ 106 ἐπ᾽ ἀποδύεσθαι ‖ 111 νεῶ ‖ 114 τὶς ‖ 116 φρονὼν ‖ 150 περίπηχυν ‖ 154 ἔστιν ‖ 162 ἐπ᾽ ἀσσυτέροις ‖ 163 δοῦπησε ut vid. ‖ 179 οὐας ‖ 200 ἀψίδος ‖ 219 σακεσπάλος ‖ 235 ἐπὶ πνείουσιν ‖ 239 σὲ ‖ 243 ὡς ‖ 251 ὑπὸ κλ- ‖ 258 καταυχένος ‖ 262 σὺν ἔρρεον ‖ 267 ἐπ᾽ εὐφήμησε ‖ 274 ἀπὸ τμηγέντος ‖ 332 κήρυξ ‖ 334 φωνῇι ‖ 345 ᾆον ‖ 347 αὐλᾶς ‖ 350 κληΐδα ‖ 353 βαλβίδος ‖ 358 ταῶς ‖ 364 σὺν ἕλκει ‖ 368 ἐπ᾽ εἰλίσσουσι ‖ 394 κατήερος ‖ 426 πρὸσϊόντας ‖ 447 θάμβὸς ‖ 457 ἐπὶ: cf. praef., XXXIX ‖ 477 ὄφρά κε ‖ 557 ἀπὸ στίλβουσιν ‖ 561 ἐπ᾽ εἰλιχθεῖσα ‖ 576 περὶ κλύστου ‖ 579 δίκλιδα ‖ 596 κελαδὼν: corr. Ludw (cf. Ludw, op. laud. praef. n. 45, 26 et 31) ‖ 601 ἀπ᾽ ἀγγέλλοντα ‖ 614 αὐλᾶς ‖ 625 ἀπ᾽ ἀστράπτοντα ‖ 627 ἄστρασι (cf. praef., XL) ‖ 656 ἐπὶ σκιάειν ‖ 657 τὰδὲ ‖ 662 περὶστέφει ‖ 668 ψηφίδας ‖ 669 ἀπὸ (cf. praef., XXXIX) ‖ 671 τὶς ‖ 675 ἐπ᾽ ἀρκέα ‖ 691 ἐπὶ (cf. praef., XXXIX) ‖ 703 παρὰ δέδρομεν ‖ 706 ἐφ᾽ ὠμάρτησαν ‖ 717 ἀπ᾽ ἀγγέλλουσα ‖ 729 ὀξὺ κόρυμβον ‖ 735 ὑπὸ κλασθέντα ‖ 747 δ᾽ εἴκελα ‖ 748 ἀπ᾽ ἀγγέλλοντα ‖ 760 ἐφ᾽ ἁπλώσαντες ‖ 766 τίς ‖ 773 ἀπ᾽ ὠλίσθησε ‖ 779 ἀπ᾽ ἀγγέλλουσαν ‖ 788 κληδοῦχος ǀ ἐπ᾽ οὐρανίων ‖ 789 ἐπὶ χθονίοις ‖ 793 ποικιλοεργὸ᾽ς ‖ 795 ἀψίδος ‖ 799 τὶς ‖ 800 ἱερού᾽ς ‖ 801 ἐπὶ λείβεται ‖ 802 σὺν ἁπτομένους ‖ 804 χερῖ ‖ 812 σειρᾶς ‖ 834 φλὸξ ‖ 835 ἀπ᾽ ἀστράπτουσα ‖ 848 ἐπ᾽ ἀστράπτουσι ‖ 851 τὶς ‖ 873 ἀπὸ στίλβουσα ‖ 876 ὀξὺκάρηνα (qui duo vocabula signo ⌣ iung.) ‖ 879 πυρισπόρον (duo voc. signo ⌣ iung.) ‖ 883 ἥλων ‖ 898 ἀπὸ πλάζει ‖ 900 ἄστρασιν (cf. praef., XL) ‖ 906 ἐπ᾽ αὐγάζει ‖ 912 κατ᾽ ἰθύνησι ‖ 927 ὑπὸσσαίνουσιν ‖ 929 ἀρπ- ex ἀρπ- ‖ 935 ἐπ᾽ ἐμβάδα ‖ 941 ἀπ᾽ αγγέλλουσαν ‖ 943 κατ᾽ εὐνάζεις ‖ 947 κληΐδα ‖ 953 μετὰ στρεφθεῖσαν ‖ 961 κατ᾽ ἰθύνει ‖ 965 ἐπὶ τροχάοντα ‖ 968 ἀπὸ κλίναντες ǀ ἐπὶ τρέψωμεν ‖ 969 αὐτὸς ‖ 978 ὑπὸ στήριξον ‖ 980 σφρηγῖδι ‖ 983 ἐπ᾽ αὐχήσαντα ‖ 985 σὺν ἤλυθον ‖ 989 ψυχῆν ‖ 993 ἐπ᾽ ἀρκέα ‖ 994 κατ᾽ εὐνήτειραν ‖ 1009 ὄμματι ταίνεις ‖ 1013 ἔκχυτὸν ‖ 1016 σᾶς ‖ 1022 τὶς

DESCRIPTIO AMBONIS

2 νεῷ || **6** σὺν δημιουργεῖν || **24** νεώ || **30** ὕπο || **32** δι' ἀγγέλλουσα || **57** ἐοικότα || **58** λᾶας || **64** ἐοικότας || **72** ἀπ' ἰθύνειν || **73** τὶς || **75** σὺν ἀέξεται | ἀπὸ λήγει || **76** λᾶας || **81** δίναι || **83** ἀπὸ πλαγχθέντας | ὑπ' ἐκτανύουσιν || **91** μετ' ἀΐσσει | εἰς ἔτι || **92** χροίην || **111** ὑποφῆται || **119** ἢ τὶς || **132** ἀμφ' ἐβάλοντο | περὶ τμηγέντι || **146** βαιὸν || **149** ἀπὸ στίλβουσαν || **150** βωμούς || **152** ἀπ' ἀστράπτουσι || **156** κυκλοτέρῆ || **164** ἀμφ' ἐβάλοντο || **170** ἐπὶ γναμφθέντα | λᾶαν || **183** ἐδέθλου || **184** ἀπὸ κρύπτειν || **188** περὶ στίλβουσι || **193** ἐπὶ ζεύξειε || **195** ἐπὶ: cf. praef. XXXIX || **197** τύχησιν || **199** εὐρυπόροιο || **200** ὑπὸ κλέπτων || **202** ἐνθάδε || **203** περὶ στεφθέντα || **204** εὔρου || **208** γῦρον || **209** ἀμφὶ κέλευθος || **212** ὄργια || **215** ἵνας ἐς ἀθρήσει || **220** κατούδεος || **222** λᾶας || **227** παρὰ πλώοντες || **231** δαιδαλέος || **238** ἐπὶ προθέουσα || **242** εἰς ὅκεν | δίκλιδα || **247** ὑπὸ τροπάδην || **254** κατὰ θρώσκοντα || **255** θεσσαλικὴ || **256** λειμῶν || **260** τὶς || **266** ἐνθάδε || **268** ἀμφὶ περὶ πλάζουσαν (tria verba signo ⌣ iung.) || **271** τὶς || **283** τὶς || **295** ἀπὸ τμήξαντο || **296** παρ' ἐρχομένοισι

INDEX LOCORVM SIMILIVM
ET IN APPARATV LAVDATORVM

Aceratus

A.P. 7, 138, 4: S. Soph. 617

Achilles

Introductio in Aratum (Maass)

24: S. Soph. 627

Adespota papyracea. Elegiae

SH 969, 6: S. Soph. 228

Adespota papyracea. Epigrammata

SH 978, 8 sq.: vd. Posidipp.
SH 980, 1 sq.: S. Soph. 164 sqq.
SH 982, 1 sqq.: S. Soph. 135 sqq.

Aelianus

fragmenta (Domingo-Forasté)

fr. 227: S. Soph. 755

Aeschylus

Persae

929 sq.: S. Soph. 231

Agamemnon

900: S. Soph. 182 sq.

[Aeschylus]

Prometheus

89 sq.: S. Soph. 1002 sq.

Agathias

A.P. 1, 36, 3: S. Soph. 949
A.P. 4, 3a, 15 sq.: S. Soph. 87
A.P. 4, 3a, 19 sq.: Amb. 3 sq.
A.P. 4, 3a, 30 sq.: S. Soph. 125
A.P. 4, 3b, 5 sq.: S. Soph. 159 sq.
A.P. 4, 3b, 6: S. Soph. 670
A.P. 4, 3b, 8: S. Soph. 149 (bis)
A.P. 4, 3b, 17: S. Soph. 279
A.P. 4, 3b, 17: S. Soph. 281
A.P. 4, 3b, 22: S. Soph. 971
A.P. 4, 3b, 23: S. Soph. 874
A.P. 4, 3b, 27: S. Soph. 162 sq.
A.P. 4, 3b, 55 sq.: Amb. 46 sq.
A.P. 4, 3b, 75: S. Soph. 353
A.P. 5, 216, 1: S. Soph. 735
A.P. 5, 276, 2 sqq.: S. Soph. 773 sq.
A.P. 5, 292, 1: S. Soph. 293
A.P. 5, 294, 13: S. Soph. 463 sq.
A.P. 5, 296, 3: S. Soph. 360
A.P. 5, 297, 3 sq.: Amb. 228
A.P. 5, 297, 7: S. Soph. 757
A.P. 6, 76, 5: S. Soph. 224
A.P. 7, 589, 4: S. Soph. 240

Epigrammata

Griechische Vers-Inschriften.
Grabepigramme (Peek)

Odyssea

Hymni e papyris magicis collecti
(Heitsch)

Ion Chius (Leurini)

Johannes Gazaeus

2, 52 S. Soph. 543
2, 66: S. Soph. 916
2, 77: Amb. 181
2, 109: S. Soph. 496
2, 149 sq.: S. Soph. 669 sq.
2, 156: S. Soph. 629
2, 168: S. Soph. 837
2, 176: Amb. 59 sq.
2, 177: S. Soph. 638
2, 189 sq.: S. Soph. 493 sq.
2, 198: S. Soph. 458
2, 279: S. Soph. 401 sq.
2, 329: S. Soph. 1017
2, 343: S. Soph. 527

Johannes Geometres

Carmina hexametrica et elegiaca
(Van Opstall)

65, 6 sq.: Amb. 58
65, 7: Amb. 56

Carmina Varia (PG 106)

5, 23: S. Soph. 66
5, 40: S. Soph. 189
88, 6: S. Soph. 710 sq.
102, 1 sq.: S. Soph. 750 sq.
119, 8: S. Soph. 150
160, 110: S. Soph. 450

carmen a L. Sternbach, «Eos» 4, 1897,
159 editum, quod falso Johanni
Mauropodi in Suppl. gr. 690f. 118
tribui demonstravit M. L. Lauxter-
mann, Byzantine Poetry from
Pisides to Geometres. Volume one,
Wien 2003, 297–301

3, 4: S. Soph. 710 sq.

Johannes Mauropous

Carmina (de Lagarde)

93, 70: S. Soph. 75 sq.
96, 6: S. Soph. 55

Josephus

Bellum Judaicum

7, 108: S. Soph. 96

Julianus Aegyptius

A. P. 6, 67, 1: Amb. 65 sqq.
A. P. 6, 67, 4: S. Soph. 315
A. P. 7, 58, 3: S. Soph. 166
A. P. 7, 581, 1: S. Soph. 949
A. P. 7, 592, 5: S. Soph. 1004
A. P. 7, 601, 3: Amb. 90

Laudatio professoris Smyrnaei
in universitate Beryti docentis
(Heitsch)

25 sqq.: S. Soph. 90
49: S. Soph. 195 sq.
50: S. Soph. 188
81: S. Soph. 165
96: S. Soph. 213
97: S. Soph. 911 sq.

Leonidas

A. P. 6, 221, 1 = HE 2291: S. Soph.
183
A. P. 6, 293, 6 = HE 2306: S. Soph.
944

Leonidas Alexandrinus

A.P. 6, 324, 3 = FGE 1874: S. Soph.
197
A.P. 9, 349, 1 = FGE 1958: S. Soph.
330

Leontius

A.P. 9, 624, 3: S. Soph. 282
A. Pl. 245, 3: S. Soph. 251

Libanius

Orationes

9, 8: S. Soph. 346 sq.
9, 12: S. Soph. 1024
11, 236: S. Soph. 524
11, 236: S. Soph. 895 sqq.

Limenius (Powell)

13: S. Soph. 333

Lucianus

Alexander

10: S. Soph. 150

De Mercede Conductis

29: S. Soph. 757

Lucillius

A.P. 11, 94, 1: S. Soph. 180
A.P. 11, 105, 2: S. Soph. 374

Lycophron

13 sq.: S. Soph. 353
1424: S. Soph. 210

Macedonius

A.P. 5, 227, 3 = 4 Madden: S. Soph.
923
A.P. 6, 70, 1 = 19 M.: S. Soph. 178
A.P. 11, 63, 1 = 35 M.: S. Soph. 168

Maecius

A.P. 5, 133, 2 = GPh 2495: S. Soph.
937

Malalas (Thurn)

Chronographia

8, 19: S. Soph. 524

[Manetho]

2, 24: S. Soph. 914
2, 27 sqq.: S. Soph. 473
2, 68: S. Soph. 378
2, 75: Amb. 145
2, 199: S. Soph. 757
2, 204: S. Soph. 778
2, 227: S. Soph. 674
2, 246 sq.: S. Soph. 1012 sq.
2, 265: S. Soph. 425
2, 468: S. Soph. 617
3, 61: S. Soph. 407
4, 6: S. Soph. 378
4, 612: Amb. 75
6, 551: S. Soph. 906
6, 726: S. Soph. 554

Manilius

1, 715 sq.: S. Soph. 287 sq.
4, 320 sq.: S. Soph. 382 sq.

Manuel Phila

Carmina e cod. Florentino (Miller)

95, 10: S. Soph. 55

Marcus Argentarius

A.P. 9, 87, 5 = GPh 1415: S. Soph. 814
A.P. 9, 87, 6 = GPh 1416: S. Soph. 333
A.P. 9, 270, 1 = GPh 1441: S. Soph. 288
A.P. 10, 4, 7 = GPh 1457: S. Soph. 816

Marianus

A.P. 9, 626, 5: S. Soph. 959
A.P. 9, 657, 4: Amb. 64
A.P. 9, 668, 5: Amb. 263

Maximus, De ausp.

12: S. Soph. 570
31: S. Soph. 591
451: S. Soph. 1002
472: S. Soph. 798
504: Amb. 98
544: Amb. 236 sq.

Meleager

A.P. 5, 136, 1 = HE 4222: S. Soph. 887
A.P. 5, 190, 3 = HE 4318: S. Soph. 444
A.P. 7, 196, 3 = HE 4068: S. Soph. 425
A.P. 7, 207, 3 = HE 4322: S. Soph. 711

A.P. 7, 421, 5 = HE 4012: S. Soph. 703
[Mel.] A.P. 9, 363, 1 sq., 16: Amb. 21 sqq.
A.P. 12, 132b, 3 sq. = HE 4112–3: S. Soph. 711

Menander

Samia

16: S. Soph. 993
112 sq.: S. Soph. 282

Moschus

Europa

2: S. Soph. 356
88: S. Soph. 378
133: S. Soph. 494
135: S. Soph. 444
165 sq.: S. Soph. 382 sq.

[Moschus]

Epitaphius Bionis

84: S. Soph. 711

Megara

108 sq.: S. Soph. 298

Musaeus

5 sqq.: S. Soph. S. Soph. 597 sq., 601
33: S. Soph. 995
42: S. Soph. 320
55 sq.: S. Soph. 834 sq.
59 sq.: Amb. 140 sq.

Paraphrasis S. Evangelii Joannei

[Oppianus] Apameensis

Cynegetica

Oracula Chaldaica (des Places)

Oracula Delphica (Parke-Wormell)

Oracula Sibyllina

INDEX VERBORVM

(ad LSJ⁹ normam semper fere exactus)

asterisco * vocabula coniectura restituta
vel suppleta denotantur

555; 558; 578; 590; 658; 678; 685; 688; 726; 728; 767; 827; 851; 859; 916; 920; 967; 978; 1027; Amb. 9; 65; 79; 97; 179; 183; 198; 234; 245; 275; 280

ἀλλήλων S. Soph. 467; 477; 502; 560; 744; Amb. 55; 146; 269

ἄλλοθεν S. Soph. 262; 896; 970

ἄλλοθι S. Soph. 709; 803; 804; Amb. 86

ἀλλοπρόσαλλος Amb. 274

ἄλλος S. Soph. 51; 242; 249; 262; 372; 387; 400; 411; 441; 460; 551; 575; 592; 837; 840 (bis); 885; 886; 887 (bis); 892; 893; 896; 899; 903 (bis); 970; 984; Amb. 111; 164; 222 (bis); 258; 263 (bis); 275; 279; 289 (bis)

ἄλμα Amb. 120

Ἄλπειος S. Soph. 520

ἄλσος S. Soph. 522; 524; 549; 881

ἀλύσκω S. Soph. 958

ἅμα S. Soph. 624

ἄμαλλα S. Soph. 316

Ἄμαξα S. Soph. 899

ἁμαρτάς S. Soph. 40

ἁμαρτίνοος S. Soph. 1029

ἀμαρυγή S. Soph. 750

ἀμάρυγμα S. Soph. 192; 545; 628; 635; 769; 998; Amb. 293

ἀμβατός S. Soph. 306; Amb. 53; 210

ἀμβλύνω S. Soph. 175; 315

ἀμβολάδην Amb. 271

ἀμβρόσιος S. Soph. 327; 590; 613; 676; 793; 882

ἄμβροτος S. Soph. 321; 333; 404

ἄμβων Amb. 209; 230

ἀμείδητος Amb. 36

ἀμείλιχος S. Soph. 950

ἀμεμφής S. Soph. 300

ἀμετάτροπος Amb. 218

ἀμήτωρ S. Soph. 435

ἄμμα S. Soph. 199; 216; 883; 946; Amb. 207; 280

ἄμνηστος S. Soph. 206

ἀμοιβαδόν S. Soph. 499; 970; Amb. 223; 263; 271

ἀμπαύω S. Soph. 923

ἀμπελόεις Amb. 225

ἄμπελος S. Soph. 293; 653

ἀμπεχόνη S. Soph. 773

ἀμπλακία S. Soph. 566; 699; 992

ἀμύσσω S. Soph. 252

ἀμφί S. Soph. 137 (dat.); 636 (acc.); 898 (acc.); Amb. 115 (acc.); 257 (dat.)

ἀμφιβαίνω S. Soph. 491

ἀμφιβάλλω S. Soph. 638; Amb. 132; 164

ἀμφιέλικτος S. Soph. 292

ἀμφιέλιξ Amb. 137

ἀμφιέλισσα Amb. 148

ἀμφιέννυμι S. Soph. 94

ἀμφιέπω S. Soph. 867; 1001

ἀμφιθέω S. Soph. 488; Amb. 99

ἀμφικέλευθος Amb. 209

ἀμφιλύκη S. Soph. 568

ἀμφιπεριπλάζω Amb. 268

ἀμφιπεριστέφω Amb. 134

ἀμφιπλήξ Amb. 252

ἀμφίς Amb. 289

ἀμφότερος S. Soph. 382; 553; 587; Amb. 55; 270; 287; 293

ἀμφοτέρωθε(ν) S. Soph. 462; 470*; Amb. 244

ἀμφοτέρωθι S. Soph. 373

ἄμφω S. Soph. 792; Amb. 186

ἀμώμητος S. Soph. 278

ἄν S. Soph. 91 (quarto loco); 95; 100; 108; 119; 123; 279; 412; Amb. 5

ἀνά S. Soph. 177 (acc.); 520 (acc.); 605 (acc.); Amb. 138 (acc.)

ἀναβλαστάνω S. Soph. 436; 879

ἀναγκαῖος S. Soph. 944

ἀνάγκη S. Soph. 352; 543; 956; 994; Amb. 41

ἀναγνάμπτω S. Soph. 287

ἀνάγω   S. Soph. 235; Amb. 106
ἀναδέω   S. Soph. 977
ἀναέξω   S. Soph. 525
ἀναζωγρέω   S. Soph. 280
ἀναθρῴσκω (in P ἀναθρώσκω)   S. Soph. 597; 896; Amb. 223
ἀναίθω   S. Soph. 886
ἀναίμακτος   S. Soph. 197; 683
ἀναΐσσω   S. Soph. 309
ἀνακλίνω   S. Soph. 572
ἀνακόπτω   Amb. 237
ἀνακρούω   S. Soph. 817
ἀνακτόρεος   S. Soph. 244
ἀνάκτορον   S. Soph. 351; 427; 615; 884; Amb. 253
ἀναμίμνω   S. Soph. 257; 316
ἄναντα   S. Soph. 846
ἄναξ   S. Soph. 140; 157; 176; 228; 239; 259; 302; 527; 554; 681; 780; 960; 970; 980; Amb. 44; 64; 304
ἀναπάλλω   S. Soph. 596
ἀναπετάννυμι   S. Soph. 354; 533*; 904*
ἀναπίμπλημι   S. Soph. 466
ἀναπτοέω   S. Soph. 285
ἀναπτύσσω   Amb. 66
ἀνάπτω   S. Soph. 343; 488; Amb. 293
ἀναρπάζω   S. Soph. 444
ἀνασεύομαι   S. Soph. 405; 468; 495
ἄνασσα   S. Soph. 665; 714
ἀναστέλλω   S. Soph. 337
ἀνατείνω   S. Soph. 471; 535; 725
ἀνατέλλω   S. Soph. 97; 406 (ἀντέλλουσα)
ἀνατίθημι   S. Soph. 841; Amb. 299
ἄναυρος   S. Soph. 210; 290; 1012
ἀναφαίνω   S. Soph. 541; 738; Amb. 230
ἀναχέω   S. Soph. 775
ἄνδιχα   S. Soph. 372
ἀνδροδόκος   Amb. 217
ἀνδρόμεος   S. Soph. 306; 565; 670; 698; 822; 1009; Amb. 32; 129

ἀνδροφόνος   S. Soph. 194
ἀνεγείρω   Amb. 34
ἄνειμι   Amb. 161
ἀνελίσσω   S. Soph. 660
ἀνέμβατος   S. Soph. 1005; 1021
ἀνεμώνη   Amb. 142
ἀνερπύζω   S. Soph. 774
ἀνέρπ[υστ]ος*   S. Soph. 498
ἀνέρπω   S. Soph. 356; 429; 494; 729; Amb. 73; 200
ἀνέρχομαι   S. Soph. 587
ἀνευρύνω   S. Soph. 401; 438; Amb. 130
ἀνέχω   S. Soph. 637; Amb. 198
ἀνήρ   S. Soph. 81; 115; 126; 168; 184; 204; 209; 230; 264; 269; 271; 335; 360; 384; 392; 395; 428; 432; 456; 485; 487; 514; 517; 521; 687; 707; 787; 823; 825; 865; 890; 895; 946; 987; 1021; Amb. 31; 68; 120; 123; 127; 175; 184; 245; 247; 254; 260; 291
Ἀνθέμιος   S. Soph. 268; 552
ἀνθεμόεις   S. Soph. 290
ἄνθος   S. Soph. 388; 550; 633; 759; 879; 957; Amb. 98; 124; 140; 196
Ἄνθουσα   S. Soph. 156
ἄνθρωπος*   S. Soph. 39
ἀνίη   S. Soph. 169; 206; 217
ἀνίημι   S. Soph. 517; 571; 640; Amb. 175
ἀνίκητος   S. Soph. 930
ἀνίστημι   S. Soph. 254; 515; 540; 721; 959; Amb. 139
ἀνίσχω   S. Soph. 223; 365; 626; Amb. 224
ἀννέφελος   S. Soph. 895
ἀνοίγω   S. Soph. 408; 438; 442; 681; 718; 946; 1008; Amb. 68
ἀνορθόω   Amb. 119
ἀνοχλίζω   Amb. 110
ἄντα   S. Soph. 573
ἀνταστράπτω   S. Soph. 770
ἀντέλλω: vd. ἀνατέλλω

ἀντί S. Soph. 853; 879; 949; Amb. 43
ἀντίβιος S. Soph. 273; 943
ἀντίος S. Soph. 560; 912 (adv. ἀντία)
ἀντίπορος S. Soph. 432; 452*; 811; 909
ἀντίτυπος S. Soph. 983
ἀντιφθέγγομαι S. Soph. 132
ἀντολίη Amb. 51
ἀντολικός S. Soph. 201; 354; 398; 420; 448; Amb. 241; 294
ἄντρον Amb. 166; 174; 184
ἄντυξ S. Soph. 187; 338; 349; 370; 378; 398; 403; 419; 458; 470; 473; 481; 483; 504*; 516*; 536*; 613; 682; 727; 813; 836; 864; 869; 878; 937; Amb. 35; 60; 192; 205
ἀνύω S. Soph. 615
ἄνω S. Soph. 53; 504; Amb. 117
ἄξεινος S. Soph. 908
ἄξιος S. Soph. 345
ἄξυλος S. Soph. 518
ἀοιδή S. Soph. 336; 446; 702; 968; Amb. 46; 112
ἀοιδός (adi.) S. Soph. 253
ἀολλίζω S. Soph. 364; 618; 714
ἀπαγγέλλω S. Soph. 601; 717; 748; 779; 941
ἀπάγω S. Soph. 289
ἄπας S. Soph. 46; 75; 114; 232; 339; 348; Amb. 1
ἀπαστράπτω S. Soph. 410; 625; 781; 835; Amb. 152
ἀπειρέσιος S. Soph. 422; 526; Amb. 229
ἀπειρόγαμος S. Soph. 436
ἀπείρων S. Soph. 150; 158; 240; 762
ἀπελαύνω S. Soph. 838
ἀπέοικα S. Soph. 121 (ἀπεικός)
ἀπιθυντήρ Amb. 78
ἀπιθύνω S. Soph. 564; Amb. 67; 72; 253

ἄπλετος S. Soph. 489
ἁπλοΐς S. Soph. 770
ἀπό S. Soph. 208; 360; 361; 565; 669; 701; 707; 813; 819; 821; 837; 840; 847; 951; 988; 995; Amb. 151; 199; 222; 236; 240; 264
ἀποκλίνω S. Soph. 968
ἀποκρίνω S. Soph. 582; 683; 924
ἀπόκριτος Amb. 52; 194; 232
ἀποκρύπτω Amb. 184
ἀπολήγω Amb. 75
ἀπολισθάνω S. Soph. 200; 773
ἀπονέομαι S. Soph. 467
ἀποπλάζω S. Soph. 898; Amb. 83
ἀπόπλανος Amb. 197
ἀπορρίπτω S. Soph. 169
ἀπορρώξ S. Soph. 434
ἀποσείω S. Soph. 217; 1007
ἀποσκοπέω S. Soph. 897
ἀποσμήχω S. Soph. 1024
ἀποστίλβω S. Soph. 377; 557; 873; Amb. 149
ἀποτμήγω S. Soph. 274; Amb. 295
ἀπότροπος S. Soph. 214
ἀπόφημι S. Soph. 100
ἀποψάω S. Soph. 171
ἅπτω S. Soph. 29; 353; 819; 864
ἀπύρσευτος S. Soph. 750
ἄρα S. Soph. 1; 130
ἄρα S. Soph. 495; Amb. 234
ἀραιός Amb. 145
ἀραρίσκω S. Soph. 369; 454; 474; 744; Amb. 157; 285
ἀράσσω S. Soph. 137; 521; 948; Amb. 243
ἀργεννός S. Soph. 667; Amb. 86; 98; 214
ἀργινόεις Amb. 144; 153
ἀργύρεος S. Soph. 367; 422; 678; 680; 685; 688; 689; 722; 723; 724; 730; 737; 746; 748; 751; 761; 819; 843; 851; 871; 880; Amb. 62; 66; 122; 196; 206; 242

ἄργυρος Amb. 65
ἀργύφεος S. Soph. 624; 792; Amb. 94; 270
ἄργυφος S. Soph. 343; Amb. 91
ἀρείων S. Soph. 154
ἀρετή S. Soph. 964
ἀρητήρ S. Soph. 344; 345; 421; 963; 969
Ἀριμασπός Amb. 177
ἄριστος S. Soph. 42; Amb. 3
ἀριστώδιν S. Soph. 199; 281
ἄρκιος S. Soph. 280; 469*
Ἄρκτος S. Soph. 233; 534; 914
Ἀρκτοῦρος S. Soph. 832
ἀρκτῷος S. Soph. 572
ἁρμονίη S. Soph. 456; 476; 608; 730; 745; Amb. 262
ἄρουρα Amb. 129
ἀρόω S. Soph. 768
ἁρπάζω S. Soph. 221; Amb. 220
ἁρπακτήρ S. Soph. 929
ἅρπη S. Soph. 315
ἀρραγής S. Soph. 64; 451; 454
ἄρτι S. Soph. 315; 319
ἀρτιγενής Amb. 102
ἀρτίδομος S. Soph. 321
ἀρτιτέλεστος S. Soph. 284
ἀρχή Amb. 236
ἄρχομαι S. Soph. 103
ἀρχός S. Soph. 340
ἀρωγή S. Soph. 222; 920
ἀσέλαστος S. Soph. 862
ἀσθενέω S. Soph. 123
ἀσίγητος S. Soph. 336
ἀσκαφής S. Soph. 505
ἀσκεπής S. Soph. 614
ἀσκέω S. Soph. 700
ἀσπασίως S. Soph. 336; 665; Amb. 38
ἄσπετος S. Soph. 721; 797; Amb. 251
ἀσπιδιώτης S. Soph. 257
ἀσπίς S. Soph. 20; 716
ἄσπορος S. Soph. 437; 694

Ἀσσύριος S. Soph. 521
ἄστατος Amb. 220
ἀστερόεις Amb. 273
ἀστήρ S. Soph. 627; 896; 900
ἀστήρικτος S. Soph. 203
ἀστράπτω S. Soph. 606; 888
ἀστροχίτων S. Soph. 288
ἄστυ S. Soph. 189; Amb. 303
ἀστυόχος S. Soph. 162; 971; 977; Amb. 299
ἀστυφέλικτος S. Soph. 266; 543; Amb. 157; 282
ἀσφαλής S. Soph. 76
ἀσχολία Amb. 14
ἀτάλαντος S. Soph. 570
ἅτε S. Soph. 777
ἄτερ S. Soph. 418
ἀτέρμων Amb. 82
ἀτιμάω S. Soph. 1025
ἀτίνακτος S. Soph. 461; 1006
ἄτλητος S. Soph. 670
ἄτολμος S. Soph. 113
Ἀτρακίς S. Soph. 641
ἀτραπιτός S. Soph. 503; 901; 1016
ἀτραπός S. Soph. 206; 347; Amb. 256
ἀτρεκής S. Soph. 360
ἄτριπτος Amb. 216
ἄτρομος S. Soph. 488
ἄτροπος Amb. 282
Ἀττικός S. Soph. 125
αὖ S. Soph. 110
αὐγή Amb. 90; 98; 162
αὐδάζομαι S. Soph. 360
αὐδή* S. Soph. 988
αὖθις S. Soph. 103; 414
αὐλή S. Soph. 347; 591; 594; 614; 987
αὐλός S. Soph. 597; 783
αὐλών S. Soph. 425; Amb. 241
αὔρη S. Soph. 203; 563
Αὐσόνιος S. Soph. 174; 240; 277; 346; 583; 674
αὐτάρ S. Soph. 214

βέλος S. Soph. 249
βῆσσα S. Soph. 642
βιαρκής S. Soph. 335; 430; 665; Amb. 43
βιβλίον Amb. 4; 28
βίβλος S. Soph. 585; 778; 779; 791; Amb. 49; 52; 106; 175; 248; 250
βίη S. Soph. 597
Βιθυνίς S. Soph. 931
βιοδώτωρ S. Soph. 973
βίος S. Soph. 40; 45; 76; 705
βίοτος S. Soph. 565; 1029
βιοφθόρος Amb. 37
βλέπω S. Soph. 45; 100
βλέφαρον S. Soph. 998
βλώσκω S. Soph. 347
βοάω S. Soph. 336
βοείη S. Soph. 263; 983; Amb. 119
βοηθός S. Soph. 64
βολή S. Soph. 196; 769
βορέης Amb. 108; 136; 181
βορεύς S. Soph. 441; 459
βορεῶτις S. Soph. 563; 580
Βοσπόριος Amb. 151
Βοσπορίς S. Soph. 666
βότρυς S. Soph. 315
βουκολέω Amb. 228; 266
βουλή S. Soph. 268; 270; 301; 554; 779; 960; 973; 989; Amb. 300
βούλομαι S. Soph. 67
βουπλήξ S. Soph. 522
Βοώτης S. Soph. 854; 898
βριθύς S. Soph. 1023
βρίθω S. Soph. 650; 199
βρότεος S. Soph. 694; Amb. 72; 85
βροτός S. Soph. 286; 1010; Amb. 89; 115
βρυχάομαι S. Soph. 928
βωμός Amb. 150; 155; 158; 160

γαῖα: vd. γῆ
γαλήνη S. Soph. 183; 294; 924; 944; 951; 986; 1006; Amb. 299
γάνυμαι S. Soph. 898

γάρ S. Soph. 4; 33; 34; 40 (quarto loco); 50; 74; 91; 104; 116; 123; 157; 176; 180; 195; 224; 239; 253; 256; 274; 302; 303; 352; 418; 424; 448; 467; 517; 519; 527; 538; 553; 558; 582; 588; 601; 608; 614; 673; 682; 697; 714; 718; 726; 748; 773; 781; 810; 874; 918; 922; 941; 956; 970; 973; 995; 1005; 1011; Amb. 5; 8; 11; 15; 25; 48; 55; 57; 64; 76; 95; 99; 171; 210; 240
Γαράμας Amb. 177
γαστήρ S. Soph. 435; 710; 711; Amb. 131; 134
γε S. Soph. 89 (γε μέν); 413 (γε μήν); 441 (γε μέν); 592 (γε μέν); 715 (γε μέν); 881 (γε μέν); 1023; Amb. 7 (bis); 11; 82; 286
γείτων S. Soph. 256; 462; 547; 655; 829
γελάω S. Soph. 889; 901; Amb. 159
γέλως S. Soph. 207
γενέθλιος S. Soph. 330
γένειον S. Soph. 535; 832
γένυς S. Soph. 315
γεραίρω S. Soph. 168; 936
γέρας S. Soph. 85; Amb. 301
γερουσία S. Soph. 75
γέφυρα S. Soph. 932
γῆ S. Soph. 13; 147 (γαίης); 178 (γαίης); 190 (γαῖα); 209 (γαίης); 240 (γαίης); 548 (γαίης); 559 (γαίη); 919 (γαίης); 931 (γαίη); 985 (γαίης); Amb. 33 (γαίης); 234 (γαίη)
γηθέω S. Soph. 170; 1001
γίγνομαι S. Soph. 51; 93; Amb. 110; 276
γιγνώσκω S. Soph. 29; 265
γλάγος S. Soph. 638
γλαυκῶπις S. Soph. 294; 924
γλυκύς S. Soph. 897
γλυπτός S. Soph. 386
γλύφανος Amb. 156

διΐστημι S. Soph. 465
δίκη S. Soph. 34; 220; 942
δικλίς S. Soph. 579; Amb. 242
δικόρυμβος S. Soph. 849
δίκραιρος S. Soph. 856
δίκτυον S. Soph. 704
δινέω S. Soph. 498
δίνη S. Soph. 912; Amb. 81
δῖος S. Soph. 310; Amb. 96
δίσκος S. Soph. 662; 692; 819; 826; 829; 838; Amb. 189
δισσάκι Amb. 154
δισσός S. Soph. 579
δοιοί S. Soph. 381; 392; 393; 536; 576; 588; 690; Amb. 205
δοκεύω S. Soph. 166; 890; Amb. 167; 181
δοκέω S. Soph. 349
δολιχός S. Soph. 731; 812; Amb. 93
δομαῖος S. Soph. 475* (δομαίοις scil. λίθοις vel λάεσι); Amb. 187
δόμος S. Soph. 491; 800; Amb. 204
δόρπον S. Soph. 997
δόρυ S. Soph. 20; 856 (δούρατα)
δοῦλος S. Soph. 16; 231
δουλόω S. Soph. 158; 955
δουπέω S. Soph. 163; 176
δουράτεος Amb. 192
δοχήϊον S. Soph. 408; 710; 826
δρακόντειος* S. Soph. 832
δράω S. Soph. 52; 79
δρόμος S. Soph. 233; Amb. 272
δρυτόμος S. Soph. 521
δύναμαι S. Soph. 224
δυσάντητος S. Soph. 992
δύσις S. Soph. 373; 423
δύω (intro) S. Soph. 265; 694
δύω (duo) S. Soph. 372; 391; 560 (bis); 575; 786; Amb. 108 (bis); 109 (bis)
δῶμα S. Soph. 266; 604
δωμάω S. Soph. 278; 555
δωμήτωρ S. Soph. 456; 513

δῶρον S. Soph. 341; 1021; Amb. 298

ἔαρ S. Soph. 671; Amb. 21
ἐαρόχροος Amb. 288
ἑαυτοῦ S. Soph. 86
ἑάω S. Soph. 50; 238
ἐγγύθεν S. Soph. 222; 832
ἐγγύθι S. Soph. 563; 839
ἐγγύτερος S. Soph. 365; 556
ἐγείρω S. Soph. 8; 150; 245; 300; 358; 460 (ἔγρεται); 489 (ἐγρομένη); 794; Amb. 49 (ἔγρεται); 128; 290; 297
ἐγκαταπήγνυμι Amb. 205
ἔγκειμαι S. Soph. 96
ἔγκλημα S. Soph. 48
ἐγκρατής* S. Soph. 37
ἐγκύμων S. Soph. 790
ἔγρω: vd. ἐγείρω
ἔγχος S. Soph. 984
ἐγώ S. Soph. 99; 135 (με tertio loco: οὐ σακέων με φέρει pro οὔ με φέρει σακέων propter caesuram trochaicam, ut quid. vid.); 145; 152; 155 (ἐγών); 169; 221 (με tert. loc.); 232; 238; 241; 350; 921; 978; Amb. 3; 8
ἐδέθλιον S. Soph. 188; 382; 855; Amb. 109; 159; 174
ἔδεθλον S. Soph. 514; 546; 562; 675; Amb. 169; 183
ἔδος S. Soph. 220; 579; Amb. 105
ἐδρήσσω S. Soph. 1006
ἔεις: vd. εἷς
ἐέργω S. Soph. 668; 884; 945; Amb. 137; 207; 281
ἔζομαι S. Soph. 652
ἐθέλω S. Soph. 34 (ἤθελεν); 55 (θέλων [quamvis poeta in iambis comicos imitetur]); 155; 297; 305; 955
ἔθνος S. Soph. 147; 240; 981; 985; Amb. 33

ἐπισκύνιον S. Soph. 1000
ἐπίσταμαι S. Soph. 35
ἐπιστενάζω S. Soph. 41
ἐπιστηρίζω S. Soph. 276; 972
ἐπισχερώ S. Soph. 558
ἐπιτρέπω S. Soph. 968
ἐπιτρέχω S. Soph. 325
ἐπιτροχάω S. Soph. 965
ἐπιφροσύνη S. Soph. 810
ἐπιχειρέω S. Soph. 412
ἐπιχθόνιος S. Soph. 789; 990
ἐπιχράω S. Soph. 222a; 602
ἐπιχρυσόω S. Soph. 672
ἐπολβίζω Amb. 227
ἕπομαι S. Soph. 344
ἔπος S. Soph. 179; 352; 933; 999
ἐπουράνιος S. Soph. 788
ἑπτά S. Soph. 438
ἐράω S. Soph. 415
ἐργατίνης S. Soph. 711
ἔργον S. Soph. 138; 144; 176; 180;
    238; 256; 307; 316; 466; 569; 705;
    798; 801; Amb. 79; 298
ἐργοπόνος S. Soph. 397; 719
ἐρείδω S. Soph. 296; 303; 537; 551;
    780; 784; 814; Amb. 223; 242; 250
ἔρεισμα S. Soph. 396; 452
ἐρέπτω S. Soph. 772
ἐρετμόν S. Soph. 295
ἐρευθήεις S. Soph. 633
ἔρευθος Amb. 84
ἐρεύθω S. Soph. 858; Amb. 162
ἐρέφω S. Soph. 523; 760
ἐρίγδουπος S. Soph. 617
ἐριδμαίνω S. Soph. 948
ἐρίζω S. Soph. 272
ἐρικνήμις S. Soph. 304
ἐρίκνημος S. Soph. 274
ἐριούνιος S. Soph. 798
ἐρίπνη S. Soph. 380; 525; 637; 672;
    Amb. 89; 103; 151; 190; 226; 276
ἐρισθενέτης S. Soph. 535
ἐρισθενής S. Soph. 176
ἐρίτιμος S. Soph. 594; 641

ἐρίχρυσος S. Soph. 503; 1012
ἕρκος S. Soph. 712; 718; Amb. 70;
    137; 178; 182; 186; 243; 245; 275;
    294
ἕρμα S. Soph. 220
ἑρπύζω S. Soph. 471
ἑρπυστήρ Amb. 272
ἕρπω S. Soph. 373; 653
ἐρυσίπτολις S. Soph. 492
ἔρχομαι S. Soph. 15; 164; 166; 320;
    410; 877; Amb. 31; 175
ἐρωή S. Soph. 273
ἔρως S. Soph. 72; 285; 954; 956
ἐς: vd. εἰς
ἐσαθρέω: vd. εἰσαθρέω
ἐσοράω: vd. εἰσοράω
ἑσπέρα S. Soph. 11
ἑσπερίη Amb. 60
ἑσπέριος S. Soph. 417; 443; 448;
    590; 808; 834; 922; 936; Amb.
    180 (bis)
ἕσπερος S. Soph. 136 (adi.); 532;
    588; 887; 897; 923
ἑστία S. Soph. 81; 82
ἐσχατάω S. Soph. 149
ἔσω S. Soph. 27; 322; 439
ἐτεός S. Soph. 324 (adv. ἐτεόν)
ἕτερος S. Soph. 50; 589; 802
ἑτέρωθι S. Soph. 800*
ἔτι S. Soph. 757; Amb. 92
ἔτος Amb. 93
ἐτώσιος Amb. 76; 213
εὖ S. Soph. 413; Amb. 7 (bis); 11
εὐάγγελος Amb. 247
εὐαγής Amb. 46
εὐάντητος S. Soph. 1002
εὐάντυξ S. Soph. 254
εὔγληνος S. Soph. 616; 883
ἐΰγναμπτος S. Soph. 464; Amb.
    208; 268
ἐΰγραφος S. Soph. 605; Amb. 97
εὐδαίμων S. Soph. 59; 120
εὔδενδρος S. Soph. 291; 525; Amb.
    226

λαός S. Soph. 322; 328; 339; 375; 439; 564; 579; 598; 757*; Amb. 211
λαοτόμος Amb. 116; 139
λαοτόρος S. Soph. 648; Amb. 169; 218; 263
λαοτύπος Amb. 155; 265
Λατινιάς S. Soph. 164
λαχαίνω Amb. 115
λάχος S. Soph. 201; 356
λεαίνω S. Soph. 750
λέγω S. Soph. 3 (εἰπεῖν); 31; 91 (εἴποι)
λειμών S. Soph. 288; 618; 1016; Amb. 226; 231; 256
λείπω S. Soph. 283; 319; 862; 908; Amb. 2; 4
λείψανον Amb. 92
λέπαδνον S. Soph. 159; 955; 982
λεπταλέος S. Soph. 409; 507*; 782
λεπτός S. Soph. 627; 648; Amb. 102; 214
λευκός S. Soph. 623; 631; Amb. 141; 143; 152; 162
λευρός S. Soph. 641
λεύσσω S. Soph. 196; 833; 916
ληθαῖος S. Soph. 181
Λήθη S. Soph. 237
ληρέω S. Soph. 92
Λίβανος S. Soph. 519
Λιβυκός S. Soph. 936
Λίβυς S. Soph. 16; 136 (adi.); 634
Λιβυστίς S. Soph. 913; 919
λιγαίνω S. Soph. 807
λιθόδμητος S. Soph. 570*; 932*
λίθος S. Soph. 455; 528; 635; 684; 754; Amb. 61; 214; 231; 265
λιλαίομαι S. Soph. 243
λιμήν S. Soph. 924
λιπαλγής S. Soph. 891
λιπαρῶς S. Soph. 96*
λιπαυγής S. Soph. 747
λιπερνήτης S. Soph. 1010
λιποκτέανος S. Soph. 993

λιτός S. Soph. 997; 998 (bis); 999
λογικός Amb. 20
λόγος S. Soph. 4; 69; 86; 90; 93; 98 (bis); 104; 109; 122; 129; 133; Amb. 5; 6 (Λ.); 29
λοετρόν S. Soph. 564; Amb. 43
λοιδορέω S. Soph. 90
λοιπός S. Soph. 416
λοίσθιος S. Soph. 877; Amb. 200*
λοξοτενής S. Soph. 632; Amb. 74
λούω Amb. 43
λόφος S. Soph. 159; 955
λοχεία S. Soph. 436; Amb. 32
λοχεύω S. Soph. 380; 607; 642
λόχος S. Soph. 24; 34
λυγρός S. Soph. 565
Λύδιος S. Soph. 632
Λυδός S. Soph. 1012
λύθρος Amb. 42
λυκάβας S. Soph. 935
λυτήριος S. Soph. 699
λυχνίς S. Soph. 868
λύω S. Soph. 46

μαίνομαι S. Soph. 908
μάκαρ S. Soph. 193; 224; 934; 1028
μάκελλα Amb. 139
μακρός Amb. 18
μάλα S. Soph. 184 (μᾶλλον); 495 (μᾶλλον); 643; Amb. 51 (μᾶλλον); 234 (μᾶλλον)
μαλακός S. Soph. 476; Amb. 142
μαλθάσσω S. Soph. 480
μάλιστα S. Soph. 45
μᾶλλον vd. μάλα
μανθάνω S. Soph. 20; 29
μάραγδος S. Soph. 539*; 643
μάργαρον S. Soph. 230
Μαρίη S. Soph. 803
μαρμαίρω S. Soph. 669; Amb. 189
μαρμάρεος S. Soph. 618; 649
μάρμαρον S. Soph. 629; 662
μαρμαρυγή S. Soph. 646; Amb. 292

μετά   S. Soph. 28 (acc.); 183 (acc.);
   184 (acc.); 207 (bis: acc.); 315
   (acc.); 329 (acc.); 355 (acc.); 448
   (acc.); 449 (acc.); 649 (acc.); 652
   (acc.); 911 (acc.); Amb. 31 (acc.);
   33 (acc.)
μεταΐσσω   Amb. 91
μεταίχμιον   S. Soph. 395; 713;
   Amb. 167
μεταλλάσσω   S. Soph. 767
μεταλλευτήρ   S. Soph. 621
μέταλλον   S. Soph. 422*; 607; 640;
   667; 685; 689; 749; Amb. 62; 122;
   143; 168; 291
μεταξύ   S. Soph. 466
μετάρσιος   S. Soph. 885
μεταστρέφω   S. Soph. 953
μετεκδέχομαι   S. Soph. 369
μετέρχομαι   S. Soph. 63
μέτριος   S. Soph. 56
μέτρον   S. Soph. 148; 555
μέτωπον   S. Soph. 440; 850; Amb.
   121
μέχρι   S. Soph. 198
μή   S. Soph. 57; 116; 205; 248; 252;
   477; 527; 757; 941; 991; Amb. 219
μηδέ   S. Soph. 251; 757
μηδείς   S. Soph. 90
Μῆδος   S. Soph. 228
Μηδοφόνος   S. Soph. 138
μηκεδανός   S. Soph. 425; 528; 581;
   594; 861; Amb. 78; 243; 277
μῆκος   S. Soph. 427; 556; 569; 841
μηκύνω   Amb. 60; 61
μῆλον (malum)   Amb. 94
μήν   S. Soph. 413 (γε μήν); 495;
   845; 862; Amb. 58; 76; 197; 232
μήνη   Amb. 101
μήποτε   S. Soph. 238
μήτηρ   S. Soph. 167; 709
μῆτις   S. Soph. 281; 512
μητρῷος   S. Soph. 437
μιαίνω   S. Soph. 194; 929
μίγα   Amb. 145

μικρός   Amb. 15 (bis); 24
μικτός   S. Soph. 646
μιμέομαι   S. Soph. 611; Amb. 87
μιμνάζω   Amb. 87
μίμνω   S. Soph. 604; 921
μινύθω   S. Soph. 323; 324
μινυνθάδιος   S. Soph. 217; Amb.
   142
μίσγω vd. μείγνυμι
μίτος   S. Soph. 805; Amb. 289
μοῖρα   S. Soph. 318
μοιράω   S. Soph. 408; 453*
Μολοσσίς   S. Soph. 548; Amb. 262
μόλυβδος   S. Soph. 476; 479
μονάμπυξ   S. Soph. 893
μόνον adv.   S. Soph. 157 (μοῦνον)
μόνος   S. Soph. 30; 143 (μούνῳ);
   157 (μοῦνον); 686 (μούνοις*); 827
   (μούνοις); 917 (μούνοις)
μόρος   Amb. 41
μορφή   S. Soph. 644; 694
μορφόω   S. Soph. 736
μοῦνος: vd. μόνος
μουνοφανής   S. Soph. 840
μόχθος   S. Soph. 283; 307; 513; 971;
   1007; 1014; Amb. 73
Μυγδών   S. Soph. 931; Amb. 138
μῦθος   S. Soph. 177; 185; 205; 247;
   255; 312; 314; 351; 359; 444; 755;
   777; 778; 808; Amb. 212
μυκάομαι   S. Soph. 321; 442 (potius
   quam μύω)
μυριόμετρος   S. Soph. 457
μυρίος   S. Soph. 210; 246; 884; 985;
   Amb. 206
μύρμηξ   S. Soph. 768
μυσταγωγός   Amb. 29
μύστης   S. Soph. 313; 350; 432;
   686; 718; 865; 974; 1017
μυστιπόλος   S. Soph. 188; 363;
   585; 758
μύστις   S. Soph. 334; 599; Amb.
   249
μύω   S. Soph. 756

ναί   S. Soph. 862; Amb. 76; 232
ναέτης   Amb. 304
ναός   S. Soph. 8 (νεώς); 66 (νεών);
   73 (νεώ); 105 (νεώ); 111 (νεώ); 117
   (νεών); 150 (νηόν); 199 (νηός); 254
   (νηοῦ); 265 (νηόν); 269 (νηοῦ);
   280 (νηόν); 300 (νηόν); 312
   (νηοῦ); 321 (νηοῦ); 324 (νηοῖο);
   328 (νηοῖο); 345 (νηοῦ); 414
   (νεών); 427 (νηοῦ); 445 (νηοῦ);
   508 (νηόν); 512 (νηῷ); 518 (νηοῦ);
   526 (νηοῖο); 545 (νηοῦ); 555
   (νηόν); 590 (νηοῦ); 613 (νηοῦ); 619
   (νηοῖο); 676 (νηοῖο); 682 (νηοῦ);
   794 (νηός); 814 (νηός); 834 (νηόν);
   842 (νηοῖο); 916 (νηοῖο); 979
   (νηοῦ); Amb. 2 (νεώ); 6 (νεών);
   9 (νεώ); 16 (νεώ); 24 (νεώ); 159
   (νηοῦ); 300 (νηόν); 304 (νηῷ)
νάρθηξ   S. Soph. 428; 440; 589; 592
ναῦς   S. Soph. 851 (νέας); 912 (νῆα)
ναυτίλος   S. Soph. 907
νέατος   S. Soph. 740
Νεῖλος   S. Soph. 625
Νειλῷος   S. Soph. 380
νειόθεν   S. Soph. 390; 727
νειόθι   S. Soph. 538; Amb. 110; 157;
   278*
νεμεσήμων   S. Soph. 205
νεοθηλής   S. Soph. 165
νέος   S. Soph. 334; Amb. 161 (adv.
   νέον)
νέπους   S. Soph. 704
νέρθεν   S. Soph. 407
νεύω   Amb. 51; 171
νεφέλη   S. Soph. 191
νέφος   S. Soph. 1024; Amb. 36; 162
νεώς, etc.: vd. ναός
νήδυμος   S. Soph. 847; Amb. 216;
   269
νῆμα   S. Soph. 767; 768; 772; 782;
   785; 805; Amb. 284; 288
νηοκόρος   S. Soph. 442
νηοπόλος   S. Soph. 857

νηός, etc.: vd. ναός
Νηρεύς   S. Soph. 927
νῆσος   Amb. 224; 233; 237
νίζω   Amb. 89
νικάω   S. Soph. 10; 32; 39; 70; 84;
   107; 249; 952
νίκη   S. Soph. 135; 140; 970; 977;
   981
νοέω   S. Soph. 389; 417; 523; 532;
   586; 609; 806; 828; 846; 855; 988;
   1010; Amb. 114; 176; 201; 273
νόμιος   S. Soph. 957
νομοθετέω   S. Soph. 7
νόσος   S. Soph. 17; 207 (νοῦσον)
νότιος   S. Soph. 573; 580; Amb.
   181
νότος   S. Soph. 317; 441; 460; 534;
   854; Amb. 108; 136; 177
νοῦς   S. Soph. 87; 215; 268; 392;
   553; 894; 973; 1011; 1018; Amb. 9
νουσαλέος   S. Soph. 799
νοῦσος: vd. νόσος
νυ   S. Soph. 818; 878*
νῦν   S. Soph. 1; 122; 413; Amb. 3; 8
νύξ   S. Soph. 183; 323; 325; 331;
   429; 575; 579; 888; 901; Amb. 54;
   109
νῶτον   S. Soph. 209; 357; 403; 407;
   451; 472; 479; 481; 484; 496; 562;
   579; 621; 665; 753; 760; 813; 829;
   932; Amb. 118

ξαίνω   S. Soph. 295
ξέω   S. Soph. 499; 695; Amb. 155
ξίφος   S. Soph. 25; 229; Amb. 37
ξυν-: vd. συν-
ξυνός   S. Soph. 463
ξυνοχεύς   S. Soph. 540; 572; 696
ξυνόω   S. Soph. 213; 456; 996

ὁ art.   S. Soph. 1; 4; 6; 10 (bis); 11; 12;
   13 (bis); 19; 21; 22; 23 (bis); 24; 25
   (bis); 26 (bis); 27 (bis); 28; 31 (bis);
   32; 34 (ter); 36 (bis); 40 (bis); 41; 43;

ὄλβος S. Soph. 225; 234; 674; 1012; 1013; Amb. 290
ὀλίγος S. Soph. 383 (ὀλίζονας); 418; 556 (ὀλίζονες)
ὀλίζων: vd. ὀλίγος
ὀλισθάνω Amb. 219
ὁλκάς S. Soph. 915
ὁλκός S. Soph. 597; 598; 601; 899; 929; Amb. 93; 271
ὅλος S. Soph. 83; 129; 174; 175; 266; 346; 390; 481; 508; 533; 598; 673; 680; 685; 689; 718; 787; 823; 841; 845; 953; 976; Amb. 45; 79; 92; 121; 134; 159; 255; 285
ὄμβρος S. Soph. 212
Ὅμηρος S. Soph. 617
ὁμιλαδόν S. Soph. 439; 502*; Amb. 207
ὁμιλέω S. Soph. 203
ὅμιλος S. Soph. 687
ὁμίχλη S. Soph. 905; 1000; Amb. 36
ὁμιχλήεις S. Soph. 191
ὄμμα S. Soph. 43; 124; 196; 286; 289; 298; 353; 398; 531; 757; 807; 900; 947; 1009; Amb. 211; 257; 266
ὁμόγνητος S. Soph. 465
ὁμόγνιος S. Soph. 818
ὁμόζυξ* S. Soph. 470
ὁμοίιος S. Soph. 726; 783; Amb. 176; 233
ὁμοῖος S. Soph. 580; 874; Amb. 85
ὁμοίως S. Soph. 698
ὁμοκλή S. Soph. 228; 927
ὁμοκλητήρ S. Soph. 1023
ὁμοῦ S. Soph. 462; 610
ὄμπνια S. Soph. 145
ὀμφάλιος Amb. 246
ὀμφαλόεις S. Soph. 662; 715
ὀμφαλός S. Soph. 594
ὀμφή S. Soph. 433; 966; Amb. 31
ὀμφήεις S. Soph. 997
ὅμως S. Soph. 102

ὁμῶς Amb. 126
Ὄνυξ S. Soph. 640
ὀξυκάρηνος S. Soph. 495; 876
ὀξυκόρυμβον S. Soph. 729
ὀξύς S. Soph. 692 (ὀξυτέρους); 785 (ὀξυτέραις); Amb. 200
ὀπάζω S. Soph. 229; 1013
ὅπη S. Soph. 447; 482; 487; 859; Amb. 111
ὅπλον S. Soph. 8
ὁπλότερος S. Soph. 1014
ὁπόσος S. Soph. 154 (ὁππόσον); 632 (ὁππόυα); 641 (ὁππόσα); 686 (ὁππόσα); Amb. 33
ὁππόθεν S. Soph. 511
ὁππόθι S. Soph. 431; 734; 744; Amb. 48; 123
ὁππόσ-: ὁπόσ-
ὁππότε S. Soph. 209; 598
ὀπταλέος S. Soph. 474; 515
ὀπωπή S. Soph. 171; 285
ὀπώρα S. Soph. 650
ὅπως S. Soph. 279; 375; 493; 513; Amb. 300
ὄραμνος S. Soph. 293; Amb. 196
ὁράω S. Soph. 88; 202; 284; 288; 290; 390; 447; 450; 493; 591; 623; 628; 697; 799; 851; 880; 896; 931; 1019; Amb. 13; 51; 84; 140; 237; 240; 267
ὀργή S. Soph. 1005
ὄργια S. Soph. 431; Amb. 212
ὀρέγω S. Soph. 234; 245
ὄρθιος S. Soph. 355; Amb. 53; 73; 230
ὀρθοτενής S. Soph. 741; 762
ὄρθριος S. Soph. 460*; 682*; 922
ὁρίζω S. Soph. 684
ὀρίνω S. Soph. 179; 248
ὀριτρεφής S. Soph. 874
ὅρκος S. Soph. 64 (bis)
ὁρμάω Amb. 86
ὁρμή S. Soph. 975
ὅρμος S. Soph. 258; 867

ὄρνις   S. Soph. 652
ὄρνυμι   S. Soph. 256; 463
Ὀροντίς   S. Soph. 524
ὄρος   S. Soph. 12
ὄρος   S. Soph. 308
ὀρούω   S. Soph. 837; Amb. 240
ὄρπηξ   Amb. 197
ὀρφανικός   S. Soph. 994
ὄρφνη   S. Soph. 838
ὅς   A. dem. S. Soph. 441; 790;
  892; 897 (bis); Amb. 91. B. rel. S.
  Soph. 2; 28; 32; 52; 62; 65; 72; 84;
  101; 103; 107; 123; 127; 140; 143;
  168; 272; 284; 345; 379; 384; 390;
  392; 403; 443; 454; 500; 527; 560;
  592; 669; 676; 691; 693; 701; 704
  (bis); 710; 712; 723; 757; 764; 813;
  843; 857; 878; 941; 963; 991; 1010;
  Amb. 19; 27; 30; 37 (ter); 41; 42;
  54; 89; 108; 195; 235
ὅσιος   S. Soph. 52; 307
ὅσος   S. Soph. 180; 272 (ὅσσον);
  365 (ὅσσα); 427; 469; 473; 630
  (ὅσσα); 634 (ὅσσα); 637 (ὅσσα);
  640 (ὅσσα); 655; 682; 758; 779;
  950; 956 (ὅσσον); 1024 (bis:
  ὅσσον); Amb. 72 (ὅσσον); 184
  (ὅσσον); 223 (ὅσσον); 245
ὅσπερ   S. Soph. 95
Ὄσσα   S. Soph. 304; 305
ὀσσ-: vd. ὅσος
ὅστις   S. Soph. 526; Amb. 104
ὅταν   S. Soph. 895
ὅτε   S. Soph. 210; 211; 222*; 265; 337;
  672; 866; 973; Amb. 120; 161; 283
ὅτι   S. Soph. 147; 148; 150; 166; 222
  (ὅττι); 222a (ὅττι); 413
ὅττι: vd. ὅτι
οὐ(κ)   S. Soph. 3; 11 (οὐχί); 14; 16;
  18; 20 (bis); 32; 34; 49; 50; 52; 54
  (οὐχί); 55; 65; 100; 101; 108; 112;
  119; 125; 135; 147; 157; 194; 208;
  215; 239; 249; 257; 259; 260; 274;
  287; 297; 303; 305; 371; 391; 418;

424; 495; 505; 519; 522; 523; 524;
  525; 547; 558; 601; 642; 643; 675;
  678; 684 (bis); 686; 697; 726 (bis);
  748; 751; 766 (bis); 808; 845; 914
  (bis); 917; 933; 1000; 1019; Amb.
  8; 14; 38; 58; 64; 179; 182; 197;
  213; 244; 259; 261
οὖας, οὔατ-: vd. οὖς
οὖδας   Amb. 113; 126; 220; 282
οὐδέ   S. Soph. 65; 135; 136; 148;
  195; 198; 211; 215; 249; 394; 519;
  520*; 524; 686; 697; 703 (bis); 826;
  854; 862; 1010; 1019; 1020; Amb.
  15; 69; 76 (bis); 95; 213; 232
οὐδείς, οὐδέν   S. Soph. 18; Amb.
  13; 15; 24
οὐκέτι   S. Soph. 502; 588; 929
οὐκοῦν   S. Soph. 134; 416; Amb.
  3; 26
Οὔλυμπος   S. Soph. 304
οὖν   S. Soph. 121; 130
οὔνομα   S. Soph. 715; Amb. 104;
  171
οὔποτε   S. Soph. 241; 602
οὔπω   Amb. 13; 91
οὐράνιος   S. Soph. 173; 192; 338;
  348; 706; 801; 833; 894; 966; 990;
  996
οὐρανός   S. Soph. 211; 286; 309;
  491; 531
οὐρίαχος   S. Soph. 825
οὖς   S. Soph. 179 (οὖας); 430
  (οὔατα)
οὔτις   S. Soph. 308 (adv. οὔτι); 532
οὗτος   S. Soph. 4; 29; 33; 55; 58
  (bis); 66 (bis); 79; 89; 92; 95
  (τουτί); 99 (bis); 111*; 124; 125;
  132; 236; 359; 413; 558; 607; 765;
  934; 935; 937; 1004; Amb. 72
οὕτω(ς)   S. Soph. 208; 398; 529;
  834; 849; 869; 902; Amb. 163;
  210; 221; 229; 291
ὀφιώδης   Amb. 267
ὄφλημα   S. Soph. 46

154 INDEX VERBORVM

πιλέω S. Soph. 480; 626
πίπτω S. Soph. 33; 163; 237
πιστεύω S. Soph. 30
πίστις S. Soph. 23; 954
πίσυρες S. Soph. 450; 542; Amb.
154; 163; 167
πιφαύσκω S. Soph. 777
πλαγκτός S. Soph. 444; 909
πλάξ S. Soph. 476; 649; 688; 712;
730; Amb. 66; 245
πλάστιγξ S. Soph. 843; 1017
πλέγμα S. Soph. 656
πλεκτός S. Soph. 812
πλέκω S. Soph. 654; Amb. 47
πλευρή S. Soph. 451; 612; 719; 761;
774; Amb. 154; 281
πλέων S. Soph. 140 (πλέον adv.);
581; 952; Amb. 41 (πλέον adv.)
πληθύς Amb. 249
πλήθω S. Soph. 247
πλησιφαής S. Soph. 537*; 873
πλίνθος S. Soph. 474; 515*
πλουσίως S. Soph. 80
πλωτήρ S. Soph. 295
πλώω S. Soph. 853
πνεῦμα Amb. 31
ποητ-: vd. ποιητ-
ποθέω S. Soph. 290
ποιέω S. Soph. 5; 58 (ποεῖ); 151
ποιητής S. Soph. 83 (ποητοῦ*)
ποικίλλω S. Soph. 754; 764; 805;
Amb. 80; 162
ποικιλοεργός S. Soph. 793; Amb.
291
ποικιλόμορφος S. Soph. 768;
Amb. 124
ποικίλος Amb. 23
ποιναῖος S. Soph. 946
πολιός Amb. 235
πόλις S. Soph. 7; 72; 119; 128; 139;
177 (πτόλιν); 220; 241; 248; 252;
925; Amb. 103; 168
πολισσοῦχος S. Soph. 141; 798;
982

πολλάκι S. Soph. 957; Amb. 90
πολλάκις S. Soph. 36; 41; 42; 79;
938
πόλος S. Soph. 496; 737
πολυάντυξ Amb. 198
πολύγληνος S. Soph. 358
πολύγλωσσος S. Soph. 687
πολύγναμπτος S. Soph. 811; 885
πολυδαίδαλος* S. Soph. 423
πολυΐδρις S. Soph. 823; Amb. 169
πολύκεστος S. Soph. 659; 739
πολύκυκλος S. Soph. 400; 531
πολύμητις S. Soph. 517; 810
πολυμήχανος S. Soph. 552
πολύμυθος S. Soph. 714
πολύολβος S. Soph. 139
πολύπλαγκτος S. Soph. 629
πολύπτορθος Amb. 125
πολύς S. Soph. 612; 625; 638; 680;
846; 900; 952; Amb. 48; 241; 256
πολύσκηπτρος S. Soph. 281
πολύστεπτος Amb. 298
πολύστρεπτος S. Soph. 847
πολύστροφος S. Soph. 298
πολυσχιδής S. Soph. 593
πολύτμητος S. Soph. 607; 647
πολύτρητος S. Soph. 829
πολύτροπος S. Soph. 674; Amb.
98
πολύυμνος S. Soph. 345; 375; 434;
527; 923; 979; Amb. 300
πολυχρόνιος S. Soph. 921
πολύχροος S. Soph. 458; 767
πολύχρως Amb. 283 (gen.
πολύχροος)
πολύωψ S. Soph. 828
πόνος S. Soph. 10; 218; Amb. 12
πόντος S. Soph. 230; 294; 908
(Πόντου)
πορείη S. Soph. 486; 817; 996;
Amb. 221; 268
πορθμεύω S. Soph. 511
πόρος S. Soph. 732; Amb. 68

φρονέω   S. Soph. 116
φρουρέω   S. Soph. 21
Φρύγιος   Amb. 264
Φρύξ   S. Soph. 622; Amb. 138
φυγάς   S. Soph. 838
φυλάσσω   S. Soph. 582; 980; Amb. 127
φύλλον   S. Soph. 651; Amb. 125
φύσις   S. Soph. 39; 500; 527; Amb. 80; 96; 274
φυτεύω   S. Soph. 765
φύω   S. Soph. 728; Amb. 24*; 59
φωνή   S. Soph. 334; 701; 756; Amb. 30
φώς   S. Soph. 434; 712; 943
φῶς   S. Soph. 98; 323; 408
φωσφόρος   S. Soph. 487

χαίτη   S. Soph. 656
χαλεπός   S. Soph. 976; 1023
χαλέπτω   S. Soph. 1023
χαλινός   S. Soph. 226; 960; 1023
χάλκειος   S. Soph. 865
χαλκέλατος   S. Soph. 812
χάλκεος   S. Soph. 945
χαλκήρης   S. Soph. 597
χαλκός   S. Soph. 385; 684
χαλκότορος*   S. Soph. 605
χάλυψ   S. Soph. 621; 692; Amb. 156
χαμαιπαγής   S. Soph. 542
χαμηλός*   S. Soph. 704
χαράσσω   S. Soph. 271; 280; 501; 507; 621; 651; 693; 713; 1003; Amb. 124; 246
χαρίεις   S. Soph. 243; 549; 867; Amb. 183
χάρις   S. Soph. 167; 180; 221; 278; 544; 646; 663; 801; 1022; Amb. 9 (adv. χάριν); 17; 87; 95; 155; 257
χαρίσιος   S. Soph. 341; 348
χάρμα   S. Soph. 325
χάρμη   S. Soph. 961; 976
χαροπός   S. Soph. 294
χάσκω   S. Soph. 212; 617

χατίζω   S. Soph. 308
χεῖλος   S. Soph. 172; 243; 735; 756; 796; 999; Amb. 69; 250; 275
χειμέριος   S. Soph. 183
χειμών   Amb. 22
χείρ   S. Soph. 21; 157; 193; 225; 343; 691; 719; 758; 765; 804; 938; 939; 991; 992; 993 (bis); Amb. 72; 286
χελώνη   Amb. 118
χεῦμα   S. Soph. 210; 237
χέω   S. Soph. 197; 333*; Amb. 146; 214
χθιζός   S. Soph. 987 (adv. χθιζά)
χθών   S. Soph. 173; 195; 211; 365; 642; 673; 780; 816; 925
χιόνεος   S. Soph. 170
χιτών   S. Soph. 771; Amb. 165
χιών   S. Soph. 645
χλοάω   S. Soph. 289; 539; 643
χλοερός   S. Soph. 557; 628; 644; Amb. 291
χλοερῶπις   S. Soph. 388; Amb. 255
χλωρός   S. Soph. 620
χόλος   S. Soph. 944
χορείη   S. Soph. 155; 288; 333; 344; Amb. 47
χορός   S. Soph. 818; 831; Amb. 46
χοροστασίη   S. Soph. 890
χραισμήτωρ   S. Soph. 301; 314; 779
χρέος   S. Soph. 416; 962
χρή   S. Soph. 112; 130; 132
χρηστός*   S. Soph. 115
Χριστός   S. Soph. 3; 193; 303; 330; 335; 341; 430; 436; 702; 709; 764; 801; 804; 894; 960; 1001; Amb. 30; 32; 44; 302
χροιή   Amb. 92; 94; 97; 271
χρόνος   S. Soph. 190; 603
χρυσαυγής   Amb. 189; 292
χρυσεοκόλλητος   S. Soph. 668; Amb. 188
χρύσεος   S. Soph. 258; 259; 376; 634; 661; 720 (χρυσείης); 752; 753;